Una Nación Muchos Pueblos

VOLUMEN DOS

ESTADOS UNIDOS DESDE 1876

Consultants

Juan García
University of Arizona

Sharon Harley
University of Maryland

John Howard
State University of New York, Purchase College

GLOBE FEARON
Educational Publisher

Upper Saddle River, New Jersey

Paramount Publishing

Juan García is Associate Professor of History and the Director of the University Teaching Center at the University of Arizona. He received his Ph.D. from the University of Notre Dame. The focus of his research is Mexican and Mexican American history, U.S. history, and ethnic studies.

Sharon Harley is Associate Professor of Afro-American Studies and History at the University of Maryland. She received her Ph.D. from Howard University. She has conducted extensive research in African American women's history, focusing on the history of women workers.

John Howard is a Distinguished Service Professor at the State University of New York, Purchase College. He received his Ph.D. at Stanford University and a J.D. at Pace Law School. He is a professor in the social science department with a particular focus on law-related topics.

Executive Editor: Barbara Levadi
Senior Editor: Francie Holder
Editorial Assistant: Kris Shepos-Salvatore
Production Manager: Penny Gibson
Spanish Translation: Curriculum Concepts
Senior Production Editor: Linda Greenberg
Production Editor: Walt Niedner

Product Manager: Sandy Hutchinson
Book Design: Carole Anson
Electronic Page Production: Margarita Giammanco
Photo Research: Jenifer Hixson
Maps: Mapping Specialists Limited
Cover Design: Richard Puder Design

Photo Credits: **Cover:** Reuters/Bettmann; **Cover:** The Jesus Colon Papers. Centro de Estudios Puertoriquenos, Hunter College, CUNY; Beningo Giboyeaux for the Estate of Jesus Colon; **Cover:** UPI/Bettmann; **Cover:** Courtesy of The Detroit Institute of Arts, Detail of "The Detroit Industry" - North Wall, by Diego Rivera. Photographed by Dirk Bakker; **6:** Library of Congress; **7:** Bettmann Archive; **8:** The Granger Collection; **11:** Library of Congress#305334; **12(l):** Library of Congress #3455 -LC-D4-14278; **12(r):** Library Of Congress # 60239-262-12318; **15:** Library Of Congress #60239-11202; **19:** Los Angeles County Museum of Natural History; **20:** Folsom Historical Society, Collection of the City of Sacramento, History and Science Division, Sacramento Archives and Museum Collection Center; **23:** Library of Congress # 33903-2248; **27:** The Schomberg Center for Research in Black Culture; **31:** Photograph by James Caldwell Burnes, Harper'sWeekly in Centro de Estudios Puertorriquenos, Hunter College, CUNY; **32:** The Postcards and Steroecards Collection, Centro de Estudios Puertoriquenos, Hunter College, CUNY; **34:** Florida Photographic Collection, Florida State Archive; **36:** Museum of New Mexico; **39:** Brown Brothers; **40:** National Archives; **42:** Library of Congress-Lot 5799; **44:** FPG International; **47:** Library of Congress # 5762-22262; **48:** The George Eastman House; **51:** Library of Congress; **55:** The Granger Collection; **56:** UPI/Bettmann; **60:** Culver Pictures, Inc.; **61:** Culver Pictures, Inc.; **64:** The Granger Collection; **66:** Culver Pictures, Inc.; **69:** The Postcards and Steroecards Collection, Centro de Estudios Puertorriquenos, Hunter College, CUNY; **72:** The Bettmann Archive; **75:** The Granger Collection; **76:** The Bettmann Archive; **81:** Culver Pictures, Inc.; **86:** National Archives; **90:** FPG International; **91:** UPI/Bettmann; **94:** UPI/Bettmann; **95:** Library of Congress; **96:** Bettmann Archive; **97:** The Schomberg Center for Research in Black Culture; **100:** Courtesy of the NAACP; **102:** The Schomberg Center for Research in Black Culture; **104:** Courtesy of the NAACP; **105:** The Schomberg Center for Research in Black Culture; **108:** National Archives; **111:** Franklin D. Roosevelt Library; **113:** Library of Congress; **117:** Courtesy of TOLA Productions; **120:** UPI/Bettmann; 123:UPI /Bettmann; **126:** U.S. Army Photograph; **131:** The Schomberg Center for Research in Black Culture; **134:** The Bettmann Archive; **137:** National Archives; **140:** UPI/Bettmann; **142:** LT Thomas Devine, Department of the Army; **143:** The Bettmann Archive; **149:** US Army Photograph; **151:** The Bettmann Archive; **152:** UPI/Bettmann; **154:** The Bettmann Archive; **155:** Library of Congress; **156:** UPI/Bettmann; **159:** Wide World Photos; **162:** The Bettmann Archive; **163:** The Bettmann Archive; **164:** UPI/Bettmann; **165:** Wide World Photos; **168:** U.S. Army Photograph; **172:** UPI/Bettmann; **173:** Reuters/Bettmann; **176:** The Justo A. Marti Photographic Collection. Centro de Estudios Puertorriquenos, Hunter College, CUNY; **178:** UPI/Bettmann; **180:** UPI/Bettmann; **181:** John Pearson; **184:**Bettmann Archive; **185:** UPI/Bettmann; **186:** Wide World Photos; **189:** The United Nations; **190:** UPI/Bettmann; **191:** Reuters/Bettmann; **194:** Reuters/Bettmann; **196:** Martha Swope; **199:** Reuters/Bettmann; **202:** UPI/Bettmann; **205:** FPG International; **206:** UPI/Bettmann Newsphotos; **208:** Reuters/Bettmann; **211:** George Ballis, TakeStock; **212:** AP/Wide World; **214:** George Ballis, Take Stock; **215:** Ap/Wide World Photos; **216:** AP/Wide World; **219:** The Justo A. Marti Photographic Collection, Centro de Estudios Puertorriquenos, Hunter College, CUNY; **222:** UPI/Bettmann; **224:** Raul Rubiera, MIami Herald; **227:** The Justo A. Marti Photographic Collection. Centro de Estudios Puertorriquenos, Hunter College, CUNY; **231:** © Beryl Goldberg; **232:** © Beryl Goldberg; **235:** Wide World Photos; **240:** UPI/Bettmann; **241:** Courtesy of Mary Ross; **243:** Martha Cooper, City Lore; **246:** Adam Stoltzman; **248:** UPI/Bettmann; **252:** © Tom Sobolik, Black Star; **255:** AP/Wide World; **256:** Reuters/Bettmann; **257:** AP/Wide World; **260:** Melanie Carr, Zephyr Pictures; **261:** Pete Sousa/ The White House; **264:** UPI/Bettmann Newsphotos; **265:** AP/Wide World; **266:** UPI/Bettmann Newsphotos; **269:** Reuters/Bettmann; **274:** © Cindy Karp, Black Star; **277:** UPI/Bettmann; **278:** UPI/Bettmann; **280:** UPI/Bettmann; **282:** Martha Cooper/City Lore; **284:** F.A.S.E.; **286:** Pam Sciosia, Habitat for Humanity; **291:** UPI/Bettmann; **294:** J. Howard, FPG International; **296:** Reuters/Bettmann; **298:** Telegraph Colour Library, FPG International; **299:** NASA; 302 Melanie Carr, Zephyr Pictures; **306:** Beringer-Dratch/The Picture Cube.

GLOBE FEARON
EDUCATIONAL PUBLISHER
UPPER SADDLE RIVER, NEW JERSEY

Paramount Publishing

Printed in the United States of America
1 2 3 4 5 6 7 8 9 10   99 98 97 96 95 94

ISBN: 0-8359-1332-5

CONTENIDO

Mapas

Graficas y Tablas

Unidad 1
Entrando en el Siglo Veinte
(1876-1914)

Capítulos

Estados Unidos Enfrenta los Años 1900. (1876-1914)

¿Qué cambios afectaron la vida en Estados Unidos durante el nuevo siglo?

En una línea de ensamble en movimiento, los trabajadores de la Ford Motor Co. podían fabricar partes de automóvil en 5 minutos, en vez de 20.

Buscando los Términos Clave

- producción en masa • línea de ensamble

Buscando las Palabras Clave

- **monopolio:** control completo de toda una industria
- *sweatshop*: fábrica donde docenas de trabajadores fabrican ropa u otros productos
- **discriminar:** tratar a una persona o grupo injustamente
- **reservorio:** lugar donde se conserva agua potable
- **inquilinato:** edificio dividido en pequeños apartamentos

SUGERENCIA DE ESTUDIO

Elabora una lista de todos los términos en negrillas en el capítulo. Luego escribe qué significa cada término. Usa la lista para estudiar para un examen.

El piso de la acería parecía extenderse sin límites. Los altos hornos se alineaban a lo largo de una pared. El calor llenaba el aire de vapor. Los trabajadores cansados parecían pequeños en la enorme fábrica. Sin embargo, estos trabajadores hicieron de Estados Unidos una potencia económica.

1 Estados Unidos Se Vuelve un Gigante Industrial.

¿Cuáles fueron algunos de los problemas causados por las grandes empresas?

Al comenzar de los años 1900, las nuevas invenciones cambiaban dramáticamente la vida laboral. En 1880, Tomás Edison creó la luz eléctrica.

El inventor Elijah McCoy creó un instrumento que permitió aceitar las máquinas mientras funcionaban.

Ahora las fábricas podían permanecer abiertas toda la noche.

En otros tiempos, los trabajadores de las fábricas tenían que parar las máquinas para aceitarlas. Pero un inventor americano africano, Elijah McCoy, creó un nuevo instrumento que aceitaba a las máquinas mientras seguían trabajando. Esto hizo que las fábricas produjeran más bienes que antes.

Nuevas ideas también cambiaron la forma de producir esos bienes en las fábricas. Estas nuevas ideas e invenciones desarrollaron la **producción en masa**. La producción en masa es hacer rápidamente grandes cantidades de productos. Ya que los productos se fabricaban más rápido, éstos eran más baratos. Los dueños de grandes empresas podían cobrar menos por sus productos y obtener mayores ganancias.

Henry Ford usó una nueva idea, la **línea de ensamble**, para la producción en masa de automóviles. En la línea de ensamble, cada trabajador fabrica sólo una parte del producto. La línea de ensamble permitió la producción más rápida de autos. En 1913, se tardaba 14 horas construir un modelo T. En 1914, Ford introdujo la línea de ensamble. Mientras la estructura del auto se movía por la línea, cada trabajador agregaba una parte hasta que el auto quedaba completo. ¡Ahora los trabajadores podían fabricar un modelo T en 93 minutos! Los autos se fabricaban tan rápido que el precio bajó de $845 a $290.

Negocios sucios Desafortunadamente, algunos propietarios de negocios eran despiadados. John D. Rockefeller era propietario de la Standard Oil Company. Usaba el soborno y espiaba a otras compañías petroleras. Bajó el precio de su petróleo tanto que esto obligó a

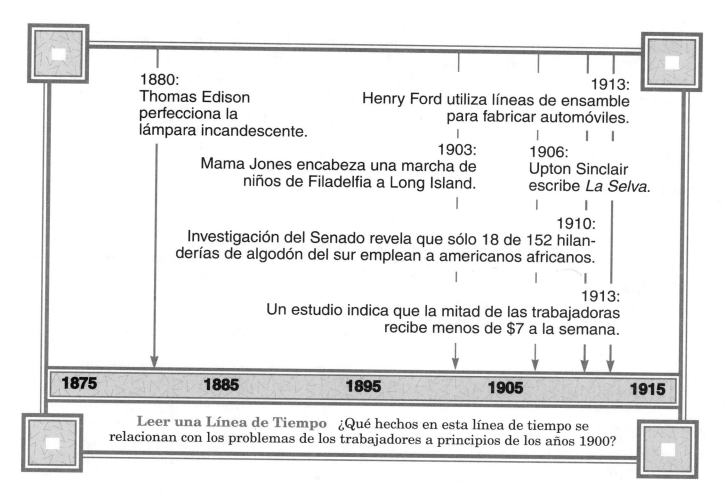

1880: Thomas Edison perfecciona la lámpara incandescente.

1903: Mama Jones encabeza una marcha de niños de Filadelfia a Long Island.

1913: Henry Ford utiliza líneas de ensamble para fabricar automóviles.

1906: Upton Sinclair escribe *La Selva*.

1910: Investigación del Senado revela que sólo 18 de 152 hilanderías de algodón del sur emplean a americanos africanos.

1913: Un estudio indica que la mitad de las trabajadoras recibe menos de $7 a la semana.

1875   1885   1895   1905   1915

Leer una Línea de Tiempo   ¿Qué hechos en esta línea de tiempo se relacionan con los problemas de los trabajadores a principios de los años 1900?

quebrar a las demás compañías. Pronto, Rockefeller pudo controlar muchas otras compañías de petróleo.

A fines de los años 1890, Rockefeller controlaba casi todas las compañías petroleras de EE.UU. Creó un **monopolio** en la industria del petróleo. Un monopolio es el control completo de toda una industria. Podía cobrar el precio que quisiera.

Un deber hacia la sociedad   Otros usaron su dinero para mejorar la vida de la gente. Andrew Carnegie fue una de estas personas.

Carnegie compró muchas compañías acereras y las unió en una enorme empresa, la U.S. Steel. La compañía fabricaba acero muy barato. El se convirtió en uno de los hombres más ricos de Estados Unidos.

Carnegie creía que la gente rica tenía un deber con la sociedad. En 1902, se jubiló y vendió su negocio. Carnegie pasó sus últimos años regalando su fortuna. Muchas bibliotecas públicas de Estados Unidos fueron construidas con el dinero de Carnegie.

Avaricia y crueldad   A diferencia de Carnegie, la mayoría de los propietarios de grandes empresas se preocupaban sólo de sus ganancias. En 1906, Upton Sinclair escribió un libro llamado *La Selva*. El libro trataba sobre la industria empacadora de carne.

Sinclair afirmaba en él que los propietarios de las empacadoras de carne no se preocupaban por los consumidores. Utilizaban ganado enfermo. Las ratas y otros bichos eran molidos con la carne de res. Los gerentes de planta sobornaban a los inspectores. Los americanos fueron conmovidos por *La Selva*. Muchos prometieron mejorar la situación.

1. ¿Qué es la producción en masa?
2. ¿Qué reveló *La Selva* acerca de la industria empacadora de carne?

2 Los Trabajadores Sufren por las Malas Condiciones de Trabajo.

¿Cómo eran las condiciones de trabajo a principios de 1900?

Las nuevas fábricas cambiaron la vida de los trabajadores de EE.UU. La mayoría de los empleos en las fábricas eran mal remunerados. Los trabajadores apenas ganaban para sobrevivir. En 1913, un estudio comprobó que la mitad de las mujeres trabajadoras ganaban menos de $7 a la semana. Los hombres ganaban aproximadamente el doble. A una mujer se le preguntó cómo podía vivir con tan poco. Ella dijo que compartía su cama con los niños de la propietaria de su casa. Otros sólo comían una vez al día.

Las jornadas de trabajo eran largas. Emma Goldman describió el trabajo en una fábrica de abrigos en Rochester, Nueva York. Una niña se desmayó por el exceso de trabajo. Al gerente no le importó. En cambio, le gritó a todos que regresaran a su trabajo.

El trabajo en las fábricas no era seguro. Los trabajadores de las hilanderías sufrían enfermedades de los pulmones por el ambiente contaminado dentro de la fábrica. Miles de trabajadores perdieron dedos y brazos en las hilanderías. Otros murieron. En un sólo año, a principios de 1900, 195 trabajadores murieron por accidentes en las fábricas de acero de Pittsburgh. Las muertes de trabajadores no hicieron cambiar nada a los propietarios de las fábricas. Cuando los trabajadores morían o se herían, simplemente contrataban nuevos trabajadores.

Trabajo infantil   Los niños fueron las víctimas más trágicas de este sistema. Algunas fábricas contrataban niños muy pequeños. Frecuentemente trabajaban en puestos muy peligrosos. No tenían oportunidad de ir a la escuela. A los niños se les pagaban los sueldos más bajos.

Algunas personas protestaron por estos abusos. Una de esas personas fue Mary Harris Jones. Se le conocía como Mamá Jones. Exigía leyes para proteger a los niños que trabajaban. En 1903, Mamá Jones llevó a cabo una marcha de niños. Sus esfuerzos dieron resultado. En Pennsylvania, Nueva York y Nueva Jersey se aplicaron leyes más firmes para proteger el trabajo infantil.

Trato injusto   Los propietarios de grandes empresas con frecuencia **discriminaban** a los inmigrantes y a los americanos africanos cuando contrataban trabajadores. Discriminar es tratar a una persona o grupo injustamente. Los contratistas empleaban mujeres inmigrantes para trabajos "sucios", como cortar carne y remover ollas hirviendo con partes de animales.

Muchas mujeres inmigrantes trabajaban en *sweatshops*. Estas eran fábricas atestadas de docenas de trabajadores

Esta pequeña niña trabajó en una fábrica textil en 1911. Muchas fábricas contrataron niños de 7 años para trabajar largas horas en condiciones peligrosas, por poca paga.

que fabricaban ropa u otros productos. Las condiciones en los *sweatshops* eran peores que en las fábricas. Los capataces obligaban a los obreros a trabajar más rápido. En su prisa, los trabajadores se agarraban los dedos con las agujas en las máquinas de coser. Las mujeres inmigrantes con frecuencia trabajaban en esos talleres de costura por menos de $2 a la semana.

Muchos propietarios de empresas se rehusaban a contratar americanos africanos para cualquier trabajo. En 1890, sólo el 7 por ciento de los hombres americanos africanos trabajaba en la industria.

Uno de los pocos trabajos disponibles para las mujeres americanas africanas eran las lavanderías. Las trabajadoras se paraban sobre máquinas muy calientes hasta 17 horas al día. Se utilizaban productos químicos muy fuertes. Esto afectaba la salud de las trabajadoras. Otras mujeres americanas africanas trabajaban en casa cosiendo o lavando. Las mujeres americanas africanas ganaban sólo una tercera parte de lo que las mujeres blancas ganaban haciendo el mismo trabajo.

La reacción Las condiciones de trabajo empeoraron a principios de los años 1900. Eran tan malas que muchos trabajadores estaban dispuestos a arriesgar sus trabajos con tal de mejorarlas. Se unieron a otros trabajadores

El edificio Flatiron en Nueva York fue uno de los primeros rascacielos. Pero los barrios bajos no disfrutaron de muchas de las mejoras que lograron los distritos comerciales.

que luchaban por mejores condiciones. Sin embargo, los cambios vendrían lentamente y sólo después de muchas tragedias.

1. ¿Quién fue Mamá Jones?
2. ¿Cuál era uno de los trabajos industriales disponibles para las mujeres americanas africanas?

3 Crecen las Ciudades de EE.UU.

¿Cómo estaban cambiando las ciudades a principios de 1900?

A principios de los años 1900, la población se desplazaba a las ciudades de Estados Unidos. La población de las ciudades de EE.UU. aumentaba rápidamente. Los habitantes de la ciudad vieron muchas mejorías en la vida urbana, pero también enfrentaron graves problemas como la sobrepoblación y las enfermedades.

Mejorías modernas A principios de 1900, las ciudades empezaron a ser mejores lugares para vivir y trabajar. La mayoría de las ciudades americanas tenía calles pavimentadas y sistemas de agua potable. Las ciudades empezaron a usar electricidad para alumbrar sus calles. Muchos edificios y casas fueron alumbrados con lámparas eléctricas.

La electricidad también mejoró el transporte público. Primero Boston y luego otras grandes ciudades construyeron metros. Los metros eran trenes que corrían bajo tierra sobre rieles eléctricos. En la superficie, tranvías eléctricos llevaban a la gente a través de las calles de la ciudad.

Las ciudades se volvieron más sanas, limpias y seguras. Los gobiernos de las ciudades construyeron **reservorios**. Un reservorio es un lugar para conservar agua potable. Las enfermedades causadas por tomar agua sucia se volvieron cada vez más raras. Los departamentos de higiene pública mantenían las calles limpias. Esto también detuvo la propagación de las enfermedades. Las ciudades crearon departamentos de policía para mantener el orden.

La vida en los inquilinatos Sin embargo los pobres de las ciudades no se beneficiaban con estas mejorías. Los pobres generalmente vivían amontonados en **inquilinatos** en los barrios bajos. Un inquilinato es un edificio dividido en muchos pequeños apartamentos. Más de ocho familias vivían en un piso de estos edificios.

Esas viviendas eran insalubres. La basura en descomposición se amontonaba en los callejones entre cada edificio. Las ratas se alimentaban de la basura. Las enfermedades se propagaban a todos los residentes de los inquilinatos.

Los barrios bajos generalmente eran los últimos en recibir los servicios municipales. Como resultado, estas zonas urbanas sufrían desproporcionadamente los efectos del delito y las enfermedades. La gente de clase media y alta rara vez se acercaba a estas zonas inseguras. Muchos no tenían idea de cómo era de mala la vida de los pobres.

1. ¿Cómo cambió la electricidad a las ciudades a principios de los años 1900?
2. ¿Por qué eran insalubres los inquilinatos?

CAPÍTULO 1
IDEAS CLAVE

- La industria americana creció rápidamente a principios de siglo.
- Muchos de los propietarios de grandes empresas no prestaban atención a sus trabajadores y a los consumidores. Sólo les importaban las ganancias.
- Los trabajadores sufrieron malas condiciones de trabajo y bajos salarios.
- Las ciudades tenían muchas mejoras modernas para 1900. Sin embargo, los habitantes pobres de la ciudad todavía tenían muchos problemas.

I. Repasar el Vocabulario

Une cada palabra o término con su significado.

1. reservorio
2. discriminar
3. monopolio
4. *sweatshop*

a. control completo de toda una industria
b. fábrica donde docenas de trabajadores fabrican ropa u otros productos
c. tratar a una persona o grupo injustamente
d. lugar para conservar agua potable

II. Entender el Capítulo

1. ¿Qué nuevas ideas e invenciones cambiaron las formas de fabricación de productos a finales de los años 1800 y principios de los años 1900?
2. ¿Cómo creó Rockefeller un monopolio?
3. ¿Cuáles eran las condiciones de trabajo a principios de siglo?
4. ¿Cómo discriminaban los propietarios de las grandes empresas a los inmigrantes y americanos africanos?
5. ¿Qué mejorías hicieron los gobiernos municipales a principios de los años 1900?

III. Desarrollo de Habilidades: Leer una Línea de Tiempo

Usa la línea de tiempo en la página 9 para contestar estas preguntas:

1. ¿En qué año se perfeccionó la luz eléctrica?
2. ¿Qué occurió antes: Upton Sinclair escribe *La Selva* o Mamá Jones encabeza una marcha de niños?
3. ¿Qué nueva idea cambió la forma de fabricar productos en 1913?

IV. Escribir Acerca de la Historia

1. **¿Qué hubieras hecho?** Si tú fueras uno de los nuevos millonarios de principios de siglo, ¿cómo tratarías de mejorar la vida de la gente? Explica.
2. Suponte que eres un niño que trabaja en una fábrica en 1910. Escribe en tu diario una descripción de un día en tu vida.

V. Trabajar Juntos

Del Pasado al Presente Con un grupo, discute las mejoras de la vida urbana durante los años 1900. Luego habla de la vida urbana de hoy. Describe cinco formas en que son mejores ahora las ciudades.

Los Nuevos Inmigrantes Contribuyen a la Nación. (1880-1920)

¿Cómo contribuyeron los nuevos inmigrantes a EE.UU.?

Los inmigrantes que llegaban al puerto de Nueva York esperaban empezar una nueva vida en una nueva tierra. Barcos como éste trajeron olas de inmigrantes a EE.UU. de 1880 a 1920.

Buscando los Términos Clave

- Ley de exclusión de los chinos • *sweatshops*
- Grupos de autoayuda

Buscando las Palabras Clave

- **persecución:** hostigar a la gente por su religión, su raza o sus ideas políticas
- **guetto:** sección de las ciudades europeas donde se obligada a vivir a los judíos
- **industrial:** que pertennce a la industria

- **urbano:** relacionado con la ciudad
- **prejuicio:** opinión injusta acerca de una persona sin saber mucho de él o ella

SUGERENCIA DE

Enumera cada nuevo grupo de inmigrantes. Luego da sus razones para venir a Estados Unidos.

ESTUDIO

En una nublada mañana de octubre de 1907, Edward Corsi vio por primera vez EE.UU. El niño de 14 años miraba desde la cubierta del vapor *Florida* hacia la ciudad de Nueva York.

Entonces vio la Estatua de la Libertad. Fue algo que el joven Corsi nunca olvidó. La enorme estatua era el símbolo del país que pronto sería su hogar.

1 Comienza una Nueva Era de Inmigración.

¿Cuál era la diferencia de los nuevos inmigrantes con los primeros inmigrantes?

Millones de inmigrantes como Edward Corsi llegaron a EE.UU. entre 1880 y 1920. Ayudaron a hacer de EE.UU. la gran mezcla de gente que es hoy en día.

Una tierra de inmigrantes Gente de Europa, Africa y Asia había llegado a Estados Unidos desde hacía mucho tiempo. Sin embargo, esa inmigración temprana era pequeña en comparación a la que empezó en los años 1880. En los 50 años de 1870 a 1920, más de 25 millones de personas entraron al país. ¡Fue el mayor movimiento de gente en la historia del mundo!

Antes de los años 1880, los inmigrantes en EE.UU. venían principalmente del norte y oeste de Europa. En los años 1880, muchos de los nuevos inmigrantes eran del sur y este de Europa.

Leer un Mapa ¿En qué estados se establecieron los mayores porcentajes de inmigrantes? ¿En qué áreas se establecieron los inmigrantes de Italia? ¿De México?

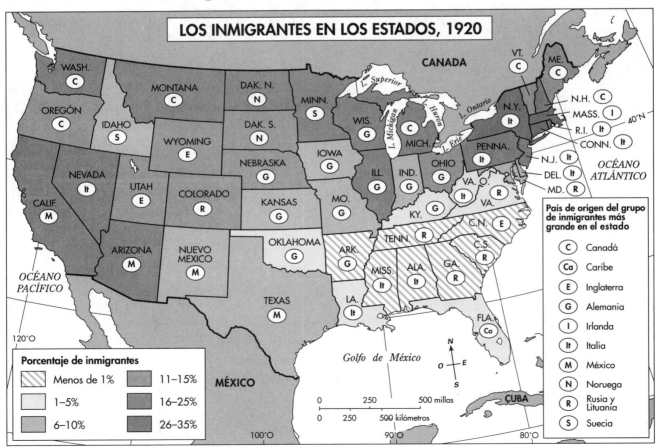

LOS INMIGRANTES EN LOS ESTADOS, 1920

País de origen del grupo de inmigrantes más grande en el estado

- C Canadá
- Ca Caribe
- E Inglaterra
- G Alemania
- I Irlanda
- It Italia
- M México
- N Noruega
- R Rusia y Lituania
- S Suecia

Porcentaje de inmigrantes

- Menos de 1%
- 1–5%
- 6–10%
- 11–15%
- 16–25%
- 26–35%

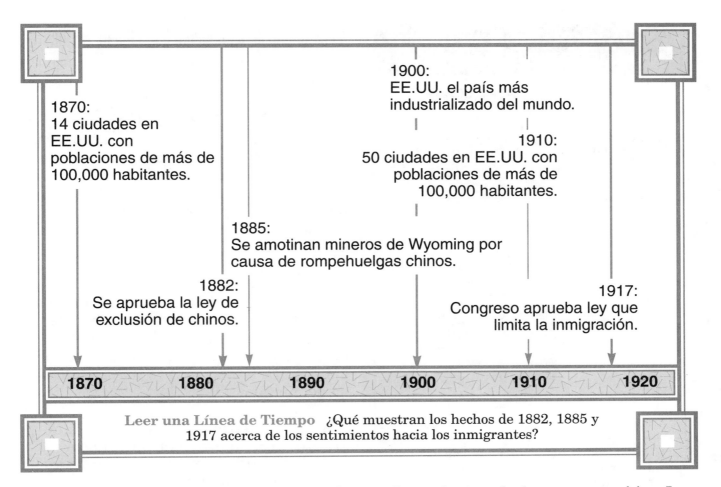

1870:
14 ciudades en EE.UU. con poblaciones de más de 100,000 habitantes.

1900:
EE.UU. el país más industrializado del mundo.

1910:
50 ciudades en EE.UU. con poblaciones de más de 100,000 habitantes.

1885:
Se amotinan mineros de Wyoming por causa de rompehuelgas chinos.

1882:
Se aprueba la ley de exclusión de chinos.

1917:
Congreso aprueba ley que limita la inmigración.

| 1870 | 1880 | 1890 | 1900 | 1910 | 1920 |

Leer una Línea de Tiempo ¿Qué muestran los hechos de 1882, 1885 y 1917 acerca de los sentimientos hacia los inmigrantes?

Los nuevos inmigrantes eran de muchos grupos étnicos. Algunos eran polacos, italianos, judíos, checos, húngaros, portugueses y griegos.

Las razones para venir No había una única razón por la cual estas personas dejaban sus hogares en Europa. La mayoría había decidido que podía vivir mejor en Estados Unidos.

Muchos de los inmigrantes eran granjeros. Ya no podían alimentar a sus familias porque sus tierras estaban agotadas. Pensaban que ya no había futuro en sus países. Mudarse a EE.UU. parecía ser la única respuesta.

Otros huían de la **persecución**. La persecución es el hostigamiento a la gente por su religión, grupo étnico o ideas políticas. Millones de judíos abandonaron Europa oriental en esos tiempos. En esos lugares, a los judíos se les forzaba a vivir sólo en ciertas partes del país. En las ciudades, tenían que vivir en determinados vecindarios, llamados **guettos**. En los años 1880, ocurrieron matanzas de judíos en Europa. Millones de judíos europeos buscaban un lugar donde pudieran estar a salvo. Para muchos, ese lugar era EE.UU.

Los armenios también vinieron a Estados Unidos para escapar de la

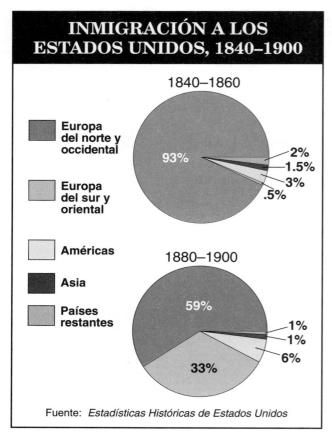

INMIGRACIÓN A LOS ESTADOS UNIDOS, 1840–1900

1840–1860

- Europa del norte y occidental
- Europa del sur y oriental
- Américas
- Asia
- Países restantes

93%
2%
1.5%
3%
.5%

1880–1900

59%
1%
1%
6%
33%

Fuente: *Estadísticas Históricas de Estados Unidos*

Leer una Gráfica ¿Qué porcentaje de los inmigrantes vino del este y sur de Europa de 1840 a 1860? ¿De 1880 a 1900?

persecución. Entre 1915 y 1918 casi 3 millones de armenios murieron en lo que ahora es Turquía. Unos pocos afortunados escaparon a otros países en el Medio Oriente. Luego llegaron a EE.UU.

1. ¿Quiénes eran los nuevos inmigrantes?
2. ¿Por qué vinieron a Estados Unidos los judíos?

2 Los Inmigrantes Aportan a la Vida de EE.UU.

¿Qué trajeron los nuevos inmigrantes a EE.UU.?

Entre 1880 y 1920, millones de personas sufrieron en el viaje en barco a EE.UU. La mayoría de estos inmigrantes tenía poco dinero. Necesitaban trabajar inmediatamente. Por lo tanto, tenían que aceptar trabajo duro y mal remunerado. Muchos se ganaron la vida en fábricas oscuras y sucias llamadas **"sweatshops"**.

Los nuevos inmigrantes ayudaron a hacer de EE.UU. una nación **industrial**. En una nación industrial, la mayoría de la gente trabaja para fabricar mercancías. En 1900, Estados Unidos era la nación más industrializada del mundo.

A las ciudades Los nuevos inmigrantes también ayudaron a hacer de Estados Unidos una nación **urbana**. Urbano significa lo relacionado con una ciudad. Para la mayoría de los inmigrantes, las dinámicas ciudades de EE.UU. era donde tenía su hogar. En las ciudades era donde había trabajo.

Los inmigrantes se mudaban a barrios donde ya había gente de su patria. Florecieron los barrios étnicos. Podía haber un barrio polaco junto a un barrio italiano. Junto a éste podía existir un barrio judío. En estos barrios, casi todos hablaban el mismo idioma y tenían las mismas costumbres.

Ayudándose entre sí Desde los primeros días, los inmigrantes formaban **grupos de autoayuda** para mejorar su situación. Estos eran clubes donde los inmigrantes podían discutir los temas del día, estudiar inglés y

Los inmigrantes vivían en barrios con otras personas de su país natal. Muchos inmigrantes judíos vivieron y trabajaron en la calle Hester, en la ciudad de Nueva York.

hacer deportes. Los inmigrantes aprendían allí acerca de su país adoptivo.

Muchos grupos de inmigrantes escalaron posiciones rápidamente en la sociedad de EE.UU. Los armenios, por ejemplo, comenzaron a venir a Estados Unidos en 1920. En 20 años, la mayoría se había convertido en clase media. Casi todos sus hijos egresaron de la universidad. Había muchos escritores y empresarios famosos que eran americanos armenios.

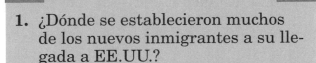

1. ¿Dónde se establecieron muchos de los nuevos inmigrantes a su llegada a EE.UU.?
2. ¿Qué hacían los grupos de autoayuda?

3 Los Asiáticos Encuentran Nuevos Hogares en EE.UU.

¿Qué encontraron los inmigrantes de Asia oriental al llegar a EE.UU.?

En algún momento durante los años 1880, una joven mujer huyó de su casa en China. Su nombre era Mary Bong. Encontró trabajo y ahorró dinero. Finalmente tuvo lo suficiente para ir a EE.UU. En 1892, Bong se casó con un propietario de restaurante en Sitka, Alaska. Era la única china en Alaska. Pronto aprendió suficiente inglés como para administrar el restaurante. Sin embargo, su marido murió, y ella perdió el restaurante. Para mantener a sus dos hijas trabajó como ama de llaves.

Después de muchos años, Bong se volvió a casar. Cuando se descubrió oro en Alaska en 1899, Bong y su marido fueron a las minas de oro. Ella cavó en busca de oro y utilizó pólvora. A los 70 años le preguntaron si volvería a China. Dijo: "Nunca regresaré, China me parece como un sueño lejano". Para ella, como para muchos otros chinos, Estados Unidos se había convertido en su hogar.

Hubo muchos chinos, como Mary Bong, que dejaron su huella en EE.UU. A fines de los años 1800, los únicos trabajos accesibles para los chinos en EE.UU. eran los que nadie quería. Sin embargo, los chinos los convirtieron en nuevas oportunidades. Algunos chinos en el oeste se convirtieron en buhoneros, y vendían pequeños artículos, ollas y sartenes. Cuando encontraban un buen local, a veces abrían una tienda. Algunos abrieron restaurantes y lavanderías. Otros trabajaron como sastres y granjeros.

Los japoneses en EE.UU. Cerca de 1900, miles de japoneses llegaron al

Estos americanos japoneses empacan uvas en una fábrica en California en 1900. Gente de ascendencia japonesa ayudó a construir la gran industria de agricultura en California.

territorio continental de Estados Unidos. Trabajaron en pesca, aserraderos, ferrocarriles y granjas.

Los japoneses eran excelentes granjeros. Compraban tierras que los blancos creían estériles. Las convertían en buenas granjas. Lo hicieron con trabajo duro y buena administración. Al final los japoneses hicieron de éstas tierras fértiles.

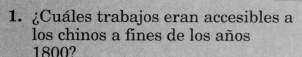

1. ¿Cuáles trabajos eran accesibles a los chinos a fines de los años 1800?
2. ¿Cuándo comenzaron a llegar los japoneses a EE.UU.?

4 Las Puertas se Cierran.

¿Cómo reaccionaron los americanos a los inmigrantes?

Uno de los peores problemas a los cuales se enfrentaron los inmigrantes fue el **prejuicio**. El prejuicio es una opinión injusta acerca de una persona. Muchos americanos despreciaban a los nuevos inmigrantes. Les parecían diferentes. Hablaban idiomas diferentes y tenían diferentes costumbres.

Los trabajadores americanos se enojaban porque los nuevos inmigrantes se estaban dispuestos a trabajar por sueldos más bajos. Pensaban que los inmigrantes les quitarían sus trabajos.

Los inmigrantes de Asia tuvieron problemas especiales. Sus idiomas y costumbres los hacían distintos. Los chinos fueron los primeros en sentir el prejuicio. En los años 1880, había pandillas que atacaban y mataban a los chinos. En 1885, en Wyoming, un grupo de mineros blancos se amotinaron porque se usó a los chinos como esquiroles. Más de 30 chinos murieron.

Se cierra la puerta Algunos americanos trataron de mantener a los inmigrantes fuera del país. En 1895, se presentó un proyecto de ley ante el Senado para reducir la inmigración. La ley mantendría fuera a toda persona mayor de 14 años que no supiera leer o escribir. El proyecto de ley no se aprobó hasta 1917. En 1920, el Congreso redujo aún más la inmigración. (Ver capítulo 11.)

Las leyes estatales prohibían a los asiáticos poseer tierra. En 1882, el Congreso aprobó una ley llamada la **ley de exclusión de los chinos**. Exclusión significa mantener fuera. Esta ley prohibió la inmigración china. La inmigración de otros asiáticos quedó limitada más tarde. Las restricciones a la inmigración asiática duraron hasta 1952.

El sueño americano En 1920, EE.UU. ya no estaba abierto a cualquiera que tuviera un sueño. Aun así, no cambió la fe en EE.UU. de muchos inmigrantes. La mayoría de los inmigrantes seguía creyendo que EE.UU. ofrecía una vida mejor para ellos y sus hijos. En la mayoría de los casos, esa creencia se hizo realidad.

1. ¿Por qué temían a los inmigrantes los trabajadores de EE.UU.?
2. ¿Por qué tuvieron problemas especiales los inmigrantes asiáticos?

Capítulo 2
IDEAS CLAVE

- La inmigración aumentó mucho entre los años 1880 y 1920.
- Los nuevos inmigrantes venían del sur y el este de Europa y de Asia.
- Los inmigrantes ayudaron a construir una nación urbana.
- En 1895, los americanos empezaron a limitar la inmigración.

REPASO DEL CAPÍTULO 2

I. Repasar el Vocabulario

Une cada palabra de la izquierda con la definición correcta.

1. persecución   **a.** una fábrica pequeña, sucia y oscura

2. guetto   **b.** hostigamiento a la gente por su religión, raza o política

3. industrial   **c.** avanzado con industria de manufacturas

4. *"sweatshop"*   **d.** vecindario de una ciudad donde eran obligados a vivir los judíos

II. Entender el Capítulo

1. ¿Cuáles fueron las razones similares por las que judíos y armenios llegaron a EE.UU.?

2. ¿Por qué aceptaban sueldos bajos los inmigrantes?

3. ¿Qué hicieron los inmigrantes para mejorar su situación?

4. ¿Por qué querían reducir la inmigración los americanos?

III. Desarrollo de Habilidades: Interpretar una Gráfica

Estudia las gráficas en la página 18. Piensa en lo que leíste en el capítulo. Luego contesta las preguntas.

1. ¿Qué grupo de inmigrantes muestra el mayor incremento de 1860 a 1900?

2. ¿Qué grupo de inmigrantes muestra la mayor disminución?

IV. Escribir Acerca de la Historia

1. **¿Qué hubieras hecho?** Si hubieras sido un inmigrante en EE.UU. en 1900, ¿dónde te habrías establecido? ¿Por qué?

2. Escribe un editorial para oponerte a la limitaciones a la inmigración.

V. Trabajar Juntos

Del Pasado al Presente. Con un grupo, investiguen de qué países han llegado los inmigrantes en los años 1990. Luego elaboren una gráfica como las de la página 18 para exponer su información. ¿Qué conclusiones pueden sacar?

Los Americanos Africanos se Mudan al Norte. (1900-1914)

¿Qué progresos lograron los americanos africanos a principios de los años 1900?

Los descubrimientos de George Washington Carver cambiaron la agricultura del sur. Aquí aparece Carver en su laboratorio en el Instituto Tuskegee.

Buscando los Términos Clave

- La gran migración • Leyes de Jim Crow
- Asociación Nacional para el Progreso de la Gente de Color (NAACP)

Buscando las Palabras Clave

- **aparcero:** una persona que trabaja un pedazo de tierra de otra persona, a cambio de una porción de la cosecha.
- **segregación:** separación de un grupo de otros, por ley

- **linchamiento:** asesinato realizado por una muchedumbre
- **agricultura:** la ciencia de cultivar la tierra

SUGERENCIA DE ESTUDIO

Copia cada una de las ideas clave en la página 29. Bajo cada idea clave, escribe los hechos de cada capítulo en el cual está basada.

A partir de 1910, grandes cantidades de americanos africanos del sur se trasladaron hacia el norte. Este movimiento se llamó la **gran migración**. Esta migración siguió por más de 20 años. Más de un millón de americanos africanos abandonaron el sur. Existieron varias causas para esta migración.

1 Los Americanos Africanos se Establecen en las Ciudades del Norte.

¿Qué condiciones esperaban a los americanos africanos al mudarse al norte?

A principios de los años 1900, la vida era muy dura para los americanos africanos en el sur. La mayoría de los granjeros americanos africanos eran aparceros. Un **aparcero** trabaja la tierra de otro y a cambio, el dueño le entrega una porción de la cosecha.

Los aparceros pedían prestadas las rejas de arado, las semillas, y hasta su casa, de los terratenientes blancos. Se convertían en deudores al plantar. Cuando cosechaban, pagaban sus deudas. Vivían con lo poco que les quedaba. Generalmente tenían que pedir más prestado. La aparcería era un ciclo de continuas deudas.

Ninguna salida más que el norte
Los aparceros estaban atrapados. Las leyes en los estados sureños no los favorecían. Esas leyes que los discriminaban se llamaban **leyes de Jim Crow**. Estas leyes **segregaban** a los americanos africanos y los obligaban a vivir en barrios separados. No podían asistir a las mismas escuelas que los blancos.

Los americanos africanos ganaban los peores salarios. Un peón americano africano ganaba $1 al día. Los trabajadores de las fábricas ganaban 14 centavos la hora. La mayoría de los americanos africanos en el sur eran muy pobres.

También los afectaba la violencia. Con frecuencia los atacaban blancos enojados. El **linchamiento**, o asesinato por

Leer una Gráfica ¿Qué muestra esta gráfica acerca del dinero gastado en la educación en el sur para los blancos y los americanos africanos en 1890? ¿Cómo cambió esto en 1910?

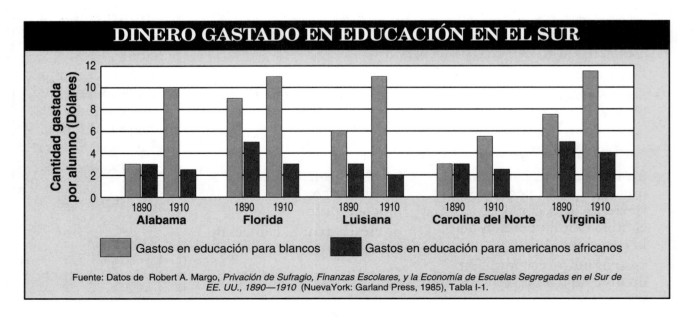

DINERO GASTADO EN EDUCACIÓN EN EL SUR

Cantidad gastada por alumno (Dólares)

- Gastos en educación para blancos
- Gastos en educación para americanos africanos

Fuente: Datos de Robert A. Margo, *Privación de Sufragio, Finanzas Escolares, y la Economía de Escuelas Segregadas en el Sur de EE. UU., 1890—1910* (NuevaYork: Garland Press, 1985), Tabla I-1.

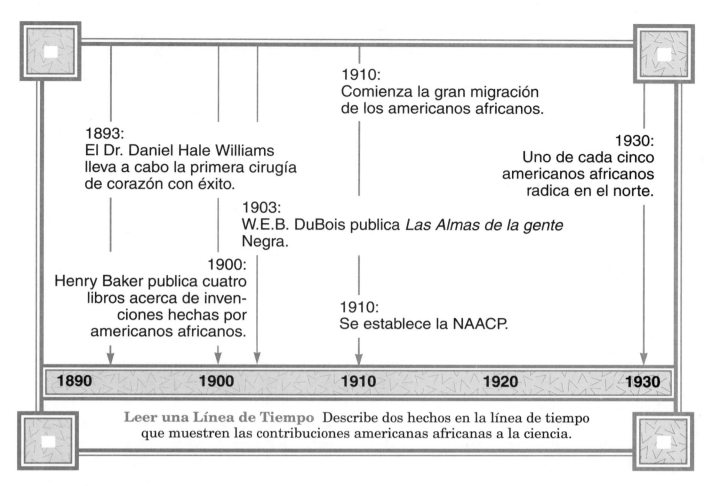

1910:
Comienza la gran migración
de los americanos africanos.

1893:
El Dr. Daniel Hale Williams
lleva a cabo la primera cirugía
de corazón con éxito.

1930:
Uno de cada cinco
americanos africanos
radica en el norte.

1903:
W.E.B. DuBois publica *Las Almas de la gente
Negra*.

1900:
Henry Baker publica cuatro
libros acerca de inven-
ciones hechas por
americanos africanos.

1910:
Se establece la NAACP.

| 1890 | 1900 | 1910 | 1920 | 1930 |

Leer una Línea de Tiempo Describe dos hechos en la línea de tiempo
que muestren las contribuciones americanas africanas a la ciencia.

muchedumbre, era común. La policía sureña no ayudaba. No existía justicia para los americanos africanos en el sur.

Promesas y problemas en el norte
Para 1910, miles de americanos africanos se habían ido hacia el norte. Querían encontrar mejores trabajos. También esperaban una vida mejor. Habían oído que los americanos africanos eran tratados mejor en el norte.

En el norte, los americanos africanos tuvieron otros problemas. La mayoría vivía en barrios exclusivamente de americanos africanos por causa de la discriminación. Estos barrios eran muy pobres. Las viviendas estaban descuidadas y la gente se amontonaba en ellas. Los servicios de la ciudad tales como higiene pública, policía y bomberos frecuentemente no llegaban a estas zonas pobres.

Los americanos africanos del sur también tenían problemas para encontrar buenos empleos. La mayoría no tenía la capacitación requerida para los empleos de salarios altos en las fábricas y los negocios del norte. Los patronos del norte empleaban a los americanos africanos sólo para trabajos duros. Los americanos africanos hacían lo que los blancos no querían hacer. Generalmente ganaban los salarios más bajos.

Crear una nueva vida A pesar de estos problemas, los americanos africanos crearon una nueva vida en el norte. Establecieron sus propias iglesias. Estas iglesias ayudaban a los recién llegados del sur ofreciéndoles comida, hospedaje y consejos. Proveían

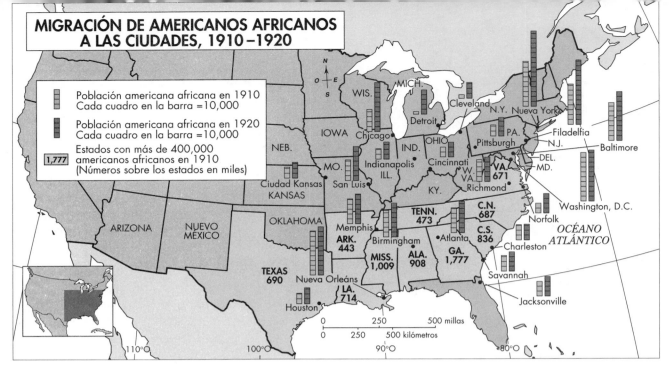

MIGRACIÓN DE AMERICANOS AFRICANOS A LAS CIUDADES, 1910–1920

Población americana africana en 1910
Cada cuadro en la barra = 10,000

Población americana africana en 1920
Cada cuadro en la barra = 10,000

1,777 Estados con más de 400,000 americanos africanos en 1910 (Números sobre los estados en miles)

Leer un Mapa ¿Cómo cambió la población americana africana en las ciudades de 1910 a 1920? ¿Cuáles fueron las tres ciudades que ganaron más población americana africana durante este período?

tanto asistencia espiritual como el apoyo de una comunidad.

Los americanos africanos también crearon nuevos negocios. Algunos fundaron pequeños negocios para dar servicios a sus barrios. Florecieron los salones de belleza, los restaurantes, las tiendas y las farmacias. Se abrieron bancos y compañías de seguro americanas africanas.

Periódicos americanos africanos
Los americanos africanos también fundaron sus propios periódicos. Leían las noticias que les concernían en periódicos americanos africanos como el *Defensor de Chicago.*

El *Defensor* fue creado en 1905 por Robert S. Abbott. Cada semana lo leían 300,000 personas. El *Defensor* atacaba la discriminación racial. También informaba sobre los linchamientos. Periódicos como el *Defensor* tuvieron un papel clave en la lucha de los americanos africanos por la igualdad de derechos.

1. ¿Qué eran las leyes de Jim Crow?
2. ¿Qué problemas tuvieron los americanos africanos en el norte?

2 Los Americanos Africanos se Organizan por sus Derechos.

¿Cómo conquistaron sus derechos civiles los americanos africanos a principios de los años 1900?

A principios de los años 1900, no cabía duda que los americanos africanos tanto en el sur como en el norte sufrían discriminación y violencia. Los americanos africanos tenían diferentes ideas de lo que se debía hacer. Dos líderes americanos africanos representaron estas diferentes ideas. Uno de estos líderes fue Booker T. Washington. El otro fue W.E.B. DuBois.

Booker T. Washington encabezaba el Instituto Tuskegee. En Tuskegee, los americanos africanos aprendían pericias utilizada en la industria. Washington creía que los americanos africanos debían capacitarse para obtener mejores trabajos. Washington argumentaba que los americanos africanos debían ganarse la vida y comprar propiedades. El creía que eso ayudaría a los americanos africanos más que poder votar.

W.E.B. DuBois atacó las ideas de Washington. Fue el primer americano africano en recibir un doctorado de la Universidad de Harvard. DuBois quería algo más que mejores trabajos para los americanos africanos. Demandaba igualdad. DuBois creía que la educación era el camino hacia los derechos civiles. Quería que los americanos africanos tuvieran orgullo de su cultura y de sus habilidades. Lo más importante, según DuBois, era que los americanos africanos se organizaran.

La NAACP   En mayo de 1909, se fundó esa organización. Casi 300 americanos africanos y blancos se reunieron en la ciudad de Nueva York, para discutir los derechos de los americanos

Madame C.J. Walker, en la rueda, fue la primera mujer en ganar un millón de dólares. Empleaba a 5,000 vendedoras para 1910.

africanos. W.E.B. DuBois estuvo allí. También estuvieron otros líderes americanos africanos, como Ida B. Wells, reconocida en América y Europa por su lucha contra el linchamiento. Acudieron dirigentes blancos como Jane Addams. Ella era famosa por asistir a los pobres de las ciudades.

Como resultado de la reunión, fue fundada la **Asociación Nacional para el Progreso de la Gente de Color (NAACP** en sus siglas en inglés) en 1910. Su objetivo era lograr la "igualdad de derechos y oportunidades para todos". La NAACP pronto tuvo una fuerte organización nacional.

La NAACP se convirtió en una voz poderosa a favor de la justicia. Trató de cambiar la opinión pública acerca de la discriminación. La NAACP publicó anuncios en periódicos describiendo los linchamientos y otros actos de violencia contra los americanos africanos. También publicó estudios sobre las condiciones de vida de los americanos africanos.

La NAACP también luchó por la justicia ante los tribunales. Atacó leyes que discriminaban contra los americanos africanos. A través de los años, la NAACP logró importantes victorias en los tribunales.

1. ¿Quién fue Booker T. Washington?
2. ¿Qué es la NAACP?

COLEGIOS Y UNIVERSIDADES AMERICANAS AFRICANAS, 1865–1915

Colegio o universidad existencia en 1865
Colegio o universidad fundado 1865–1877
Colegio o universidad fundado 1878–1915

Leer un Mapa ¿Dónde se encontraban la mayoría de las universidades americanas africanas durante la época de este mapa? ¿Qué te dice esto acerca de dónde vivía la mayoría de los americanos africanos?

3 Los Americanos Africanos Avanzan en la Educación, la Ciencia y las Artes.

¿Cuáles fueron algunos logros de los americanos africanos a principios de los años 1900?

A pesar de muchas dificultades, los americanos africanos progresaron en gran medida en los años 1900. Prosperaron en la educación, la ciencia y las artes.

Florecimiento de la educación
En 1910, más del 70% de los americanos africanos podían leer. Esto era más del doble que 50 años antes. Había 35,000 maestros americanos africanos.

Muchos de esos maestros se habían graduado de universidades americanas africanas. De la Universidad de Spellman egresaron miles de maestros. Otras universidades también graduaron a muchos americanos africanos. El Instituto Hampton y el Instituto Tuskegee capacitaron a miles de personas para la industria. De la Universidad Howard, en Washington, D.C., egresaron médicos, abogados e ingenieros americanos africanos.

Descubrimientos científicos
Muchos de estos graduados hicieron grandes descubrimientos. George Washington Carver cambió la **agricultura** en el sur. La agricultura es la ciencia de cultivar la tierra. Carver aconsejó a los granjeros que plantaran maníes, batatas y soya. Estas plantas enriquecieron la tierra. Para hacer las cosechas comercialmente aprovechables, encontró nuevos usos para ellas. Inventó 300 usos para el maní, más de 100 para la batata y muchos para la soya.

Los americanos africanos fueron activos en el campo de la medicina. El

Dr. Daniel Hale Williams fundó el hospital de la Providencia de Chicago. Este hospital capacitó a americanos africanos para ser médicos y enfermeras. En 1893, Williams llevó a cabo con éxito allí la primera cirugía de corazón.

Las artes   Los americanos africanos también contribuyeron al desarrollo de las artes en los Estados Unidos. A finales de los años 1800 y principios de 1900, los artistas americanos africanos lucharon por un reconocimiento digno. Los pintores americanos africanos como Henry Ossawa Tanner recibieron elogios en Europa.

A finales de los años 1800 y principios de 1900, los americanos africanos crearon nuevas formas de música: el *ragtime* y los *blues*. Estas eran muy populares. Los músicos, actores y compositores americanos africanos trabajaron por todo el país. "Maple Leaf Rag", del compositor americano africano Scott Joplin, fue la primera pieza de música escrita que vendió un millón de ejemplares. La música americana africana se volvió parte de la cultura de toda la nación. Sin embargo, muchos americanos blancos todavía tenían fuertes prejuicios contra los americanos africanos.

1. ¿Cómo había cambiado la educación para los americanos africanos hacia 1910?
2. ¿Por qué es famoso George Washington Carver?

CAPÍTULO 3
IDEAS CLAVE

- A principios de los años 1900, muchos miles de americanos africanos se mudaron a las ciudades del norte buscando una vida mejor.
- Los americanos africanos sufrieron discriminación tanto en el norte como en el sur.
- Los americanos africanos se organizaron para luchar por la igualdad de derechos. Una de estas organizaciones fue la NAACP.
- Los americanos africanos progresaron en la educación, los negocios, la ciencia y las artes.

I. Repasar el Vocabulario

Une cada palabra de la izquierda con la definición correcta.

1. aparcero
2. agricultura
3. Jim Crow
4. linchamiento

a. asesinato realizado por una muchedumbre
b. leyes en el sur que discriminaban contra los americanos africanos
c. persona que trabaja la tierra de otro a cambio de una porción de la cosecha
e. ciencia del cultivo de la tierra

II. Entender el Capítulo

1. ¿Por qué era difícil ganarse la vida para un aparcero americano africano?
2. ¿Qué problemas tuvieron los americanos africanos en el norte?
3. ¿Cómo luchó por los derechos de los americanos africanos la NAACP?
4. ¿Qué descubrimientos científicos hicieron los americanos africanos?

III. Desarrollo de Habilidades: Comparar Puntos de Vista

Elabora una tabla comparando las ideas de Booker Washington y las de W.E.B. DuBois. Encabezando una columna, escribe Washington. Encabezando la otra, escribe DuBois. Bajo cada nombre, escribe lo que cada uno pensaba acerca de lo que los americanos africanos debían o no debían hacer para cambiar sus vidas.

IV. Escribir Acerca de la Historia

1. **¿Qué hubieras hecho?** ¿Si fueras un aparcero americano africano que vive en el sur en 1910, irías al norte? Explica.
2. Supón que eres editor del *Defensor*. Escribe un editorial especificando por qué los americanos africanos deberían votar.

V. Trabajar Juntos

1. Forma un pequeño grupo. Escojan *ragtime* o *blues*. Investiguen las raíces de la música, los compositores y los artistas famosos y las canciones populares. Si es posible, encuentren una cinta de audio de ese tipo de música. Presenten lo que encontraron a la clase.
2. **Del Pasado al Presente** Con un grupo, discute las contribuciones de los americanos africanos en las artes, los negocios y la ciencia. Trabajando juntos, creen un anuncio mostrando estas contribuciones para que la NAACP lo pueda publicar en un periódico.

Los Latinos Construyen Nuevas Comunidades. (1896-1914)

¿Por qué construyeron los latinos nuevas vidas en EE.UU. a principios de los años 1900?

El día de campo de primavera en Ponce, Puerto Rico, era para que la gente se divirtiera. Los puertorriqueños continuaron con estas celebraciones en EE.UU.

Buscando los Términos Clave

- el grito de Lares • ley Foraker • ley Jones
- enmienda Platt • nuevo mexicano • las gorras blancas

Buscando las Palabras Clave

- **barrio:** parte de la ciudad donde vive gran cantidad de latinos
- **bodega:** palabra en español que significa "pequeña tienda de abarrotes"
- **lector:** persona contratada por los torcedores de puros para leerles mientras trabajaban

SUGERENCIA DE

Escribe las preguntas que aparecen al principio de cada sección. Después de leer cada sección, contesta la pregunta. Luego contesta la pregunta al principio del capítulo.

ESTUDIO

En una época, España tenía un gran imperio en América Latina. Para 1898, España había perdido la mayor parte de este imperio. Lo única que le quedaba era Puerto Rico y Cuba. España quería mantener esas dos colonias, pero la gente de ambas islas se había hartado del dominio español. Ya había comenzado a luchar por su libertad.

1 EE.UU. Se Apondera de Puerto Rico.
¿Cuáles fueron los efectos del dominio estadounidense sobre Puerto Rico?

En 1868, los puertorriqueños de la ciudad de Lares se rebelaron contra el

Una postal de 1900 muestra el puerto de San Juan en Puerto Rico. ¿Qué te dice acerca de la ciudad portuaria?

dominio español. La revuelta se llamó **el grito de Lares**. El objetivo era lograr la independencia de Puerto Rico. Las tropas españolas acabaron rápidamente con la revuelta.

Los puertorriqueños continuaron luchando por su libertad. Finalmente, en 1897, España otorgó a Puerto Rico un poco de autonomía. En la época en que Puerto Rico gozaba su nueva libertad, España y EE.UU. entraron en guerra. Como colonia de España, Puerto Rico participó en la guerra. Sin embargo, cuando los soldados de EE.UU. entraron en Puerto Rico, España ya había perdido la guerra.

Puerto Rico bajo control de EE.UU. La mayoría de los puertorriqueños dieron la bienvenida a los americanos. Creían que Estados Unidos les daría más libertad que España.

El gobierno de EE.UU., sin embargo, decidió mantener la isla bajo su control. En 1900, el Congreso de EE.UU. dictó la **ley Foraker**. Esta daba a los puertorriqueños el derecho a elegir algunos representantes para su gobierno.

En 1917, el Congreso aprobó la **ley Jones**. Otorgaba la ciudadanía estadounidense a todos los puertorriqueños que así lo desearan. También les dio el derecho a elegir todos sus representantes. El gobernador y otros altos funcionarios, sin embargo, continuarían siendo nombrados por el presidente de EE.UU. Los puertorriqueños pidieron más autonomía. Tardarían muchos años en obtenerla.

El dominio de EE.UU. también trajo cambios económicos a Puerto Rico. La gente rica compró pequeñas granjas y las convirtió en grandes plantaciones de tabaco y azúcar. El resultado fue que unas pocas familias se volvieron muy ricas. La mayoría de la gente se hizo más pobre. Debido a esta situación,

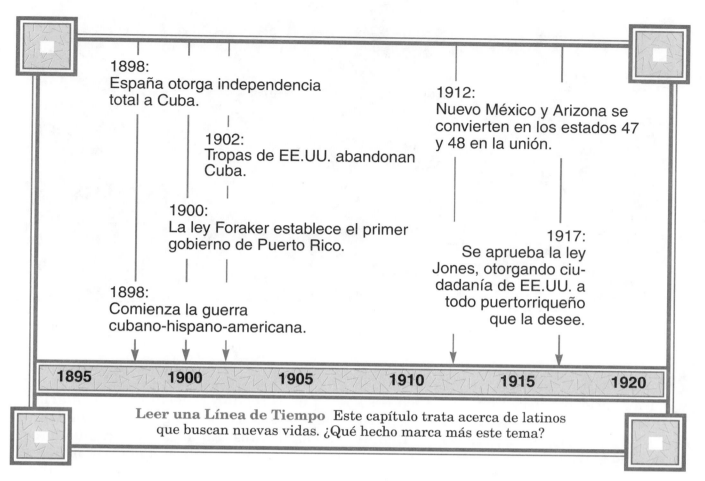

1898:
España otorga independencia total a Cuba.

1902:
Tropas de EE.UU. abandonan Cuba.

1900:
La ley Foraker establece el primer gobierno de Puerto Rico.

1898:
Comienza la guerra cubano-hispano-americana.

1912:
Nuevo México y Arizona se convierten en los estados 47 y 48 en la unión.

1917:
Se aprueba la ley Jones, otorgando ciudadanía de EE.UU. a todo puertorriqueño que la desee.

| 1895 | 1900 | 1905 | 1910 | 1915 | 1920 |

Leer una Línea de Tiempo Este capítulo trata acerca de latinos que buscan nuevas vidas. ¿Qué hecho marca más este tema?

muchos trabajadores se mudaron a EE.UU. en busca de mejor vida.

Puertorriqueños en el continente La mayoría de los puertorriqueños que fueron a territorio continental de EE.UU. llegaron a la ciudad de Nueva York. Los puertorriqueños continuaron mudándose a Nueva York a principios de los años 1900. La mayoría encontró buen trabajo y salarios estables. Donde fueran, los puertorriqueños llevaban consigo su cultura y costumbres. Vivían en vecindades que se les llamó **barrios**, por su nombre en español. Las calles de los barrios tenían tiendas de abarrotes muy pintorescas llamadas **bodegas**. Los barrios también tenían restaurantes y pensiones puertorriqueñas.

1. ¿Cómo afectó la ley Jones a Puerto Rico?
2. ¿Por qué se mudaron muchos puertorriqueños a territorio continental?

2 Cuba Logra su Independencia.
¿Cómo logró Cuba su independencia?

Como Puerto Rico, Cuba luchó por lograr su independencia de España en 1868. Durante diez años, los cubanos libraron una cruenta guerra por la libertad. Durante esos años, 100,000 personas partieron de Cuba hacia EE.UU.

En Tampa, en la Florida, los trabajadores de puros torcían el tabaco mientras escuchaban al lector. El lector leía historias o artículos a los trabajadores sin el beneficio de un micrófono.

La mayoría fue a la Florida. Muchos se establecieron en Key West, en la Florida, a sólo 90 millas (145 kilómetros) de Cuba.

En Cuba la fabricación de puros era una industria importante. Los cubanos trajeron la industria a Key West. Sin embargo, los salarios eran bajos. Los cubanos organizaron sindicatos para proteger sus trabajos y salarios. Hicieron muchas huelgas en las fábricas de puros. Luego, en 1886, una gran incendio afectó a Key West.

Ybor City, Florida   Un propietario decidió mudar su fábrica de puros. Su nombre era Vicente Martínez Ybor. Compró 40 acres (16 hectáreas) de tierra pantanosa cerca de la pequeña ciudad de Tampa. En esta tierra, Ybor construyó su fábrica. También construyó un pueblo para que sus empleados pudieran vivir con sus familias.

Los torcedores de puros no querían depender de Ybor. Siguieron organizando sindicatos. En 1887, los trabajadores de Ybor fueron a la huelga por mejores salarios. Ybor contrató nuevos trabajadores para reemplazarlos. Se desencadenó una lucha, con un saldo de un trabajador muerto y tres heridos.

Con el tiempo, las fábricas de puros crecieron en otras ciudades de Florida, como Jacksonville y Ocala. Miles de cubanos llegaron a la Florida. Su habilidad en la producción de puros de alta calidad les valió obtener empleos.

El papel del lector   Casi todas las fábricas de puros tenían un **lector**. Un lector era una persona que leía a los trabajadores mientras torcían los puros. Los lectores eran contratados y pagados por los trabajadores mismos, no por los dueños. Los lectores leían novelas populares y artículos de política. A medida que aumentaba la lucha por independencia en Cuba, se volvieron una poderosa voz en apoyo de esa causa.

La independencia de Cuba de España. En 1895, los cubanos hicieron un nuevo intento para lograr su libertad de España. España utilizó métodos duros y brutales para tratar de sofocar la rebelión. Muchos americanos se enfadaron por lo que hacía España.

A principios de 1898, un barco de EE.UU., el *Maine*, explotó en el puerto de La Habana, la capital de Cuba. La explosión mató a 260 americanos. Los americanos culparon a España por el desastre. En abril, el Congreso le declaró la guerra.

La Guerra cubano-hispano-americana duró poco tiempo. El ejército de EE.UU. derrotó al ejército español en Cuba. Al final de la guerra, la España derrotada cedió a EE.UU. sus colonias de Cuba y Puerto Rico en el Caribe y las Filipinas y Guam en el Pacífico.

EE.UU. ocupó Cuba hasta 1902. Antes de salir de la isla, presionó a Cuba para que incluyera la **enmienda Platt** como parte de la Constitución cubana. La enmienda Platt permitía a EE.UU. regresar a Cuba si sus intereses eran amenazados. También otorgó a EE.UU. el derecho a construir una base naval en la bahía de Guantánamo en Cuba. Los cubanos estaban ansiosos por ver salir el ejército de EE.UU. Por lo tanto aceptaron la enmienda Platt.

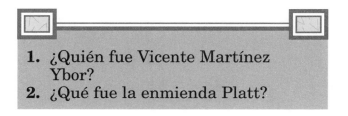

1. ¿Quién fue Vicente Martínez Ybor?
2. ¿Qué fue la enmienda Platt?

3 Nuevo México se Convierte en Estado.

¿Cómo afectó a Nuevo México el movimiento de gente hacia el sudoeste de EE.UU.?

En 1848, Estados Unidos firmó un tratado con México que puso fin a una guerra de dos años. El tratado cedió a EE.UU. una gran cantidad de territorio mexicano. El tratado también protegió los derechos de los mexicanos que quisieron permanecer en esos territorios. Los mexicanos que vivían en Nuevo México se llamaron **nuevo mexicanos.** Pronto, los nuevo mexicanos comprobaron que sus derechos eran ignorados.

La gente del este En 1880, un ferrocarril unió Nuevo México con el este. Comenzaron a llegar grandes cantidades de colonos del este. Los nuevos colonos veían a los nuevo mexicanos como inferiores.

Los nuevo mexicanos también creían en el progreso. Pero para ellos, el progreso significaba tener suficiente tierra para cultivar y suficiente alimento para comer. Les disgustaban las costumbres de los del este. Muchos de ellos se retiraron a sus pueblos y granjas.

Los nuevo mexicanos y los orientales Para los años 1880, el negocio de ganado estaba en su apogeo en Nuevo México. Los del este compraron o robaron tierras a los nuevo mexicanos. Instalaron cercas de alambre de púas para mantener el ganado dentro y la gente fuera.

Algunos nuevo mexicanos reaccionaron. De noche, grupos de ellos cortaron cercas, y destruyeron rieles de tren y propiedades. El más famoso de estos grupos fue el de **las gorras blancas**, por las máscaras que llevaban.

Los latinos mantuvieron sus tradiciones mucho después de la adquisición de Nuevo México por EE.UU. Esta foto de 1895 muestra a nuevo mexicanos observando la procesión de Corpus Christi en Santa Fe.

Para la mayoría de los del este, los miembros de este grupo eran pandilleros. El gobernador amenazó con llamar al ejército para frenarlos. Las gorras blancas abandonaron sus incursiones y se dedicaron a la política.

El estado Mientras la población de Nuevo México crecía, más y más gente quería que se convirtiera en estado. El Congreso, sin embargo, se rehusó a actuar. Argumentaba que Nuevo México tenía muy poca gente. La verdad es que el Congreso no lo quería admitir como estado porque en Nuevo México la mayoría era católicos hispanohablantes de origen mexicano.

En 1910, el Congreso finalmente aceptó dividir a Nuevo México en dos estados, Nuevo México y Arizona. Sin embargo, ambos territorios tenían que elaborar primero constituciones estatales. La convención de Nuevo México se reunió en Santa Fe en octubre de 1910.

Larrazolo y la Constitución Uno de los delegados a la convención fue Octaviano Larrazolo, maestro, después director de escuela y finalmente abogado. Era un orador brillante tanto en español como en inglés. Después que Nuevo México se convirtió en estado, fue gobernador y senador.

Una tercera parte de los 100 delegados a la convención constitucional eran *nuevo mexicanos*, encabezados por Octaviano Larrazolo. Estaban decididos a que la nueva constitución protegiera sus derechos, y tuvieron éxito.

Uno de los artículos de la Constitución protegía el derecho al voto y el derecho de los "niños de ascendencia española" de disfrutar "de perfecta igualdad con otros niños en todas las escuelas públicas". Otra parte de la constitución hizo del español y el inglés los idiomas oficiales.

El 6 de enero de 1912, Nuevo México se convertió en el 47º estado de la Unión. Arizona fue admitida como el 48º estado pocas semanas después.

1. ¿Quiénes eran las gorras blancas?
2. ¿Cómo protegió los derechos de los nuevo mexicanos la Constitución de Nuevo México?

Capítulo 4
IDEAS CLAVE

- En 1898, Estados Unidos obtuvo el dominio de Cuba y Puerto Rico.
- Miles de puertorriqueños se mudaron a Nueva York a principios de los años 1900 en busca de mejor vida.
- Muchos cubanos se mudaron a la Florida durante la rebelión contra dominio español en la década de 1870.
- Estados Unidos ocupó Cuba hasta 1902. Las fuerzas de EE.UU. abandonaron la isla después de que Cuba adoptó la Enmienda Platt.
- Al llegar los del este a Nuevo México, entraron en conflicto con los nuevo mexicanos. En 1912, el territorio de Nuevo México fue organizado en los estados de Nuevo México y Arizona.

I. Repasar el Vocabulario

Une cada palabra de la izquierda con su definición correcta.

1. barrio
2. bodega
3. nuevo mexicano
4. lector

a. residentes hispanohablantes de Nuevo México
b. sección de una ciudad donde vive un gran número de latinos
c. tienda de abarrotes
d. lector dentro de una fábrica cubana-americana de puros

II. Entender el Capítulo

1. ¿Cómo se convirtió Puerto Rico en posesión de EE.UU.?
2. ¿Por qué se mudaron muchos puertorriqueños a EE.UU.?
3. ¿Qué industria trajeron los cubanos a la Florida?
4. ¿Cuál fue el papel de EE.UU. para el logro de la independencia en Cuba?

III. Desarrollo de Habilidades: Identificar Hechos y Opiniones

Lee los enunciados de abajo. En una hoja de papel decide cuáles enunciados son hechos y cuáles opiniones.

1. Muchos puertorriqueños llegaron a Nueva York después de la guerra cubano-hispano-americana.
2. Los trabajadores de Ybor City no tenían derecho a la huelga porque Ybor los trataba bien.
3. La enmienda Platt permitía a EE.UU. alquilar una base naval en Cuba.
4. La constitución de Nuevo México garantiza ciertos derechos a la gente hispano hablante.

IV. Escribir Acerca de la Historia

1. Imagínate que eres un cubano que se mudó a Ybor City. Escribe una carta a tu familia en Cuba acerca de tu vida en Ybor City.
2. **¿Qué hubieras hecho?** Si hubieras sido un nuevo mexicano en 1880, ¿te habrías unido a las gorras blancas? ¿Por qué o por qué no?

V. Trabajar Juntos

1. Trabajando con tres o cuatro estudiantes, preparen un informe sobre los tipos de comida que encontrarían en una bodega, que no habría en otras tiendas de EE.UU. Escriban también recetas con estos ingredientes.
2. **Del Pasado al Presente** Octaviano Larrazolo fue uno de los primeros gobernadores latinos en Estados Unidos. Con un grupo, investiguen nombres de políticos latinos de hoy. Elaboren una lista de quiénes son, qué trabajo hacen, y de qué estado son.

Los Trabajadores Luchan por Mejores Condiciones (1886-1914)

¿Cómo lograron los trabajadores mejorar sus condiciones de trabajo?

La reunión de la Liga Nacional de Sindicatos Femeninos en 1911 unió a mujeres de muchas diferentes industrias para luchar por mejoras en el trabajo.

Buscando los Términos Clave

- Caballeros del Trabajo
- Federación Americana del Trabajo (AFL)
- Asociación Laboral Japonesa-Mexicana
- Liga Nacional de Sindicatos Femeninos (NWTUL)
- Sindicato Internacional de Trabajadores de Ropa Femenina (ILGWU)

Buscando las Palabras Clave

- **sindicato:** grupo de trabajodres organizado para proteger sus derechos y mejorar las condiciones de trabajo

- **huelga:** rehusarse a trabajar hasta lograr ciertas demandas

SUGERENCIA DE

Antes de empezar el capítulo, elabora una lista de los términos clave. Mientras lees, escribe una explicación de cada término. Luego, usa cada término en una oración que explique su significado.

ESTUDIO

Los trabajadores habían tratado del formar grupos para mejorar las condiciones de trabajo a principios de los años 1800. Un grupo de trabajadores que se organiza para mejorar las condiciones de trabajo se llama **sindicato**. Los primeros sindicatos no habían tenido mucho éxito. El primer sindicato con éxito se formó en 1869. Se llamaba los **Caballeros del Trabajo**.

Las mujeres trabajaban muchas horas en condiciones difíciles, cosiendo ropa en las fábricas.

1 Se Fortalece el Movimiento Sindical.

¿Cómo ayudaban los sindicatos laborales a los trabajadores?

Los Caballeros del Trabajo   Los Caballeros del Trabajo fue el primer sindicato nacional. Fue también el primer sindicato que permitió la afiliación a mujeres, inmigrantes y americanos africanos. Los Caballeros aceptaban trabajadores con o sin capacitación. Los Caballeros lucharon por un salario igual tanto para hombres como mujeres y por acortar el día laboral. Sin embargo, los Caballeros no creían en el uso de la **huelga**. Durante una huelga, los miembros del sindicato se rehusan a trabajar hasta lograr sus demandas.

Miles de obreros se afiliaron. Sin embargo, en 1886, los disturbios de Haymarket hicieron fracasar a los Caballeros.

Los disturbios de Haymarket   El 3 de mayo, los trabajadores hicieron una huelga en una fábrica en Chicago. Los Caballeros no convocaron la huelga. Sin embargo, los huelguistas eran miembros de los Caballeros. Durante la huelga, la policía mató a cuatro trabajadores. Al día siguiente, miles de trabajadores sindicalizados se reunieron en la plaza Haymarket para protestar.

Mientras la policía trataba de dispersar la asamblea, alguien arrojó una bomba a la multitud. Murieron ocho agentes de policía. Más de 60 personas resultaron heridas. Luego, la policía empezó a disparar a la gente. Varias personas murieron.

Los disturbios de Haymarket pusieron a la gente en contra de los Caballeros del Trabajo. La afiliación a los Caballeros disminuyó rápidamente. La popularidad de otros sindicatos también quedó afectada.

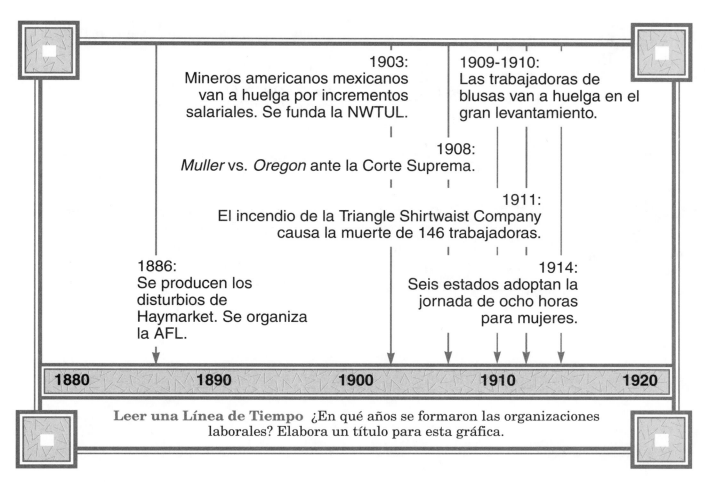

1903:
Mineros americanos mexicanos van a huelga por incrementos salariales. Se funda la NWTUL.

1909-1910:
Las trabajadoras de blusas van a huelga en el gran levantamiento.

1908:
Muller vs. *Oregon* ante la Corte Suprema.

1911:
El incendio de la Triangle Shirtwaist Company causa la muerte de 146 trabajadoras.

1886:
Se producen los disturbios de Haymarket. Se organiza la AFL.

1914:
Seis estados adoptan la jornada de ocho horas para mujeres.

1880   1890   1900   1910   1920

Leer una Línea de Tiempo ¿En qué años se formaron las organizaciones laborales? Elabora un título para esta gráfica.

La AFL La **Federación Americana del Trabajo** (AFL en sus siglas en inglés) fue fundada en 1886 por Samuel Gompers. Gompers era miembro del sindicato de torcedores de puros. Quería organizar a todos los sindicatos de trabajadores capacitados en un gran sindicato.

Gompers se reunió con los sindicatos de albañiles, plomeros, carpinteros y otros trabajadores capacitados. Pensaba que los trabajadores capacitados eran más difíciles de reemplazar que los trabajadores no capacitados. Por lo tanto, una huelga de trabajadores capacitados podía ser muy efectiva.

Los objetivos principales de Gompers para la AFL incluían obtener salarios más altos, mejores condiciones de trabajo y menos horas. Gompers fue presidente de la AFL desde 1886 hasta 1924. Durante su liderazgo las afiliaciones ascendieron a aproximadamente tres millones. Los salarios de los trabajadores capacitados aumentaron un 25%. La jornada de trabajo se acortó a nueve horas.

La Alianza de Mujeres Mientras las cosas mejoraban para los trabajadores capacitados, empeoraban para los que no tuvieran capacitación. Además, ciertos trabajadores capacitados no podían formar parte de estos sindicatos. Las mujeres, los latinos y los americanos africanos a menudo no podían ingresar a los sindicatos.

Elizabeth Morgan, una trabajadora capacitada, defendió a las mujeres y los niños. Organizó un sindicato AFL para mujeres en 1888. Después unió a las mujeres de este sindicato y a otros grupos y formó la Alianza de Mujeres de Illinois.

La Alianza de Mujeres comenzó una investigación de los *sweatshops* de Chicago. Encontró mujeres y niños trabajando de 14 a 16 horas al día en talleres sucios, por bajos salarios. Morgan informó a las autoridades lo que había encontrado. En 1893, el gobierno de Illinois aprobó leyes que mejoraron las condiciones en esas fábricas.

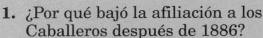

1. ¿Por qué bajó la afiliación a los Caballeros después de 1886?
2. ¿Qué beneficios obtuvo la AFL para los trabajadores?

2 Muchos Trabajadores no Son Bienvenidos al Movimiento Laboral.

¿Qué grupos no compartían las ventajas logradas por los sindicatos?

En el oeste de EE.UU., miles de americanos mexicanos trabajaban en ferrocarriles, granjas y fábricas. Se les pagaba menos que a otros trabajadores por el mismo trabajo.

En 1903, los miembros mexicanos del Sindicato Unido de Mineros fueron a la huelga. Lograron un aumento de salario y la jornada de ocho horas. Ese mismo

Los trabajadores frecuentemente hicieron huelgas para protestar contra las malas condiciones de trabajo. Aquí, huelguistas de Nueva York llevan letreros en tres idiomas.

año, trabajadores de granjas americanos japoneses se unieron para lograr mejores condiciones. Formaron la **Asociación Laboral Japonesa-Mexicana**. Fue la primera vez en la historia de California que dos minorías se unieron para crear un sindicato. La asociación utilizó una huelga para obtener mejores salarios para los trabajadores de las granjas.

Las mujeres se organizan Mary Kenney O'Sullivan trabajó para sindicalizar a las mujeres costureras de ropa, las impresoras, las trabajadoras textiles y las zapateras. Durante 10 años, O'Sullivan continuó organizando a las trabajadoras. En 1903, ayudó a fundar la **Liga Nacional de Sindicatos Femeninos** (**NWTUL** en sus siglas en inglés). Esta organización unió a las mujeres de diferentes industrias.

El **Sindicato Internacional de Trabajadores de Ropa Femenina** (**ILGWU** en sus siglas en inglés) organizó a hombres y mujeres dentro de la industria de la ropa. En 1909, la ILGWU efectuó la huelga laboral más grande que había ocurrido en Nueva York.

El gran levantamiento La Triangle Shirtwaist Company (la Compañía de Blusas Triangle) de Nueva York empleaba a cientos de trabajadoras. Cuando la compañía supo que algunas mujeres se habían unido al sindicato, las despidió. Como protesta, las mujeres fueron a la huelga.

Las trabajadoras estuvieron en huelga dos meses. Marcharon frente a las puertas de sus lugares de trabajo durante el frío invierno. La ILGWU las apoyó con dinero y comida. Sin embargo, en febrero de 1910, se le terminó el dinero a la ILGWU y tuvo que acabar la huelga. Las trabajadoras lograron mejores salarios, pero sin reconocimiento sindical. Sin embargo, se comprobó que las mujeres eran miembros fieles del sindicato. Una canción que cantaban las mujeres decía:

"En la oscuridad del invierno de 1909,
Nos helamos y sangramos en el frente,
Mostramos que las mujeres pueden pelear,
Y ganamos con el poder de las mujeres."

La tragedia de Triangle Sólo un año después, ocurrió una tragedia. El 25 de marzo de 1911, los neoyorquinos escucharon una gran explosión proveniente del edificio de la Triangle Shirtwaist Company. ¡Se incendiaba!

Una multitud vio salir llamas y humo del edificio. Luego vio caer unos bultos oscuros caer de las ventanas. Al principio, la gente creyó que eran de ropa. Pero con horror, se dieron cuenta de que los bultos eran mujeres jóvenes. Las mujeres saltaban para tratar de salvar sus vidas.

Un total de 146 de las 500 trabajadoras de la empresa murieron en el incendio. Luego se supo que los propietarios de la fábrica habían mantenido las puertas de la fábrica encadenadas. No querían que las trabajadoras se tomaran descansos. Cuando empezó el

1. ¿Cómo cooperaron los trabajadores japoneses y mexicanos para conseguir mejores salarios?
2. ¿Qué organización fundó Mary Kenney O'Sullivan?

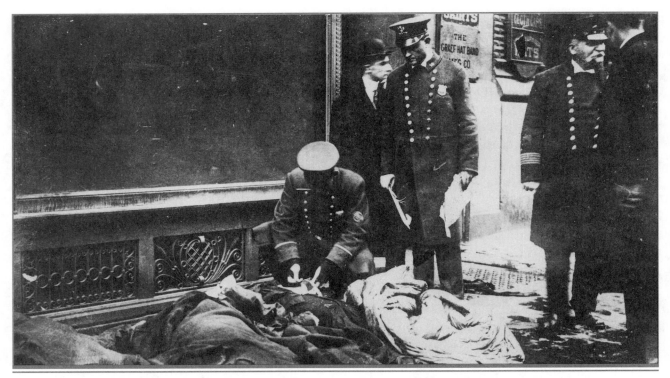

Los cadáveres de algunas de las 146 mujeres muertas en el trágico incendio de la compañía Triangle. Los horrores del incendio condujeron a mejoras en las condiciones de trabajo para las mujeres trabajadoras.

incendio, muchas trabajadoras se encontraron atrapadas.

3. Los Trabajadores Mejoran las Condiciones de Trabajo.

¿Qué leyes se aprobaron para ayudar a los trabajadores?

El incendio de la Triangle Shirtwaist dio a conocer que muchos propietarios no tenían ninguna consideración hacia sus trabajadores. La gente se indignó. Pidió medidas. Poco después del incendio, el estado de Nueva York formó la Comisión Investigadora de Fábricas. Uno de los investigadores era una mujer llamada Frances Perkins.

Perkins y otros miembros de la comisión se escandalizaron ante lo que encontraron. Vieron a niños de cinco años cortando verduras con cuchillos filosos. Vieron maquinaria peligrosa que podía cortar el brazo de un hombre. La comisión descendió por escaleras de incendio cubiertas de hielo que terminaban a cuatro metros del piso.

Basándose en el informe de la comisión, el Estado de Nueva York promulgó leyes para mejorar las condiciones de trabajo de niños y mujeres.

A la justicia En 1908, dos reformistas, Florence Kelley y Josephine Goldmark, presentaron una demanda laboral ante la Corte Suprema. El caso trataba de una ley en Oregón que limitaba la jornada de trabajo de la mujer a diez horas. Los propietarios decían que se les debía permitir decidir la duración de la jornada. Kelley y

Goldmark decían que los propietarios sólo querían obligar a las mujeres a trabajar largas horas.

Kelley y Goldmark convencieron a Louis Brandeis para que representara a las mujeres en el caso. Era un abogado de renombre. En el caso, llamado *Muller* vs. *Oregón*, Brandeis convenció a la Corte Suprema de que las jornadas laborales largas eran peligrosas para las mujeres. La Corte falló en favor de limitar la jornada de las mujeres a diez horas.

Los trabajadores se alentaron como resultado del caso *Muller* vs. *Oregón*. Un sindicato de meseras de Chicago pidió mejoras en 1909. El sindicato quería una jornada de ocho horas. Lo solicitó al gobierno del estado de Illinois. Al plan del sindicato se lo apodó "El proyecto de ley de las muchachas".

"El proyecto de ley de las muchachas" encendió un acalorado debate. Al final, el sindicato tuvo que llegar a un acuerdo. Sólo logró que se aprobara el proyecto de ley al aceptar una jornada de diez horas. Sin embargo, la NWTUL comenzó una campaña nacional por la jornada de ocho horas. Para 1914, seis estados la habían adoptado.

1. ¿Qué encontró la Comisión Investigadora de Fábricas en las empresas de la ciudad de Nueva York?
2. ¿Qué tema trajo el caso *Muller* vs. *Oregón* ante la Corte Suprema?

CAPÍTULO 5
IDEAS CLAVE

- A principios de 1900, se fortalecieron los sindicatos y lograron muchas ventajas para sus miembros.
- Muchos sindicatos no permitían a mujeres, americanos africanos o latinos. Estos grupos formaron sus propios sindicatos.
- Muchas nuevas leyes mejoraron las condiciones de trabajo de los trabajadores, incluso mujeres y niños.

I. Repasar el Vocabulario

Une cada palabra de la izquierda con su definición correcta.

1. sindicato
2. huelga
3. AFL

a. negarse a trabajar hasta lograr ciertas demandas
b. grupo que organizó sindicatos industriales de trabajadores capacitados
c. grupo de trabajadores organizados para proteger sus derechos y mejorar las condiciones de trabajo

II. Entender el Capítulo

1. ¿Qué riesgos corrían los trabajadores al sindicalizarse?
2. ¿Por qué Samuel Gompers incluyó sólo trabajadores capacitados en su organización?
3. ¿Cómo afectó la Alianza de Mujeres las leyes laborales en Illinois?
4. ¿Qué ventajas obtuvieron las fabricadoras de blusas como resultado del gran levantamiento?

III. Desarrollo de Habilidades: Expresando Tu Opinión

¿Estás de acuerdo o no con los siguientes enunciados? Explica tu opinión en un párrafo por escrito.

1. Los padres y no el gobierno deberían decidir si sus hijos deben trabajar o no.
2. Es incorrecto que el gobierno limite el número de horas que la gente puede trabajar.
3. El gobierno es responsable de la seguridad de los trabajadores. Debería inspeccionar cada fábrica para observar cómo son tratados los trabajadores.

IV. Escribir Acerca de la Historia

1. ¿Qué hubieras hecho? Imagina que trabajas en un *sweatshops* y que te piden que te unas a un sindicato. Las condiciones de trabajo son pésimas. Sin embargo, si te unes al sindicato puedes perder el trabajo. ¿Te unirías al sindicato? Explica tus sentimientos en una carta a un amigo.

2. Imagínate que eres miembro de una comisión que inspecciona fábricas. Escribe un informe que describa lo que has visto.

V. Trabajar Juntos

Del Pasado al Presente Existen muchos sindicatos hoy en día. Con un pequeño grupo de compañeros, busquen en periódicos recientes un artículo acerca de un sindicato. Luego, preparen un informe oral que resuma lo que dice el artículo acerca del sindicato.

LOS REFORMISTAS TRATAN DE MEJORAR LA VIDA AMERICANA. (1876-1920)

¿Cómo cambiaron los reformistas la vida americana?

Las mujeres renovaron su lucha por la igualdad con desfiles y banderas en los años 1890.

Buscando los Términos Clave

- *muckrakers* • Progresistas
- Ley Sherman contra los monopolios

Buscando las Palabras Clave

- **soborno:** pago ilegal a un funcionario
- **elección primaria:** elección que permite a los votantes escoger candidatos de su partido
- **trust:** un grupo de varias empresas manejadas por un solo grupo de directores

- **conservación:** preservación de los recursos naturales
- **sufragio:** el derecho a votar

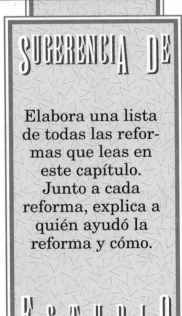

SUGERENCIA DE ESTUDIO

Elabora una lista de todas las reformas que leas en este capítulo. Junto a cada reforma, explica a quién ayudó la reforma y cómo.

Un enorme movimiento de reforma sacudió al país al comienzo del siglo XX. Los reformistas, o sea la gente que trabajaba para el cambio, mostraron muchos de los problemas de la nación al público.

1 Las Reformas Son Necesarias.

¿Quiénes eran los progresistas y qué problemas encontraron en la sociedad?

Imagínate que estás viviendo en 1900. Estás esperanzado porque comienza el siglo XX. Para tí la vida en EE.UU. nunca había sido mejor.

Pero ves problemas a tu alrededor. La gente pobre vive en barrios miserables. La basura abunda en las calles. Niños de diez años trabajan en minas y fábricas.

Muckrakers Estos problemas eran reales. Ida Tarbell escribió acerca de las maldades de las grandes empresas. Lincoln Steffens analizó los gobiernos corruptos de la ciudad. Upton Sinclair contó de la carne descompuesta que se vendía a los consumidores.

El presidente Theodore Roosevelt dio un nombre a los escritores que exponían los problemas de la sociedad. Los llamó *muckrakers*, o exponentes de ruindades. Removían lo ruin y lo sucio debajo de la superficie.

Estos escritores querían concientizar a los lectores para tomar medidas. Vamos a publicar los hechos, pensaban. Logremos que la gente entienda los problemas. Esto permitirá a la gente resolverlos.

Los progresistas Los que se unieron a la cruzada para mejorar EE.UU. se llamaban **progresistas**. Creían que los problemas como la pobreza eran problemas de todos los americanos. Por lo tanto la acción de gobierno era parte de la solución.

Una habitación de una vivienda que muestra las terribles condiciones de vida de mucha gente en los barrios bajos. Una familia entera solía vivir en un cuarto como éste.

1. ¿Cómo ayudaron los *muckrakers* al movimiento reformista?
2. ¿Qué problemas esperaban resolver los progresistas?

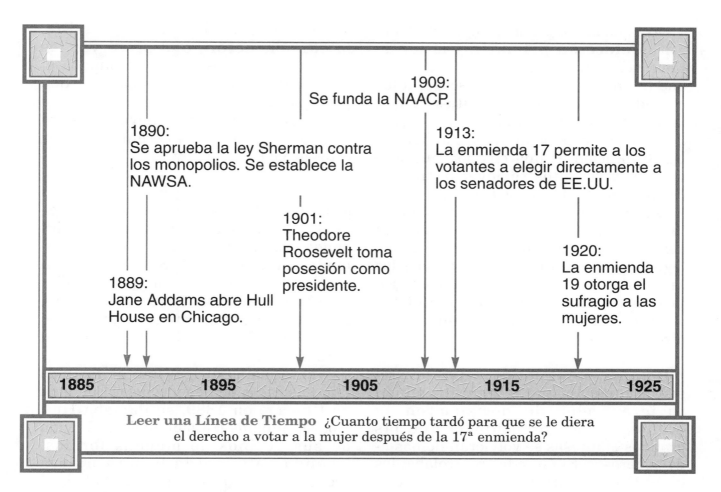

1909:
Se funda la NAACP.

1890:
Se aprueba la ley Sherman contra los monopolios. Se establece la NAWSA.

1913:
La enmienda 17 permite a los votantes a elegir directamente a los senadores de EE.UU.

1901:
Theodore Roosevelt toma posesión como presidente.

1920:
La enmienda 19 otorga el sufragio a las mujeres.

1889:
Jane Addams abre Hull House en Chicago.

1885   1895   1905   1915   1925

Leer una Línea de Tiempo ¿Cuanto tiempo tardó para que se le diera el derecho a votar a la mujer después de la 17ª enmienda?

2 Los Reformistas Trabajan Para Mejorar la Sociedad.

¿Cómo trató de mejorar la sociedad el movimiento progresista?

El *muckraker* Lincoln Steffens expuso la corrupción en varios ciudades. En San Luis, mostró cómo el **soborno**, o sea los pagos ilegales a funcionarios, eran una forma de vida. Si alguien quería colocar un cartel, tenía que sobornar a un funcionario para conseguir el permiso. Si quería que la municipalidad aprobara una medida, había que pagarle a algunas personas.

Los progresistas lucharon para expulsar de sus cargos a los políticos corruptos. Apoyaron a los candidatos de "buen gobierno" en las elecciones locales y estatales. Los progresistas eligieron a Tom Johnson alcalde de Cleveland. El acabó con la corrupción. Robert "Bob el Luchador" La Follette fue muchos años gobernador progresista en Wisconsin.

Reformas del gobierno Los progresistas utilizaron nuevos métodos para dar a la gente más participación en el gobierno. Estos métodos continúan usándose actualmente en muchos estados.

La iniciativa permite a los votantes promulgar leyes directamente. Si hay suficiente gente que firma una petición, la ley se expone a voto directo. El referéndum permite a los votantes eliminar una ley que consideren incorrecta.

Otras de las reformas progresistas fueron la **elección primaria** y la ley de Revocación. La primaria es una elección que permite a los votantes escoger a los candidatos de su partido. Antes de que la primaria fuera creada, sólo los líderes de un partido escogían a los candidatos. La Revocación es una elección que permite a lo votantes remover a un funcionario electo de su posición.

Los progresistas también cambiaron la forma de elegir los senadores de EE.UU. La forma antigua era que los legisladores del estado nombraban a los senadores. En 1913, la 17ª enmienda a la Constitución de EE.UU. permitió a los votantes elegir a sus senadores directamente.

Romper monopolios   Los progresistas querían que la gente también tuviera poder de decisión en la economía. Les preocupaba que las grandes empresas se volvieran demasiado poderosas. Si no se los controlaba, los gigantescos **trusts** podían acumular demasiado dinero y poder. Un trust es un grupo de empresas manejadas por un solo grupo de directores.

En 1887, el Congreso formó una comisión para el control de los ferrocarriles. También trató de evitar que las empresas se volvieran muy grandes. La **ley Sherman contra los monopolios**, de 1890, prohibió los monopolios y los trusts. Pero las leyes como ésa eran débiles.

Theodore Roosevelt fue el primer presidente progresista. Estuvo en el cargo de 1901 a 1909. A Roosevelt se le conoció como el exterminador de los trusts. Tomó medidas para acabar con los trusts gigantescos.

Roosevelt tenía otra meta progresista, la **conservación**, o el preservar los recursos naturales. Roosevelt amaba el campo. Presionó al Congreso para que protegiera los árboles en millones de hectáreas de tierras federales. A los leñadores ya no se les permitiría cortar estos árboles.

Otras metas progresistas   Un grupo de reformistas de clase media se mudaron a los barrios pobres de las ciudades. Fundaron centros vecinales llamados casas de beneficencia. Ofrecían muchos servicios. Las mujeres trabajadoras podían dejar allí a sus niños. La gente joven podía integrar un equipo deportivo. Los inmigrantes podían aprender inglés.

Jane Addams dirigía una de las más famosas casas de beneficencia. Fundada en Chicago en 1889, se llamaba Hull House. Addams trató de mejorar la vida de sus vecinos de muchas formas. Cuando notó que la basura no era recogida, se quejó a la municipalidad. El alcalde nombró un inspector de basura para ese distrito. Addams se levantaba antes del amanecer para seguir los carros de basura. También organizó al vecindario para que luchara por mejores viviendas y parques.

Los progresistas y los americanos africanos   La mayoría de los progresistas prestaba poca atención a los americanos africanos. Pero los americanos africanos también querían reformas. La mayoría de ellos quería una ley federal contra el linchamiento. El linchamiento es el asesinato, realizado por una muchedumbre, de alguien acusado de un crimen. Numerosas muchedum-

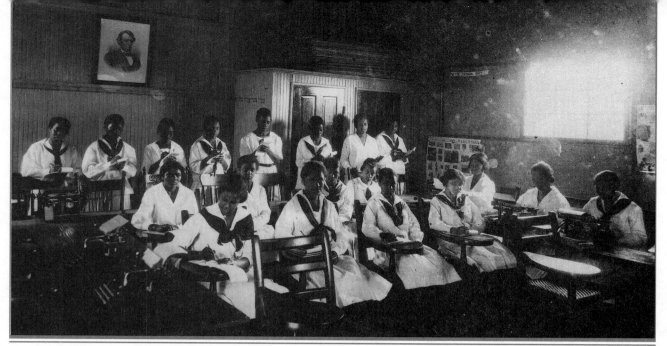

A principios de los años 1900, se abrieron a las mujeres nuevas oportunidades de trabajo. Aquí, mujeres americanas africanas aprenden a ser oficinistas. ¿Qué clases de trabajo podrían obtener?

bres lincharon a muchos americanos africanos a finales de los años 1800 y a principios de 1900.

En 1909, los americanos africanos formaron la Asociación Nacional Para el Progreso de la Gente de Color (NAACP en sus siglas en inglés). La NAACP acudió a la justicia para ayudar a americanos africanos que eran tratados injustamente. Ganó muchos casos. Pero no logró una ley contra los linchamientos.

1. ¿Cómo trataron de controlar los progresistas a las grandes empresas?
2. ¿Qué servicios ofrecían las casas de beneficencia?

3 El Movimiento Femenino Trabaja Para el Cambio.

¿Cómo aumentaron las oportunidades para las mujeres a principios de los años 1900?

Para el 1900, dos inventos habían creado nuevos empleos para mujeres. Una fue el teléfono. La otar fue la máquina de escribir. Mientras tanto las mujeres siguieron encontrando trabajo en fábricas y escuelas. Muchas se convirtieron en sirvientas o cocineras en casas de otras personas. Las mujeres americanas africanas y las inmigrantes aceptaban con más facilidad estos trabajos, pues contaban con pocas oportunidades de empleo. Entre 1890 y 1910, el número de mujeres trabajadoras aumentó de 3.7 millones a 7.6 millones.

Lograr más derechos El esfuerzo para aumentar los derechos de las mujeres siguió adelante. En 1917, muchos estados habían abolido las leyes que limitaban los derechos de las mujeres casadas. Illinois, por ejemplo, permitió a las esposas conservar sus propios ingresos. También permitió a las mujeres participar en las juntas de educación escolar.

En algunos lugares, se permitía a las mujeres votar en las elecciones escolares. Sin embargo, antes de 1900, sólo cuatro estados permitían a las mujeres votar en todas las elecciones. Estos estados eran Wyoming, Utah, Colorado y Idaho.

El movimiento por el sufragio de las mujeres El derecho a votar se llama **sufragio**. La campaña por el sufragio de las mujeres empezó en los años 1840. Pero realmente comenzó a progresar después de 1890. A medida que las mujeres iban teniendo nuevos papeles dentro de la sociedad, más y más querían el derecho a votar.

En 1890, fue fundada la Asociación Nacional Americana del Sufragio de la Mujer (NAWSA en sus siglas en inglés). En 1900, una joven, Carrie Chapman Catt, asumió la conducción. Fue la líder de las sufragistas, como se les llamaba a quienes apoyaban el sufragio de la mujer.

Al mando de Catt, los sufragistas aumentaron sus esfuerzos. Su objetivo era lograr una enmienda a la Constitución de EE.UU. que permitiera votar a la mujer. En 1915, las mujeres habían ganado el sufragio en otros siete estados.

Leer una Mapa ¿Qué estado fue el primero en dar a la mujer el derecho al voto? ¿En qué parte de EE.UU. se le concedió a las mujeres el derecho al sufragio en 1919? ¿Cuál era el estatus del voto de la mujer en Texas?

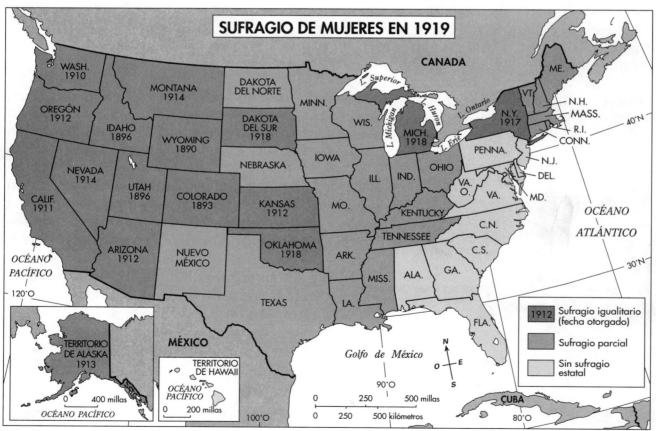

SUFRAGIO DE MUJERES EN 1919

Llamar la atención Una joven cuáquera llamada Alice Paul quería llamar la atención acerca de las sufragistas y sus objetivos. Organizó desfiles en la capital de la nación. Miembros del grupo de Paul se manifestaron frente a la Casa Blanca diariamente, solicitando el sufragio de la mujer. Cuando EE.UU. entró a la Primera Guerra mundial en 1917, las mujeres mantuvieron su protesta.

Algunas personas pensaron que las mujeres no eran patriotas y los que así lo creían las atacaron. La policía arrestó a cientos de mujeres por "obstaculizar el paso en la vereda". En la cárcel, Alice Paul inició una huelga de hambre.

La 19ª enmienda La atención de la opinión pública ayudó al movimiento por el sufragio de la mujer. Catt apeló al sentimiento de adhesión al juego limpio de la gente. ¿Tenía sentido que la nación negase el voto a la mujer cuando las enfermeras estaban arriesgando sus vidas en los frentes de batalla? Esos argumentos ganaron la aceptación de mucha gente, incluso el presidente Wilson.

En 1919, a pedido del presidente Wilson, el Congreso aprobó una enmienda para el sufragio de la mujer. La 19ª enmienda entró en vigor en 1920. Después de más de 70 años de lucha, las mujeres habían logrado el derecho a votar.

1. ¿Qué clase de trabajo realizaban las mujeres a principios de los años 1900?
2. ¿En qué diferían los métodos utilizados por Carrie Chapman Catt y Alice Paul?

CAPÍTULO 6
IDEAS CLAVE

- A principios de 1900, los progresistas comenzaron a buscar formas de resolver los problemas de la sociedad.

- Los progresistas pelearon contra la corrupción en el gobierno apoyando candidatos que querían reformas.

- Los progresistas trataron de limitar el poder de las grandes empresas eliminando monopolios y trusts.

- Durante los años 1900, las mujeres lograron nuevas oportunidades de trabajo. También aumentaron sus esfuerzos por el derecho a votar. En 1920, las mujeres obtuvieron una enmienda constitucional que les otorgaba el sufragio.

I. Repasar el Vocabulario

Une cada palabra de la izquierda con su definición correcta de la derecha.

1. conservación   **a.** derecho a votar

2. sufragio   **b.** hacer pagos ilegales a funcionarios

3. soborno   **c.** preservación de los recursos naturales

4. elección primaria   **d.** elección que permite a los votantes escoger a los candidatos de su partido para un puesto

II. Entender el Capítulo

1. ¿Acerca de qué problemas escribieron los *muckrakers*?

2. Describe dos reformas que los progresistas propusieron para cambiar el gobierno.

3. ¿Qué tipo de trusts trató de destruir el presidente Roosevelt?

4. ¿Cómo ganaron las sufragistas el derecho a votar para las mujeres?

III. Desarrollo de Habilidades: Analizar un Mapa

Estudia el mapa de la página 52. Después contesta las siguientes preguntas.

1. ¿En qué año permitió California la igualdad del sufragio?

2. ¿En qué región de EE.UU. se encontraba la mayoría de los estados que no concedían el sufragio antes de 1920?

3. ¿En qué región del país estaba la mayoría de los estados que concedían la igualdad del sufragio antes de 1920?

IV. Escribir Acerca de la Historia

1. Imagínate que eres un periodista *muckraker* hoy en día. Piensa acerca de un problema en tu comunidad que quisieras resolver. Luego, escribe un artículo describiendo el problema y sugiriendo soluciones.

2. **¿Qué hubieras hecho?** Supón que eres un hombre que vive a principios de los años 1900. ¿Apoyarías o te opondrías al sufragio de las mujeres? ¿Por qué?

V. Trabajar Juntos

Del Pasado al Presente Con un grupo de compañeros, investiguen si su estado aplica alguna de las reformas gubernamentales descritas en las páginas 49 y 50. Creen un cartelón que describa las reformas que su estado usa y cuándo comenzó a aplicar cada reforma.

Unidad 2
Conviertiendose en una Potencia Mundial
(1900-1920s)

Capítulos

ESTADOS UNIDOS ES UNA POTENCIA EN EL PACÍFICO. (1897-1914)

¿Por qué se expandió Estados Unidos al Pacífico?

Emilio Aguinaldo luchó contra España y EE.UU. por la independencia de las islas Filipinas.

SUGERENCIA DE ESTUDIO

Elabora una línea de tiempo con las fechas de 1897 y 1914 en cada extremo. Cuando termines una sección, enumera los hechos importantes en la línea de tiempo.

Buscando los Términos Clave

- Política de puertas abiertas
- Acuerdo de caballeros

Buscando las Palabras Clave

- **colonialismo:** apoderarse de otros países para hacerlos colonias
- **imperialismo:** la construcción de imperios
- **compromiso:** acuerdo que otorga a cada parte algo de lo que quiere

Antes de 1897, EE.UU. era dueño de pocas tierras fuera de sus fronteras. Después de 1898, EE.UU. se adueñó de muchas islas en el Pacífico. Para 1900, Estados Unidos era una potencia mundial.

1 Las Filipinas se Resisten.

¿Por qué tuvieron objeciones los filipinos al control de EE.UU. sobre sus islas?

En 1521, Fernando de Magallanes se apoderó las islas Filipinas en nombre de España. Aproximadamente 50 años después, los españoles fundaron la ciudad capital, Manila. En los años siguientes, España se apoderó de las islas restantes.

Luchando contra los españoles
En los años 1890, comenzó un movimiento por la independencia de las Filipinas de España. Para 1897, un joven filipino llamado Emilio Aguinaldo se había convertido en el líder de esta lucha. Aguinaldo y su pequeño ejército eran un peligro para la dominación española. El gobierno de España estaba librando una guerra en Cuba al mismo tiempo, y no quería pelear en las Filipinas. España expulsó a Aguinaldo del país.

Aguinaldo no se dio por vencido. Fue a Hong Kong. Allí comenzó a comprar armas. Cuando hubiera otra oportunidad para luchar por la independencia de las Filipinas, quería estar preparado.

En abril de 1898, Estados Unidos declaró la guerra a España. El 1º de mayo, buques de la marina de EE.UU. llegaron a la bahía de Manila, al mando del almirante George Dewey. Los americanos rápidamente hundieron los barcos españoles.

Ni Dewey ni nadie en el gobierno de EE.UU. estaban seguros de qué pasos debían dar. ¿Debería Estados Unidos apoderarse de las Filipinas y sustituir a España? Muchas personas favorecían esta opción. Parecía ser un paso importante en el crecimiento del poderío de EE.UU. Muchos otros argumentaban que Estados Unidos había sido antiguamente un grupo de colonias. Había luchado por su libertad. El **colonialismo**, o el apoderarse de otros países para hacerlas colonias, iría contra todo lo que representaba Estados Unidos.

Se apodera de las Filipinas
Manila se rindió el 13 de agosto de 1898. Un tratado dio fin a la guerra cubana-hispano-americana.

De acuerdo con el gobierno de EE.UU., los filipinos aún no estaban en condiciones de gobernarse, por lo que EE.UU. se apoderó de las Filipinas.

A partir de 1899, Estados Unidos mandaron más y más tropas a las Filipinas. En 1900, tomó posesión un gobernador civil, William Howard Taft. Cooperó con los filipinos, e incluyó a algunos de ellos en el nuevo gobierno.

Pero controlar al pueblo filipino no era tan fácil. Resultó ser más difícil que derrotar a los españoles.

Luchan contra EE.UU. Durante este período, el ejército de Aguinaldo continuó su batalla por la independencia. Se necesitaron tres años y 70,000 soldados americanos para derrotarlo.

El cuartel general de Aguinaldo estaba en las montañas en la isla de Luzón, lejos de la capital, Manila. El ejército de EE.UU. tenía su base en esa ciudad. Un pequeño destacamento de tropas protegía a Aguinaldo. En marzo de 1902, una fuerza de EE.UU. atrapó a

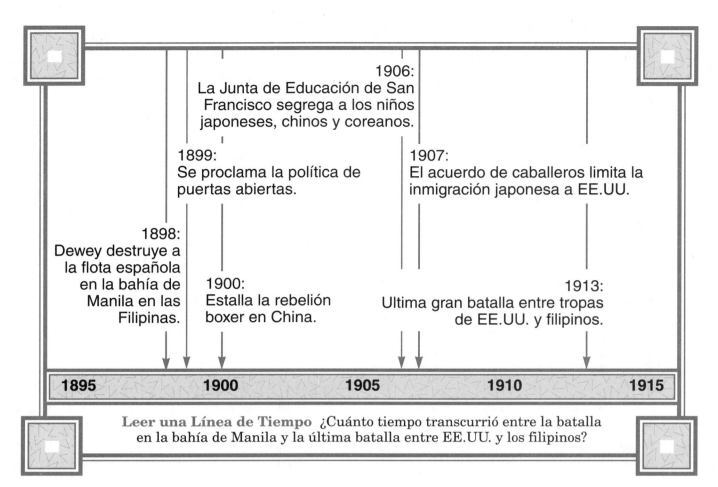

1906:
La Junta de Educación de San Francisco segrega a los niños japoneses, chinos y coreanos.

1899:
Se proclama la política de puertas abiertas.

1907:
El acuerdo de caballeros limita la inmigración japonesa a EE.UU.

1898:
Dewey destruye a la flota española en la bahía de Manila en las Filipinas.

1900:
Estalla la rebelión boxer en China.

1913:
Ultima gran batalla entre tropas de EE.UU. y filipinos.

| 1895 | 1900 | 1905 | 1910 | 1915 |

Leer una Línea de Tiempo ¿Cuánto tiempo transcurrió entre la batalla en la bahía de Manila y la última batalla entre EE.UU. y los filipinos?

Aguinaldo en su campamento. Su captura terminó con el peligro más grave para el control de EE.UU. en las Filipinas.

Bajo control de EE.UU. La guerra había causado la muerte de aproximadamente 200,000 civiles y 20,000 soldados filipinos. También murieron 4,234 soldados americanos. El 4 de julio de 1902, el presidente Theodore Roosevelt anunció que la guerra había terminado. Sin embargo, otros pequeños grupos continuaron combatiendo en diferentes partes de las islas Filipinas hasta 1913. En 1946, después de la Segunda Guerra mundial, las Filipinas obtuvo su independencia.

1. ¿Qué razones dio Estados Unidos para apoderarse de las Filipinas?
2. ¿Qué grupo sufrió la pérdida más grande de vidas en la guerra que libró Aguinaldo por la independencia contra Estados Unidos?

2 EE.UU. Compite en Asia.

¿Cómo se convirtió EE.UU. en una fuerza importante en Asia oriental?

A fines de los años 1800 el emperador japonés quería fortalecer a su nación. Así que decidió copiar a los países europeos. El Japón cambió su gobierno. Construyó industrias rápidamente. Pronto fue una potencia militar a la par de los europeos.

El Japón demostró su poder al mundo por primera vez en 1894-95. Fácilmente derrotó a China en una guerra. Como parte del tratado de paz, Japón tomó Corea y parte de China.

La acción japonesa molestó a los países poderosos de Europa. Los países europeos obtenían buenas ganancias de su comercio en China. Querían partes de China para sí mismos. En 1900, Francia, Rusia, Alemania e Italia, así como el Japón, tenían el control de ciertas áreas de China. Ya que estas zonas eran todavía parte de China, se les llamaba "esferas de influencia". Fueron el primer paso para dividir China. Esto se llamó **imperialismo**. Muchos países europeos practicaron el imperialismo.

EE.UU. no quería a China dividida. Quería que los puertos de China estuvieran abiertos a todos los países para el comercio. El gobierno de EE.UU. también

Leer un Mapa ¿Qué territorios en el Pacífico eran posesiones de EE.UU. en 1914? ¿Cuáles fueron las cuatro islas adquiridas por EE.UU. en 1898?

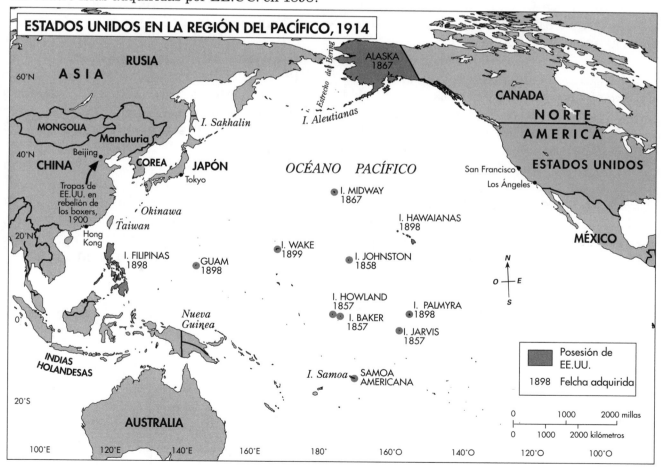

ESTADOS UNIDOS EN LA REGIÓN DEL PACÍFICO, 1914

Cuando un grupo secreto chino llamado boxers se rebeló en protesta de la influencia extranjera en China, EE.UU. y Europa mandaron tropas para terminar con la rebelión.

quería proteger sus dominios en el Pacífico. Temía que las naciones europeas trataran de tomar las Filipinas y otras islas de EE.UU.

La política de puertas abiertas En 1899, el secretario de Estado John Hay anunció la **política de puertas abiertas**. Pidió una garantía. Quería que todas las naciones tuvieran iguales derechos de comercio en toda China. En 1900, la mayoría de los países europeos aceptaron.

Ese mismo año, la política de puertas abiertas cobró un nuevo significado. Algunos chinos formaron un grupo militar secreto. Los europeos tradujeron su nombre incorrectamente como "puño" y

los llamaron "boxers". A los boxers no les gustaba lo que los extranjeros hacían con su país. Querían obligar a todos los extranjeros a que abandonaran China. En la primavera de 1900, los boxers atacaron. Mataron a aproximadamente 300 extranjeros. Muchos otros extranjeros huyeron a Beijing. Se refugiaron en un edificio del gobierno británico.

Varios países, incluso EE.UU., mandaron un ejército para rescatarlos. El secretario de Estado, Hay, temía que los otros países utilizaran el ejército para dividir aún más a China. Dijo que el propósito del ejército era mantener a China unida.

Por estas medidas, muchos Chinos vieron a EE.UU. como amigo. El gobierno chino mandó miles de estudiantes a los colegios de EE.UU. Esos estudiantes ayudaron a lograr un mayor entendimiento entre los dos países. Los americanos mostraron un nuevo interés en China. En los 40 años siguientes, miles de ellos se mudaron a China.

El Japón y EE.UU. EE.UU. era amistoso con China, pero estaba intranquilo con el Japón. El Japón estaba aumentando su poder militar y económico. En 1904, Japón luchó contra Rusia. Después de poco más de un año su ejército expulsó a Rusia de Corea y China. Mientras tanto, los japoneses vencieron a una gran flota rusa en mayo de 1905. ¡El Japón había vencido a una gran potencia europea en una batalla!

El presidente Theodore Roosevelt ofreció mediar para terminar la guerra. El ofrecimiento fue aceptado. Funcionarios del Japón y Rusia viajaron a Portsmouth, New Hampshire. En septiembre de 1905, se firmó un tratado de paz en Portsmouth.

El tratado fue un éxito para EE.UU. Mantuvo viva la política de puertas abiertas. Ninguna nación controlaba China. Las empresas americanas podían seguir comerciando en Asia oriental y el Pacífico. EE.UU. se volvía más poderoso en el Pacífico oriental.

1. ¿Cómo protegió la política de puertas abiertas a China?
2. ¿Por qué estaba inquieto EE.UU. con el Japón?

3 El Racismo Aumenta en EE.UU.

¿Por qué limitó EE.UU. la inmigración de Asia?

Roosevelt admiraba a los japoneses. Sin embargo, muchos americanos no compartían sus sentimientos. Muchos inmigrantes japoneses se habían establecido en California. La antipatía hacia los japoneses era fuerte allí.

La segregación En San Francisco, los niños de los inmigrantes chinos tenían que asistir a escuelas segregadas. En septiembre de 1906, la Junta de Educación ordenó a todos los niños

En 1907, a un niño americano japonés se le prohíbe la entrada a una escuela de San Francisco. Los chinos y coreanos también fueron obligados a asistir a escuelas segregadas.

de inmigrantes japoneses y coreanos asistir a las mismas escuelas.

Los padres japoneses protestaron. Cuando la junta no les prestó atención, algunos padres escribieron a los periódicos en el Japón. El gobierno japonés protestó ante el gobierno americano.

El presidente Roosevelt calificó esta decisión de la junta de "malvada". Ordenó al gobierno federal demandar al distrito escolar. Aprendió, sin embargo, que muchos californianos apoyaban a la junta de educación de la zona.

Un acuerdo de caballeros Roosevelt tenía que apaciguar a esa gente y satisfacer al gobierno japonés. Así que llegó a un **compromiso**. Es un acuerdo que le da a cada parte algo de lo que quiere. La escuela aceptó retrac-

tarse. A cambio, el gobierno japonés en un llamado **"acuerdo de caballeros"** aceptó no permitir que más trabajadores japoneses fueron a EE.UU. EE.UU. estaba cerrando una vez más sus puertas a los inmigrantes asiáticos.

1. ¿Qué obligó a hacer a los estudiantes japoneses la Junta de Educación de San Francisco en 1906?
2. ¿Qué compromiso hizo Roosevelt con el Japón?

CAPÍTULO 7
IDEAS CLAVE

- EE.UU. adquirió las Filipinas después de la guerra cubano-hispano-americana. El nacionalista filipino Emilio Aguinaldo dirigió una rebelión de dos años contra el dominio de EE.UU.

- La política de puertas abiertas permitió a China permanecer como una nación. Theodore Roosevelt persuadió a Rusia y al Japón de poner fin a su guerra.

- Los prejuicios contra los inmigrantes japoneses aumentaron en EE.UU. La Junta de Educación de San Francisco segregó a los estudiantes asiáticos. El presidente Roosevelt creó el acuerdo de caballeros con el Japón para reducir la inmigración.

I. Repasar el Vocabulario

Une cada palabra de la izquierda con el significado correcto de la derecha.

1. La política de puertas abiertas
2. compromiso
3. imperialismo
4. acuerdo de caballeros

a. acuerdo que da a cada parte algo de lo que quiere
b. inmigración restringida de japoneses a Estados Unidos
c. política de EE.UU. para que el comercio con China estuviese abierto a todas las naciones
d. construir imperios

II. Entender el Capítulo

1. ¿Por qué causa luchó Emilio Aguinaldo?
2. ¿Por qué se apoderó Estados Unidos de las Filipinas?
3. ¿Qué hechos llevaron a EE.UU. a la declaración de la política de puertas abiertas?
4. ¿Cuál fue la actitud de muchos californianos hacia los inmigrantes del Japón?

III. Desarrollo de Habilidades: Entender Causa y Efecto

Menciona si cada enunciado es una causa o un efecto.

1. La guerra cubano-hispano-americana termina; EE.UU. se apodera de las Filipinas.
2. Empieza la rebelión de los boxers; las naciones europeas dividen a China en esferas de influencia.
3. El Japón y Rusia firman un tratado de paz; es declarada la política de puertas abiertas.

IV. Escribir Acerca de la Historia

1. **¿Qué hubieras hecho?** Si hubieras sido un consejero del presidente de EE.UU., ¿cómo lo habrías aconsejado que tratara a Aguinaldo? Explica.
2. Imagina que eres un padre japonés en 1906. Escribe una carta a un periódico en el Japón contándole las medidas tomadas por la Junta de Educación de San Francisco.

V. Trabajar Juntos

Del Pasado al Presente A partir de los años 1890, EE.UU. se involucró en los asuntos internos de países extranjeros. Con un grupo, discutan cuándo, en época reciente, EE.UU. se ha involucrado en los asuntos de otros países. Elaboren una lista de las razones por las cuales ha hecho eso.

CAPÍTULO 8

EE.UU. Controla Cuba y Puerto Rico. (1898-1920)

¿Cómo afectó el control de EE.UU. sobre Cuba y Puerto Rico a los habitantes de estas islas?

Tropas americanas africanas rescataron a otras tropas de EE.UU. de este fuerte durante la guerra cubano-hispano-americana de 1898.

Buscando los Términos Clave

- Enmienda Platt
- Ley Foraker
- Ley Jones

Buscando las Palabras Clave

- **protectorado:** país débil que se encuentra bajo el control de un país fuerte.

- **imperialismo cultural:** reemplazar la cultura de una colonia con aquella del país dominador.

Según los términos del tratado que puso fin a la guerra cubana-hispano-americana, Cuba logró su libertad de España. Puerto Rico, las Filipinas y las islas del Pacífico, Guam y Wake, fueron entregadas a Estados Unidos.

1 Estados Unidos Controla Cuba

¿Cómo controlaba EE.UU. a Cuba en los años 1900?

Lo primero que hizo EE.UU. en Cuba fue formar un gobierno militar. El general Leonard Wood encabezava ese gobierno. Las metas de este gobierno eran mejorar las condiciones de vida en Cuba y preparar la isla para la independencia. Bajo el gobierno militar, el empleo aumentó y la educación mejoró. Fueron construidas nuevas carreteras y sistemas cloacales.

Una cura para la fiebre amarilla
En 1900, el mayor problema era la mortal enfermedad de la fiebre amarilla. Todos los años la enfermedad mataba miles de personas en Cuba y otros países tropicales.

Un médico cubano, Carlos Juan Finlay, encontró la clave de la enfermedad. Dijo que la fiebre amarilla era producida por los mosquitos. Tanto en EE.UU. como Cuba los científicos rechazaron la idea. En 1900, sin embargo, el médico militar Walter Reed y su equipo decidieron probar la idea de Finlay. Se hizo picar con mosquitos a los soldados que se ofrecieron como voluntarios para el experimento. Todos los soldados contrajeron fiebre amarilla.

Ahora existían pruebas de que los mosquitos causaban la fiebre amarilla. Se tomaron medidas para exterminar los peligrosos mosquitos. Gracias al trabajo pionero de Finlay y Reed, terminó el terror de la fiebre amarilla.

Mientras tanto, los cubanos querían acabar con la ocupación de EE.UU. Continuaron presionando por la independencia total. En 1902, las tropas de EE.UU. finalmente partieron. EE.UU., sin embargo, no estaba dispuesto a ceder totalmente su poder en Cuba.

Un protectorado de EE.UU.
Estados Unidos insistió en que la constitución cubana diera ciertos derechos a EE.UU. Estos derechos se detallaron en la **enmienda Platt**, que se convirtió en parte de la Constitución de Cuba. Según la enmienda Platt, EE.UU. podía mandar su ejército a Cuba para mantener el orden. También otorgó a EE.UU. el derecho de establecer una base naval en Cuba.

La enmienda Platt convirtió a Cuba en un **protectorado** de EE.UU. Un protectorado es un país débil que se encuentra bajo control de un país fuerte. Muchos cubanos estaban descontentos con la enmienda Platt. Sin embargo, la aceptaron como precio de la independencia.

En 1906 hubo una rebelión en Cuba. El presidente cubano pidió ayuda a EE.UU., quien mandó tropas y estableció un gobierno temporal. Este gobierno duró hasta 1909. Después Cuba regresó al control cubano.

Una segunda república se estableció en Cuba en 1909. El presidente era José Miguel Gómez, quien fue un presidente popular. Sin embargo, no era sensible a las necesidades de la gente pobre en Cuba.

Regresan las tropas de EE.UU.
En 1912, los trabajadores del azúcar cubanos africanos se rebelaron. EE.UU. mandó infantes de marina para proteger los ingenios azucareros

pertenecientes a ciudadanos americanos. Las tropas cubanas acabaron rápidamente con la rebelión, y los infantes de marina se fueron.

Una economía azucarera Mucha de la economía de Cuba, sin embargo, continuó controlada por las compañías de EE.UU. El azúcar pasó de ser una exportación importante a casi el único producto que se fabricaba en Cuba.

Durante la Primera Guerra mundial, bajó la producción de azúcar en algunos países. Cuba se convirtió en el productor más importante de azúcar en el mundo. La caña de azúcar fue plantada por doquier en toda la isla. Los precios del azúcar subieron abruptamente. Los terratenientes y los propietarios cubanos de ingenios azucareras se hicieron muy ricos.

Pero después de la guerra, había demasiada azúcar en el mercado mundial. Los precios cayeron. Los ingenios cerraron. En los años 1920 cerraron cerca de una cuarta parte de los ingenios.

Las acciones de Estados Unidos en la política y la economía molestaron a muchos cubanos. La conducta de EE.UU. creó malos recuerdos que duraron por años.

1. ¿Qué descubrimiento acabó con la fiebre amarilla en Cuba?
2. ¿Qué agregó la enmienda Platt a la Constitución de Cuba?

Líderes del gobierno cubano pasan revista en un desfile del día de la independencia en La Habana. Aunque Cuba era independiente, EE.UU. mantuvo el control sobre la isla.

LESLIE'S WEEKLY

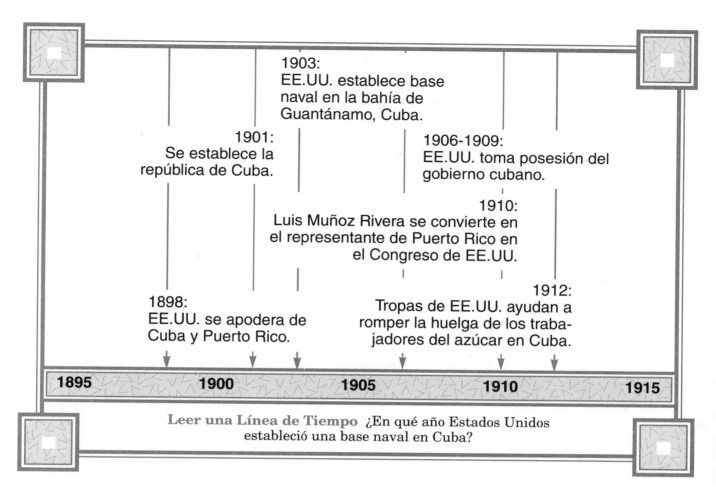

1903:
EE.UU. establece base naval en la bahía de Guantánamo, Cuba.

1901:
Se establece la república de Cuba.

1906-1909:
EE.UU. toma posesión del gobierno cubano.

1910:
Luis Muñoz Rivera se convierte en el representante de Puerto Rico en el Congreso de EE.UU.

1898:
EE.UU. se apodera de Cuba y Puerto Rico.

1912:
Tropas de EE.UU. ayudan a romper la huelga de los trabajadores del azúcar en Cuba.

| 1895 | 1900 | 1905 | 1910 | 1915 |

Leer una Línea de Tiempo ¿En qué año Estados Unidos estableció una base naval en Cuba?

2 Puerto Rico se Convierte en Colonia de EE.UU.

¿Cómo trató EE.UU. a su nueva posesión?

Cuando EE.UU. tomó Puerto Rico en 1898, era una isla de casi un millón de personas. Era un país de pequeñas granjas, que producía diferentes productos. La mayoría de la población era pobre. Pocos niños iban a la escuela. Sólo el 13 por ciento de los puertorriqueños podía escribir.

Los puertorriqueños tenían más derechos políticos que económicos. En 1897, España otorgó autonomía parcial a Puerto Rico. Al año siguiente, los ciudadanos puertorriqueños escogieron su primer legislatura. Inició sus sesiones sólo una semana antes de la invasión de EE.UU. Aunque la legislatura fue clausurada, la mayoría de los puertorriqueños estaban complacidos por la llegada de EE.UU. Creían que sus vidas mejorarían aún más con la ayuda de EE.UU.

Una colonia de EE.UU. La vida sí mejoró para Puerto Rico. Sin embargo, no se le dio la independencia. Había dos razones para ello. Primero, las autoridades de EE.UU. creían que la gente de Puerto Rico no estaba lista para disfrutar de libertad política.

Segundo, EE.UU. creía que era necesario controlar Puerto Rico por razones militares. Puerto Rico está a la entrada del Caribe. La isla era importante para la defensa de EE.UU. y sus intereses comerciales en la región.

El gobierno de EE.UU. trató de mejorar la vida de los puertorriqueños. Construyó carreteras, puentes y escue-

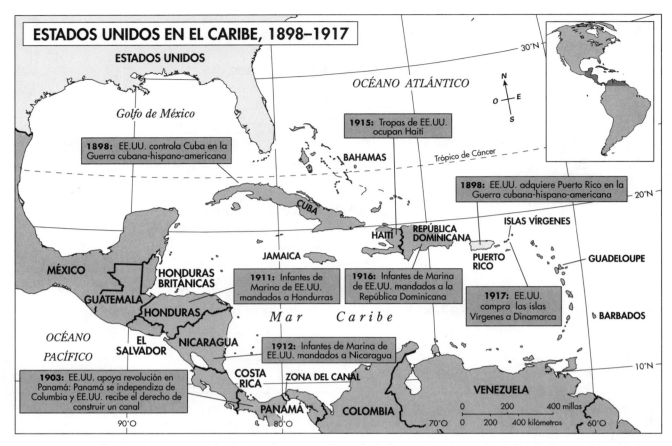

ESTADOS UNIDOS EN EL CARIBE, 1898–1917

ESTADOS UNIDOS

Golfo de México

OCÉANO ATLÁNTICO

1915: Tropas de EE.UU. ocupan Haití

1898: EE.UU. controla Cuba en la Guerra cubana-hispano-americana

BAHAMAS

Trópico de Cáncer

1898: EE.UU. adquiere Puerto Rico en la Guerra cubana-hispano-americana

CUBA

ISLAS VÍRGENES

HAITÍ — REPÚBLICA DOMINICANA

JAMAICA

PUERTO RICO

GUADELOUPE

MÉXICO

HONDURAS BRITÁNICAS

GUATEMALA

1911: Infantes de Marina de EE.UU. mandados a Hondurras

1916: Infantes de Marina de EE.UU. mandados a la República Dominicana

1917: EE.UU. compra las islas Vírgenes a Dinamarca

BARBADOS

HONDURAS

Mar   Caribe

OCÉANO PACÍFICO

EL SALVADOR

NICARAGUA

1912: Infantes de Marina de EE.UU. mandados a Nicaragua

1903: EE.UU. apoya revolución en Panamá. Panamá se independiza de Columbia y EE.UU. recibe el derecho de construir un canal

COSTA RICA

ZONA DEL CANAL

VENEZUELA

0   200   400 millas
0   200   400 kilómetros

PANAMÁ

COLOMBIA

Leer un Mapa ¿Cuándo ocuparon a Haití las tropas de EE.UU.? ¿Cuándo invadieron la República Dominicana los infantes de marina de EE.UU.? ¿A qué países de Centroamérica se mandaron infantes de marina de EE.UU.?

las. Sin embargo, el dominio de EE.UU. también produjo una economía basada en un solo cultivo. Pronto la economía de Puerto Rico dependía de la venta de azúcar a Estados Unidos.

Leyes para Puerto Rico   El primer gobierno de EE.UU. en Puerto Rico fue militar. Duró de 1898 a 1900. Comenzó un gobierno civil en 1900 con la **ley Foraker**. Esa ley establecía varias normas. Puerto Rico seguiría bajo el control de EE.UU. El presidente designaría al gobernador y a todos los miembros de la cámara alta de la legislatura. La cámara baja de la legislatura sería electa por el pueblo.

Un luchador por la libertad   La ley Foraker enfadó a muchos puertorriqueños. No les trajo autonomía. Luis Muñoz Rivera decidió hacer algo al respecto.

Muñoz Rivera dedicó su vida a la causa de la independencia de Puerto Rico. En 1889, cuando Puerto Rico se encontraba bajo el dominio de España, fundó un periódico que abogaba por la independencia. Después de la invasión, Muñoz trató de trabajar con EE.UU. En 1910, fue representante de Puerto Rico en el Congreso. Allí trabajó mucho para cambiar la ley Foraker. Sus esfuerzos tuvieron éxito. En 1917, un año después de su muerte, el Congreso aprobó la **ley Jones**.

La ley Jones otorgó la ciudadanía americana a todos los puertorriqueños que la quisieran. La mayoría aceptó la oferta. Unos cuantos la rehusaron. Creían que la ciudadanía de EE.UU. haría más difícil lograr la independencia. La ley Jones también hizo posible elegir ambas cámaras de la legislatura, no sólo la baja. Sin embargo, el gobernador y otras autoridades clave seguían siendo designadas por el presidente de EE.UU.

¿Un estado?　Algunos puertorriqueños estaban más interesados en el progreso económico que en la independencia. Entre ellos estaba el líder sindical Santiago Iglesias. Después de la guerra, Iglesias encabezó un movimiento para hacer de Puerto Rico un estado de la Unión. Argumentaba que, como estado, Puerto Rico tendría más control sobre su economía. Eso ayudaría a mejorar la vida de los trabajadores.

Gran parte de la población consistía de trabajadores de las plantaciones de tabaco y azúcar. Eran muy pobres.

Sin embargo, la isla no se convirtió en estado. Siguió bajo el control de gobernadores designados por EE.UU. Algunos de estos gobernadores nombraron a muchos puertorriqueños en posiciones gubernamentales. Sin embargo, otros gobernadores no entendían a la isla ni a su pueblo. En los años 1920, líderes puertorriqueños pidieron más autonomía al presidente Calvin Coolidge. La respuesta de Coolidge fue que debían estar agradecidos por la libertad que ya tenían.

La economía de Puerto Rico, aun en las ciudades, estaba dominada por la caña de azúcar.

Imperialismo cultural　Además de las razones políticas y económicas, muchos puertorriqueños también querían independencia por razones culturales. Acusaban a Estados Unidos de **imperialismo cultural**. Este consiste en reemplazar la cultura de una colonia por la cultura del país que la gobierna. Los puertorriqueños no querían que la cultura de EE.UU. reemplazara la cultura de Puerto Rico. Temían que la isla se convirtiera en lo que era EE.UU. En ese proceso, el folklore, la literatura, las costumbres y aun el lenguaje, desaparecerían.

Sin embargo, eso no ocurrió. Pocos puertorriqueños abandonaron el español por el inglés. La cultura de Puerto Rico se mantuvo diferente de la de EE.UU, pero el temor de que esto sucediera siguió siendo un argumento clave contra el dominio americano.

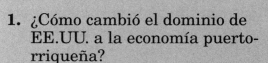

1. ¿Cómo cambió el dominio de EE.UU. a la economía puertorriqueña?
2. ¿Qué temían los puertorriqueños que ocurriera como resultado del imperialismo cultural?

IDEAS CLAVE

- Después de la guerra cubano-hispano-americana, EE.UU. dominaba Cuba y Puerto Rico.

- Cuba se hizo independiente, pero la enmienda Platt en la constitución cubana permitía intervenir a EE.UU. Con la enmienda Platt, Cuba se convirtió en un protectorado de Estados Unidos.

- A diferencia de Cuba, Puerto Rico se convirtió en colonia de EE.UU. En 1917, se les permitió a los puertorriqueños convertirse en ciudadanos de EE.UU.

- Los intereses comerciales de EE.UU. convirtieron la economía de la isla en dependiente de un solo cultivo.

I. Repasar el Vocabulario

Une cada palabra de la izquierda con el significado correcto de la derecha.

1. Ley Foraker   **a.** ofrecía ciudadanía de EE.UU. a los puertorriqueños
2. Enmienda Platt   **b.** estableció el primer gobierno de EE.UU. en Puerto Rico
3. Ley Jones   **c.** un país débil que está bajo el control de un país más fuerte
4. protectorado   **d.** otorgó a Estados Unidos el derecho de intervenir en Cuba

II. Entender el Capítulo

1. ¿Cuales fueron los logros de Carlos Juan Finlay y Walter Reed?
2. ¿Cómo afectó a la economía cubana el crecimiento de la industria azucarera?
3. ¿Cómo cambió a la legislatura puertorriqueña la ley Jones?
4. ¿Por qué querían algunos puertorriqueños la independencia por razones culturales?

III. Desarrollo de Habilidades: Leer un Mapa

Estudia el mapa en la página 68 y responde a las siguientes preguntas:

1. ¿Cuándo adquirió Estados Unidos a Puerto Rico?
2. ¿Dónde fueron mandados los infantes de marina de EE.UU. en 1916?
3. ¿Qué país cerca de Cuba fue ocupado por tropas de EE.UU. a principios de los años 1900?

IV. Escribir Acerca de la Historia

1. **¿Qué hubieras hecho?** Si hubieras sido secretario de Estado de EE.UU. en 1901, ¿hubieras estado a favor o en contra de requerir la inclusión de la enmienda Platt en la constitución cubana? Explica.
2. Escribe una corta biografía de Luis Muñoz Rivera que demuestre por qué fue importante para Puerto Rico.

V. Trabajar Juntos

Del Pasado al Presente Hoy en día, EE.UU. aún controla islas en el Caribe. Con un grupo, decidan si Estados Unidos tiene derecho a controlar otros países.

EE.UU. se Involucra en América Latina. (1900-1920)

¿Por qué interfirió EE.UU. en América Latina en los años 1900?

Muchos trabajadores de las Antillas fueron a Panamá para trabajar en el canal. Muchos encontraron una muerte rápida por las enfermedades y el trabajo peligroso.

Buscando los Términos Clave

- Canal de Panamá
- Zona del Canal
- política del gran garrote
- diplomacia del dólar
- Revolución mexicana

Buscando las Palabras Clave

- **canal:** vía acuática cavada por el hombre para conectar dos cuerpos de agua
- **diplomacia:** arte de las relaciones entre países
- **trabajador migratorio:** un trabajador de campo que viaja para encontrar trabajo

En 1900, viajar por mar de Nueva York a San Francisco parecía interminable. Los barcos viajaban al sur de EE.UU., y a lo largo de la costa de Sudamérica. Luego viajaban a través de aguas peligrosas en el extremo sur del continente. Finalmente regresaban al norte. El viaje alrededor de Sudamérica era de más de 7,500 millas (12,067 m) de largo.

Transportar mercancías alrededor de Sudamérica era muy caro. Los pasajeros que viajaban a la otra costa de EE.UU. hacían meses de viaje. La gran distancia también hacía difícil defender EE.UU. Era necesario mantener dos marinas. Una protegía la costa occidental, mientras la otra cuidaba la oriental.

1 EE.UU. Construye el Canal de Panamá.

¿Por qué quería EE.UU. construir un canal a través de Centroamérica?

En 1901, el residente Theodore Roosevelt decidió construir un **canal** a través de Centroamérica. Un canal es una vía acuática construida por el hombre que conecta dos cuerpos de agua. Este canal acortaría el viaje del Atlántico al Pacífico a la mitad. El canal estaría ubicado en Panamá.

En esos días, Panamá pertenecía a Colombia. Roosevelt ofreció a Colombia 10 millones de dólares por el derecho a construir el canal. Colombia se negó.

Así que Roosevelt cambió de táctica. Animó a la gente en Panamá a que se rebelara contra Colombia. Una revolución estalló a fines de 1903. Un barco de EE.UU. bloqueó a las tropas colombianas impidiendo que los soldados desembarcaran en Panamá. Los rebeldes ganaron.

Sólo dos semanas más tarde, Roosevelt hizo un trato con el nuevo gobierno de Panamá. EE.UU. constru-

iría y operaría el canal. Roosevelt había tenido éxito. Una vez se jactó: "Yo tomé Panamá". El pueblo colombiano estaba furioso.

Muerte Voladora   Las obras para el canal empezaron en 1904. Los constructores enfrentaron muchos problemas. La **zona del Canal** era selvática en su major parte. En la estación de lluvias, se convertía en un océano de lodo. Las temperaturas llegaban a más de 120° Farenheit.

Pero el peor problema eran las enfermedades. Los mosquitos portadores de enfermedades vivían en la jungla. Miles de trabajadores se infectaron con la malaria. La fiebre amarilla era aún peor. Los ojos y la piel de la víctima se volvían amarillos. Las víctimas tosían

Leer un Mapa   ¿Por qué haría más fácil el viaje entre las costas este y oeste de EE.UU. un Canal en Panamá?

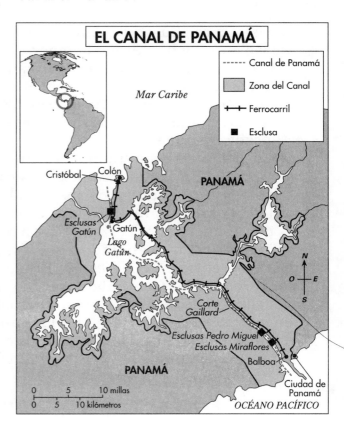

EL CANAL DE PANAMÁ

Mar Caribe

- - - - - Canal de Panamá

Zona del Canal

Ferrocarril

Esclusa

Cristóbal — Colón

PANAMÁ

Esclusas Gatún — Gatún

Lago Gatún

Corte Gaillard

Esclusas Pedro Miguel
Esclusas Miraflores

Balboa

PANAMÁ

Ciudad de Panamá

OCÉANO PACÍFICO

0   5   10 millas
0   5   10 kilómetros

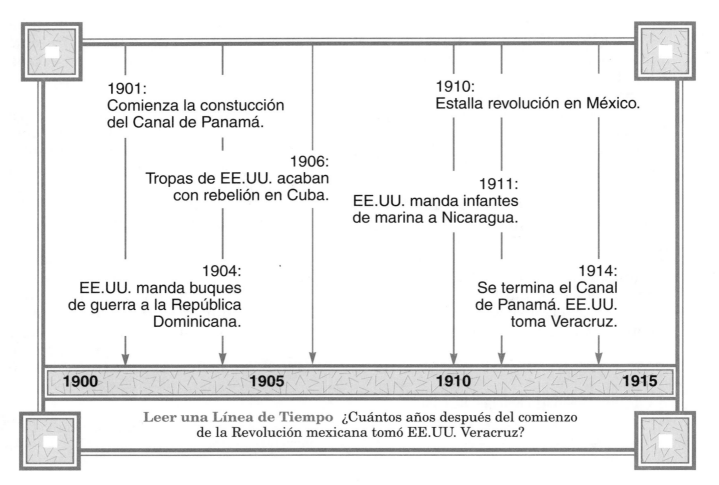

1901:
Comienza la constucción del Canal de Panamá.

1910:
Estalla revolución en México.

1906:
Tropas de EE.UU. acaban con rebelión en Cuba.

1911:
EE.UU. manda infantes de marina a Nicaragua.

1904:
EE.UU. manda buques de guerra a la República Dominicana.

1914:
Se termina el Canal de Panamá. EE.UU. toma Veracruz.

| 1900 | 1905 | 1910 | 1915 |

Leer una Línea de Tiempo ¿Cuántos años después del comienzo de la Revolución mexicana tomó EE.UU. Veracruz?

sangre oscura. Luego venían los espasmos violentos, y por último la muerte.

El Dr. William Gorgas trató de acabar con estas enfermedades. Trató de evitar que los mosquitos se reprodujeran. Los mosquitos ponían sus huevos en agua estancada, así que el equipo de Gorgas secó estanques y pavimentó caminos lodosos. Fueron instalados mosquiteros en las ventanas. Se usaron insecticidas por todas partes. Para 1906, esos esfuerzos dieron resultado. La zona del Canal era segura. Los trabajadores podían ahora concentrarse en el canal. El ingeniero George W. Goethals encabezó la construcción. Su equipo estaba formado por cerca de 30,000 americanos africanos de las Antillas. Bajo su dirección atravesaron muchos ríos, montañas y pantanos. Lentamente hicieron camino a través de Panamá. El canal fue terminado en 1914. Costó 5,000 vidas y 375 millones de dólares. También costó la buena voluntad de Colombia. Muchos latinoamericanos pensaban que EE.UU. había robado la tierra a Colombia.

1. ¿Por qué quería EE.UU. construir el canal de Panamá?
2. Enumera tres problemas que enfrentaban los constructores del canal

2 EE.UU. Carga un "Gran Garrote".

¿Cómo actuó EE.UU. de "policía" e interfirió en los asuntos de América Latina?

Roosevelt no paró con el canal de Panamá. Continuó usando la fuerza en América Latina. Hizo referencia a un dicho africano: "Habla en voz baja y carga un gran garrote, e irás lejos".

La policía de América Latina Roosevelt por primera vez usó esta **"política del gran garrote"** en 1904. La República Dominicana entró en crisis. No podía pagar sus deudas a varios países europeos. Roosevelt temía que estos países invadieran la República Dominicana. Declaró que sólo EE.UU. podría ser policía en las Américas.

Roosevelt mandó buques de guerra a la República Dominicana. EE.UU. comenzó a recaudar los impuestos de importación en la isla. Más de la mitad se mandó a Europa para pagar las deudas.

Dólares en vez de balas En 1909, William Howard Taft asumió como presidente de EE.UU. Cambió la política de Roosevelt. Quería sustituir "las balas por dólares". Taft motivó a los empresarios de EE.UU. para que invirtieran en los países de América Latina. Creía que esto los mantendría alejados de las deudas. Esta política se le conoció como la **"diplomacia del dólar"**. La **diplo-**

El presidente Roosevelt utilizó por primera vez su política del "gran garrote" en 1904 en la República Dominicana. ¿Qué afirmación acerca del "gran garrote" está haciendo el caricaturista?

La "diplomacia del dólar" del presidente Taft causó que las relaciones entre EE.UU. y América Latina empeoraran. En 1911, Taft mandó a los infantes de marina de EE.UU. a Nicaragua.

macia es el arte de las relaciones entre países.

Sin embargo, la política de Taft empeoró esas relaciones. Los empresarios de EE.UU. querían que su dinero estuviera protegido. En 1911, Nicaragua no pagó su deuda externa. Una vez más EE.UU. utilizó la fuerza. Taft mandó los infantes de marina. Estas acciones hicieron que América Latina se resintiera aún más con EE.UU.

1. ¿Dónde se usó por primera vez la política del "gran garrote" de Roosevelt?
2. ¿Cómo cambió Taft esa política?

3 EE.UU. Invade a México.

¿Cómo afectó la Revolución mexicana las relaciones entre EE.UU. y México?

El presidente Woodrow Wilson tomó posesión en 1913. No aprobaba la diplomacia del dólar, pero con Wilson, las relaciones con América Latina empeoraron. Wilson mandó infantes de marina a la República Dominicana, y casi empezó una guerra con México.

Revolución En 1910, comenzó una revolución en México. Los mexicanos habían vivido por más de 30 años bajo la dictadura de Porfirio Díaz. Díaz había mejorado la industria en México, pero sólo algunos se habían beneficiado. Los campesinos pobres perdieron sus tierras frente a los terratenientes ricos.

El pueblo mexicano se rebeló. Grupos armados atacaron a los soldados mexicanos. Destruyeron los ferrocarriles y las fábricas. En 1911, Díaz tuvo que renunciar.

La toma de Veracruz   Los rebeldes trataban de lograr el control de México. Wilson quería que terminase la guerra en México. Así que ayudó a uno de los rebeldes, Venustiano Carranza. Wilson esperaba que Carranza pudiera controlar México.

En 1914, Wilson ordenó a las tropas de EE.UU. tomar el puerto de Veracruz. Quería evitar que los cargamentos de armas llegaran a los enemigos de Carranza.

El ataque de Villa   Uno de estos enemigos era Pancho Villa. Villa era un líder revolucionario muy popular entre mucha gente en México. Villa había esperado que EE.UU. lo ayudara para convertirse en presidente de México. Cuando Wilson apoyó a Carranza, las tropas de Villa mataron a 16 empleados de minas americanas en el norte de México. Luego cruzó la frontera de EE.UU. y mató otras 18 personas.

Wilson mandó tropas a México para capturar a Villa. Sin embargo, Villa

1. ¿Qué ciudad mexicana capturó EE.UU. durante la Revolución mexicana?
2. ¿Qué sucedió cuando el presidente Wilson mandó tropas a capturar a Pancho Villa?

logró esconderse de los soldados de EE.UU.

4 Los Mexicanos Encuentran Refugio en EE.UU.
¿Cómo afectó la Revolución mexicana a la inmigración a EE.UU.?

La revolución mexicana mejoraría la vida de muchos mexicanos. Sin embargo, la lucha causó gran sufrimiento. Cerca de un millón de mexicanos murieron. Es decir, una de cada 15 personas. Miles de personas escaparon al norte, a EE.UU., entre 1910 y 1920. Llegaron a pie, a caballo, en carreta o en tren. Esperaban encontrar comida, trabajo y seguridad.

La mayoría de estos inmigrantes mexicanos eran campesinos pobres. Fueron obligados a abandonar sus tierras por la lucha. Otros eran soldados que habían peleado como líderes y ahora ya no tenían poder. Algunos tenían dinero para iniciar negocios en EE.UU.

Crear comunidades   La mayoría de los inmigrantes mexicanos se establecieron en el sudoeste. Muchos mexicanos vivían en barrios. Un barrio es una sección de la ciudad donde viven muchos latinos. Las condiciones en los barrios eran malas. La gente vivía amontonada en edificios decrépitos y viejos.

Sin embargo, los barrios dieron a los nuevos llegados una sensación de hogar. Aquí vivían entre amigos y parientes de las mismas comunidades mexicanas. Formaron clubes sociales. Frecuentaban tiendas de abarrotes, restaurantes y panaderías americanas mexicanas. El español era el idioma de los barrios.

El barrio más grande estaba en Los Angeles. Tenía una población de 30,000 mexicanos nacidos en EE.UU. en 1920– tres veces más que en 1910. Para 1925, Los Angeles tenía más población mexicana que cualquier otra ciudad, con excepción de la Ciudad de México. Otras ciudades con grandes barrios fueron El Paso y San Antonio, Texas.

Trabajo duro Los empresarios de EE.UU. veían a los inmigrantes mexicanos como trabajadores baratos. Estos inmigrantes podían trabajar en las nuevas minas y fábricas. Además, los ferrocarriles contrataron a más de mil americanos mexicanos al mes. La ma-

yoría de los inmigrantes mexicanos no eran obreros capacitados. No sabían leer o escribir en inglés. Trabajaban por los más bajos salarios.

Trabajo en el campo En el sudoeste de EE.UU. las granjas eran muy grandes. Los productos agrícolas eran cosechados en diferentes épocas del año en diferentes regiones. Por lo tanto, los trabajadores del campo americanos mexicanos se mudaban de un lugar a otro según las estaciones. Se volvieron **trabajadores migratorios.** Un trabajador migratorio es un trabajador del campo que viaja para encontrar trabajo. Se movían entre California, Arizona, Nuevo México, Colorado y Texas

Leer un Mapa Nombra cinco ciudades de EE.UU. a las que los mexicanos emigraron durante y después de la Revolución mexicana. ¿A qué ciudad en EE.UU. atacó Pancho Villa?

LA REVOLUCIÓN MEXICANA Y LA MIGRACIÓN MEXICANA A ESTADOS UNIDOS

1916: Pancho Villa ataca Columbus, Nuevo México

1913: Venustiano Carranza encabeza fuerzas contra Victoriano Huerta

1911: Fuerzas de francisco I. Madero derrotan e ejércitos federales; madero toma posesión como presidente de México

1914: Tropas de EE.UU. desembarcan en Veracruz

Destinos principales de la migración mexicana

Movimientos claves en la Revolución mexicana

cosechando remolacha, algodón, frutas y verduras.

Grupos de familias de trabajadores migratorios se movían juntos de un lugar a otro. Las mujeres y los niños frecuentemente trabajaban con los hombres en los campos. El día de trabajo duraba desde el amanecer hasta el atardecer. Una familia podía vivir en cinco diferentes lugares en un año. Los salarios eran bajos y las condiciones de trabajo duras.

Trato injusto Los americanos mexicanos y los mexicanos eran víctimas de la discriminación. Se les pagaba menos que a otros por el mismo trabajo. Se les daba el trabajo más peligroso. Cuando se formaron los sindicatos en algunas industrias, a los americanos mexicanos no se les permitió incorporarse. Los niños americanos mexicanos tenían que asistir a escuelas segregadas.

Gradualmente, los americanos mexicanos se trasladaron hacia el medio oeste de EE.UU. Trabajaron para ferrocarriles, fábricas de acero y plantas empacadoras de carne. Chicago se volvió el centro mexicano más grande fuera del sudoeste. Para 1925, 4,000 americanos mexicanos vivían allí.

1. ¿Por qué vinieron los mexicanos a EE.UU. de 1910 a 1920?
2. ¿Qué es un trabajador migratorio?

CAPÍTULO 9
IDEAS CLAVE

- En 1914, EE.UU. abrió el Canal de Panamá. Eso permitió a los barcos de todas las naciones moverse rápidamente entre los océanos Pacífico y Atlántico.
- El presidente Theodore Roosevelt declaró que sólo EE.UU. sería la policía de América Latina.
- El presidente Woodrow Wilson invadió México dos veces en dos años. Eso produjo malas relaciones entre México y EE.UU.
- Durante la Revolución mexicana muchos mexicanos se establecieron en EE.UU.

I. Repasar el Vocabulario

Une cada palabra de la izquierda con su definición correcta.

1. política del gran garrote
2. canal
3. diplomacia
4. diplomacia del dólar

a. vía acuática construida por el hombre que conecta dos cuerpos de agua
b. arte de las relaciones entre los países
c. invirtiendo en países en vez de controlarlos a través de la fuerza
d. uso de la fuerza para conseguir lo que se quiere

II. Entender el Capítulo

1. ¿Cómo logró EE.UU. el derecho a construir el Canal de Panamá?
2. ¿Cuál fue la política del presidente Theodore Roosevelt en América Latina?
3. ¿Por qué seguía EE.UU. utilizando la fuerza en América Latina bajo la diplomacia del dólar?
4. ¿Por qué invadió EE.UU. a México dos veces durante la Revolución mexicana?

III. Desarrollo de Habilidades: Analizar un Mapa

Estudia el mapa en la página 78 y responde a las siguientes preguntas:

1. ¿Qué pueblo de EE.UU. atacó Pancho Villa?
2. Nombra cuatro ciudades en el sudoeste de EE.UU. donde se establecieron muchos inmigrantes mexicanos.

IV. Escribir Acerca de la Historia

1. Es el 15 de agosto de 1914, el día en que fue abierto oficialmente el Canal de Panamá. Escribe un artículo para un periódico cubriendo este acontecimiento. Asegúrate de describir los problemas que enfrentaron los constructores del canal.
2. **¿Qué hubieras hecho?** ¿Si hubieras vivido en México durante la revolución, emigrarías EE.UU.? Explica.

V. Trabajar Juntos

1. Formen un pequeño grupo. Revisen la línea de tiempo en la página 74. Luego preparen su propia línea de tiempo con fotos. Escojan por lo menos tres hechos e ilústrenlos.
2. **Del Pasado al Presente** Con un grupo, investiguen la importancia del Canal de Panamá hoy en día. Preparen una corta presentación de sus hallazgos.

EE.UU. Libre la Primera Guerra Mundial. (1914-1918)

¿Qué papel tuvo EE.UU. en la Primera Guerra Mundial?

El Regimiento segregado 369 ganó la medalla militar francesa más importante en la Primera Guerra mundial. La unidad estuvo segregada hasta 1950.

Buscando los Términos Clave

- Aliados • Potencias Centrales

Buscando las Palabras Clave

- **alianza:** grupo de países que actúan juntos
- **neutralidad:** no tomar parte en una guerra
- **guerra submarina:** utilizar submarinos para hundir barcos que traen provisiones al enemigo
- **conscripto:** persona que cumple el servicio militar

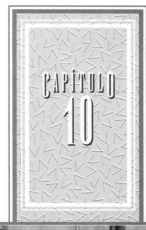

SUGERENCIA DE

Mientras lees el capítulo, elabora una lista de las naciones en guerra en cada lado. Describe la razón por la que cada país participó en la guerra.

ESTUDIO

En septiembre de 1918, un soldado del ejército de EE.UU., Marcelino Serna, estaba en un campo de batalla en Francia. Desde su trinchera, el joven americano mexicano podía ver las líneas alemanas. De vez en cuando, se disparaban tiros en su dirección.

Serna esperó el momento apropiado para devolver el fuego. Oprimió el gatillo. En ese instante una bala enemiga le pegó en la mejilla. No permitió que ello lo detuviera. Tiró una granada a la trinchera del enemigo.

Veinticuatro soldados alemanes salieron de la trinchera. Levantaban sus armas en señal de rendición. Por su valiente hazaña, Serna recibió la Cruz al Servicio Distinguido. Es una de las medallas más importantes del ejército. También recibió el Corazón Púrpura por haber sido herido. Al final de la guerra, ganó otro Corazón Púrpura y una medalla del gobierno francés.

1 EE.UU. Entra en la Guerra.

¿Por qué tomó parte EE.UU. en la Primera Guerra mundial?

En el verano de 1914, comenzó la guerra en Europa. Duró más de cuatro años. Se libró principalmente en Europa, pero también en otras partes del mundo. Por eso se llamó la "guerra mundial". Después de una segunda guerra similar, se le llamó la "Primera Guerra mundial" a la guerra de 1914.

Las raíces de la guerra   Las grandes naciones de Europa habían formado **alianzas** que las dividían en dos campos. Una alianza es un grupo de países que actúan juntos. En una alianza, los miembros principales eran Francia, Gran Bretaña y Rusia. Los miembros de la otra eran Alemania, Italia y Austria-Hungría.

Un asesinato en junio de 1914 fue la causa de la guerra. El archiduque Francisco Fernando fue baleado mientras visitaba la ciudad de Sarajevo. El asesino era un serbio que se oponía a Austria. Serbia era aliada de Rusia.

Austria-Hungría demandaba que Serbia fuera castigada. Alemania la apoyó firmemente. Cuando Serbia se rehusó a favorecer las demandas, Austria-Hungría declaró la guerra.

Alianzas complicadas   El sistema de las alianzas llevó a otros países a la guerra. En pocos días, casi toda Europa estaba en guerra.

Los dos bandos en la guerra eran llamados los **Aliados** y las **Potencias Centrales**. Las Potencias Centrales eran Alemania y Austria-Hungría. El Imperio Otomano (Turquía) se unió después a las Potencias Centrales. Los Aliados al principio eran Francia, Gran Bretaña, Rusia, Bélgica y Serbia. Mientras la guerra continuaba, se les unieron otros países, incluyendo Italia y el Japón.

EE.UU. se mantiene fuera   Al principio, EE.UU. trató de permanecer alejado de la guerra. Lo logró por más de dos años. Cuando estalló la guerra Woodrow Wilson proclamó la **neutralidad** de EE.UU. Eso significaba que EE.UU. no tomaría partido en la guerra. Permitió a las compañías americanas vender sus productos a los países en guerra. Esos productos incluían armas.

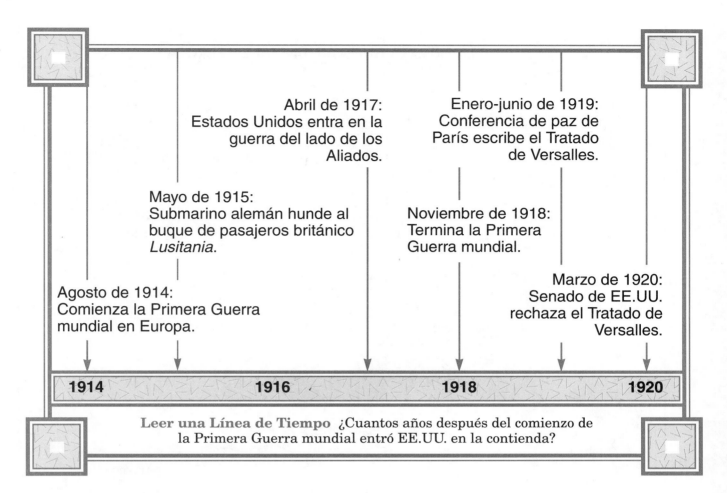

Abril de 1917:
Estados Unidos entra en la guerra del lado de los Aliados.

Enero-junio de 1919:
Conferencia de paz de París escribe el Tratado de Versalles.

Mayo de 1915:
Submarino alemán hunde al buque de pasajeros británico *Lusitania*.

Noviembre de 1918:
Termina la Primera Guerra mundial.

Agosto de 1914:
Comienza la Primera Guerra mundial en Europa.

Marzo de 1920:
Senado de EE.UU. rechaza el Tratado de Versalles.

1914　　　1916　　　1918　　　1920

Leer una Línea de Tiempo ¿Cuantos años después del comienzo de la Primera Guerra mundial entró EE.UU. en la contienda?

Alemania usó la **guerra submarina** para evitar que las provisiones procedentes de EE.UU. llegaran a Gran Bretaña y Francia. Los submarinos alemanes atacaban y hundían barcos. En algunos ataques, muchos americanos perdieron la vida. El ataque que más vidas cobró fue el hundimiento del barco de pasajeros británico *Lusitania* en 1915. El barco explotó antes de que muchos pasajeros pudieran tomar las lanchas salvavidas. Entre los muertos había 139 ciudadanos de EE.UU.

Fin de la neutralidad En febrero de 1917, los ataques alemanes de submarinos se volvieron más intensos. El sentimiento antialemán creció rápida-mente. Luego Alemania empeoró las cosas. Sugirió a México unírsele para combatir a EE.UU. México se rehusó, pero el presidente Wilson ya no toleraba más a Alemania. Pidió al Congreso que declarara la guerra. El 6 de abril de 1917, el Congreso declaró la guerra a Alemania.

1. ¿Qué naciones formaban los Aliados y las Potencias Centrales?
2. ¿Qué política alemana causó que EE.UU. declarara la guerra?

LA PRIMERA GUERRA MUNDIAL EN EUROPA

Aliados
Potencias Centrales
Naciones Neutrales

Leer una Mapa Este mapa muestra a las naciones de Europa durante la Primera Guerra mundial. ¿Qué naciones estaban con los Aliados? ¿Quiénes eran las Potencias Centrales? ¿Qué países eran neutrales?

2 Todos los Americanos Ayudan en el Esfuerzo de Guerra.

¿Cómo formó EE.UU. un ejército?

Poco después de declarada la guerra, el Congreso aprobó la ley de Servicio Selectivo que todos los hombres entre 21 y 30 años se registraran para el servicio militar. La primera conscripción fue en junio de 1917.

Cerca de 2.2 millones de hombres se convirtieron en **conscriptos.** Un conscripto es una persona que debe cumplir el servicio militar. Además, muchos otros voluntarios se registraron para el ejército, la marina y los infantes de marina. Al final de la guerra, cerca de cuatro millones de americanos estaban en el servicio militar.

Los americanos africanos en el servicio Americanos de todos los grupos étnicos sirvieron en la Primera Guerra mundial. Sin embargo, no fueron tratados por igual. Los americanos africanos en particular recibieron un trato injusto. Los infantes de marina no los querían. La marina los tomó sólo como cocineros, ayudantes de cocina y trabajadores de calderas. Sólo el ejército los usó como combatientes.

El ejército entrenó a más de 370,000 americanos africanos como soldados de combate. Tres de cada cuatro estaban en unidades de trabajo del ejército. Construyeron caminos y fortalezas. Cerca de 100,000 llegaron a combatir. Sirvieron en unidades exclusivamente americanas africanas. Pero eran encabezados en su mayoría por oficiales blancos. Sólo hubo 1,400 oficiales americanos africanos, y ninguno logró un rango superior a coronel.

Latinos en la Primera Guerra mundial También había gran cantidad de latinos en el ejército de EE.UU. Cuando comenzó la guerra, suficientes puertorriqueños se enrolaron como para poder formar su propia unidad. Luego, 235,000 se registraron para la conscripción. Aproximadamente 18,000 de ellos fueron llamados al servicio.

Los americanos mexicanos enfrentaron otros problemas durante la Primera Guerra mundial. Primero, muchos americanos dudaban de la lealtad de los americanos mexicanos. Esto sucedió porque Alemania trató de hacer de México su aliado en la guerra. La gente olvidó que México había rehusado ser aliado de Alemania.

Aun así, miles de jóvenes americanos mexicanos decidieron servir al país. El porcentaje de voluntarios fue mayor que el de cualquier otro grupo étnico en la nación.

1. ¿Qué papeles tuvieron los americanos africanos en los servicios militares durante la Primera Guerra mundial?
2. ¿Qué problema enfrentaron muchos latinos en el ejército de EE.UU.?

3 Americanos en EE.UU. y el Extranjero.

¿Cómo contribuyó el pueblo de EE.UU. al esfuerzo de guerra?

"No es un ejército lo que debemos formar y entrenar para la guerra", dijo el presidente Wilson. "Es una nación". En abril de 1917, EE.UU. no estaba preparado para pelear, pero en un año estaba listo.

Construir una maquinaria de guerra El Congreso dio al presidente Wilson el derecho a apoderarse de industrias enteras. Podía también requerir provisiones de comida y cualquier otra mercancía. Podía controlar los precios.

Durante la Primera Guerra mundial, estas mujeres trabajaron en una granja, manejando tractores. Ya que muchos hombres estaban en la guerra, las mujeres tomaron esos trabajos importantes.

Los resultados fueron increíbles. Además de armas y tanques, EE.UU. mandó a Francia ferrocarriles y hospitales completos. En el primer año de guerra, más de 30 millones de pares de zapatos y 131 millones de medias fueron enviados a Europa.

En el frente interno Para obtener estos resultados, había que encontrar nuevas fuentes de mano de obra. Casi cuatro millones de trabajadores habían entrado al servicio militar. Tenían que ser reemplazados.

En las fábricas y molinos del noreste y del medio oeste, muchos trabajos fueron ocupados por americanos africanos. Acababan de llegar del sur. Los americanos africanos se habían enterado de que las fábricas de Chicago, Detroit y otras ciudades pagaban buenos sueldos. Muchos aprovecharon esta oportunidad.

Al mismo tiempo, miles de mexicanos se mudaron al sudoeste de EE.UU. Sabían que la guerra creaba nuevas oportunidades en EE.UU. Cosecharon remolachas en las granjas en California y Colorado. Construyeron líneas de ferrocarriles en el oeste de EE.UU.

La guerra abrió nuevas oportunidades para las mujeres. Trabajaron en acerías y fábricas de armas. Fueron abogadas y médicas para el gobierno.

La mayoría de las nuevas oportunidades duraron sólo hasta el fin de la guerra. Las mujeres, los americanos africanos y otros grupos fueron despedidos cuando los soldados regresaron.

Acción en Europa   Mientras tanto, en Europa se libraba la guerra. EE.UU. entró en la guerra en abril de 1917. Durante 1917, la contribución principal de EE.UU. a la guerra fue en el mar. En un año y medio, más de la mitad de los submarinos alemanes fueron destruidos.

En julio de 1918, el ejército alemán comenzó un nuevo ataque en Francia. Las tropas de EE.UU llegaron justo a tiempo. Ese fue el primer gran grupo de soldados americanos en Europa. Ayudaron a cambiar el rumbo de la guerra en la batalla de Château-Thierry.

Juntos, los aliados empujaron a las fuerzas alemanas casi fuera de Francia y Bélgica. El gobierno alemán pidió negociaciones de paz. El 11 de noviembre de 1918 concluyó la guerra.

Los catorce puntos de Wilson   A principios de 1918, Wilson había elaborado **catorce puntos** como base para la paz. Si todos los países estaban de acuerdo con los puntos, se lograría una

Leer una Mapa ¿Qué muestra este mapa? ¿Qué nuevas naciones se formaron después de la Primera Guerra mundial? ¿Cómo se diferencia este mapa del mapa al principio del capítulo?

paz justa. Uno de los puntos era un tratado de paz que no castigaría a los perdedores. Otro fue formar una "Liga de las Naciones". La Liga de las Naciones trabajaría para preservar la paz.

Los líderes de Gran Bretaña, Francia e Italia no aceptaron las ideas de Wilson. En el tratado de Versalles ellos impusieron duras condiciones a los alemanes derrotados. Los Aliados se arrepentirían de esto a los pocos años. Sin embargo, el tratado incluía planes para la formación de la Liga de las Naciones.

Cuando Wilson trajo consigo el tratado a EE.UU., se encontró con una nueva fuente de oposición. Un grupo de senadores pensaba que EE.UU. no debía formar parte de la Liga de las Naciones. El Senado rechazó la ratificación del tratado. Eso significaba que EE.UU. no sería miembro de la Liga. En esa época, Wilson sufrió un ataque cardíaco. Terminó su mandato vencido y enfermo.

1. ¿Qué oportunidades trajeron a los americanos africanos al norte?
2. ¿Quién se opuso a que EE.UU. se uniera a la Liga de las Naciones?

CAPÍTULO 10
IDEAS CLAVE

- Por primera vez en su historia EE.UU. tomó parte en una guerra europea. Entró a la primera guerra del lado de los Aliados.
- Los americanos africanos y latinos sirvieron en el ejército con honor.
- En EE.UU. las mujeres, los americanos africanos y los americanos mexicanos ayudaron a ocupar los puestos vacíos durante la guerra.
- El ejército de EE.UU. ayudó a derrotar a las Potencias Centrales.
- El presidente Wilson tuvó un papel importante en el tratado de paz. Terminó con la guerra, pero el tratado fue rechazado por el Senado de EE.UU.

I. Repasar el Vocabulario

Une cada palabra de la izquierda con su definición correcta.

1. neutralidad
2. guerra submarina
3. Aliados
4. Potencias Centrales

a. Alemania y sus aliados en la Primera Guerra mundial
b. ataques a los barcos que traían provisiones para el enemigo
c. la política de no tomar lados en la guerra
d. Francia, Gran Bretaña y sus aliados en la Primera Guerra mundial

II. Entender el Capítulo

1. ¿Qué hechos provocaron la Primera Guerra mundial en Europa?
2. ¿Por qué entró EE.UU. en la guerra del lado de los Aliados?
3. ¿Qué papel tuvieron los americanos africanos y los latinos en combate durante la guerra?
4. ¿Qué papel tuvo el ejército de EE.UU. en Francia en 1918?

III. Desarrollo de Habilidades: Interpretar un Mapa

1. Usando un mapa de Europa, explica por qué era más fácil para los Aliados que para las Potencias Centrales conseguir provisiones de EE.UU.
2. Usando el mismo mapa, demuestra cómo una exitosa política alemana de guerra submarina podría haber dañado a los Aliados.

IV. Escribir Acerca de la Historia

1. Si hubieras sido presidente de México en 1917, ¿cómo habrías respondido a la invitación alemana de entrar en la guerra contra EE.UU? Explica.
2. **¿Qué hubieras hecho?** ¿Si hubieras sido un hombre de 21 años en 1917, te habrías enrolado para pelear en Francia? ¿Por qué o por qué no?

V. Trabajar Juntos

1. Formen grupos para investigar la posición de los gobiernos de (a) Austria-Hungría, (b) Francia, (c) Alemania o (d) Gran Bretaña. Discutan lo que cada gobierno pudo haber hecho para evitar la guerra.
2. **Del Pasado al Presente** Con un grupo investiguen la Liga de las Naciones y las Naciones Unidas. Enumeren tres formas en que son similares y tres formas en que son diferentes.

Unidad 3
Tiempos de Pruebas
(1920s-1940s)

Capítulos

LA DÉCADA DE 1920 ES UN PERÍODO DE CAMBIOS. (1920-1929)

¿Qué cambios ocurrieron en la sociedad de EE.UU. en los años 1920?

En 1919, la décimo octava enmienda prohibió la fabricación o venta de alcohol. Aquí, la cerveza es tirada al río.

Buscando los Términos Clave

- Alarma roja • Epoca del jazz • *flapper*
- Prohibición • *speakeasies*

Buscando las Palabras Clave

- **cuota:** un límite
- **arancel:** impuesto de importación

- **suburbio:** zona residencial en las afueras de una ciudad
- **prohibir:** declarar ilegal algo

SUGERENCIA DE

Elabora una lista de las ideas clave en la página 98. Luego escribe un ejemplo del capítulo que apoye cada idea.

ESTUDIO

En 1919, Giovanni Lagomarsino necesitaba trabajo. Hijo de inmigrantes italianos, hablaba un inglés perfecto. Llenó una solicitud de empleo en una empresa de ferrocarril. Cuando Lagomarsino salía de la oficina, vio que el gerente rompía su solicitud. Un mes después, volvió a hacer la solicitud. Esta vez utilizó el nombre de John Lagg. Consiguió el empleo. Esto demuestra cómo los prejuicios contra los inmigrantes aumentaron después de la Primera Guerra mundial.

1 Una Depresión Después de la Guerra Crea Temores.

¿Cómo llevaron al prejuicio los acontecimientos posteriores a la Primera Guerra mundial?

Después de la Primera Guerra mundial la economía de EE.UU. sufrió una depresión. Los soldados que regresaban tuvieron problemas para encontrar trabajo. Las fábricas cerraron para cambiar de la elaboración de suministros de guerra a otras mercancías. Europa ya no necesitaba comprar los productos de los granjeros de EE.UU. Los precios de las mercancías se dispararon. Los salarios se quedaron igual.

Huelgas y reacciones   En estas circunstancias los trabajadores comenzaron a organizarse. Demandaban mejores salarios y horas más cortas. Los empresarios se rehusaron. Los trabajadores fueron a la huelga.

En septiembre de 1919 la huelga más grande en la historia de EE.UU. paralizó la industria del acero. Más de 365,000 trabajadores paralizaron sus tareas. Las compañías siderúrgicas contrataron rompehuelgas armados que le pegaban a los trabajadores con garrotes. A principios de 1920, el sindicato de trabajadores de acero puso fin a la huelga. No lograron materializar ninguna demanda. Las compañías siderúrgicas habían ganado.

La opinión pública se volvió contra las huelgas. Surgieron sentimientos anti-sindicales. Muchos americanos creían que los trabajadores no actuaban por sí solos. Culpaban a los comunistas y a los inmigrantes de iniciar las huelgas.

Alarma roja   En 1917, los comunistas se habían apoderado del gobierno ruso. Llamaron a los trabajadores del mundo para que se rebelaran. Muchos americanos temían que estos "rojos" estuvieron conspirando contra el gobierno de EE.UU.

El 20 de enero de 1920, el secretario de Justicia, A. Mitchell Palmer, inició una serie de redadas. Fueron arrestadas personas que se sospechaba que eran rojos. Miles de inmigrantes fueron arrestados. Sin embargo, no se descubrío ninguna conspiración.

Sacco y Vanzetti   El debate fue aún más grande en un caso de homicidio. En abril de 1920 tres ladrones robaron el dinero de los salarios de una fábrica en South Braintree, Massachusetts. Durante el robo murieron dos hombres. Dos inmigrantes italianos, Nicola Sacco y Bartolomeo Vanzetti, fueron acusados del crimen.

Sacco y Vanzetti se oponían al gobierno, por lo que se les presumía culpables. En 1921, Sacco y Vanzetti fueron enjuiciados y sentenciados a muerte.

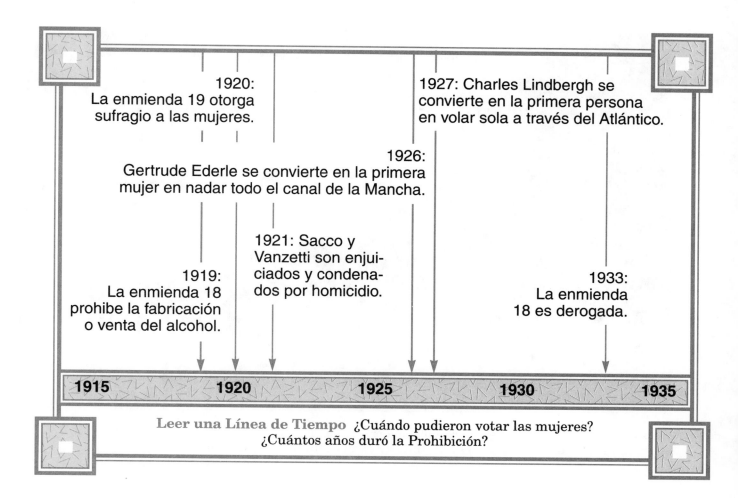

Leer una Línea de Tiempo ¿Cuándo pudieron votar las mujeres? ¿Cuántos años duró la Prohibición?

Mucha gente pensaba que el juicio había sido injusto. Dijeron que Sacco y Vanzetti fueron sentenciados por sus creencias y por ser inmigrantes. Fueron ejecutados en 1927.

Inmigrantes "diferentes" Como lo demuestra el caso Sacco-Vanzetti, la **alarma roja** fue inspirada en el temor a los inmigrantes. Después de la Primera Guerra mundial los europeos empezaron a inmigrar una vez más a EE.UU. La depresión económica causó sentimientos contra los inmigrantes. Los trabajos eran escasos. A los americanos les preocupaba que los inmigrantes les quitaran trabajo. Muchos querían limitar la inmigración.

A principios de los años 1920, el Congreso aprobó dos leyes limitando la inmigración. Una ley de 1921 establecía **cuotas** temporales de inmigración. Una cuota es un límite. La ley de inmigración de 1924 fue aún más dura. Redujo esos límites y los hizo permanentes. Las leyes también terminaron con la inmigración de asiáticos.

El Ku Klux Klan Muchos grupos infundieron temores acerca de los inmigrantes y otros grupos. El peor fue el Ku Klux Klan. El Klan fue fundado después de la guerra civil. Sin embargo estaba casi muerto. En 1915 el Klan comenzó a crecer. Pero ahora se interesaba no sólo en los americanos africanos, sino también en los inmigrantes, los católicos, los judíos y los sindicatos.

Como rompehuelgas, atacaban a los miembros de sindicatos. El Klan atacó a

El prejuicio contra los inmigrantes y los americanos africanos creció durante la década de 1920. Aquí, miembros del Ku Klux Klan desfilan cerca del Capitolio en Washington, D.C.

los inmigrantes. Aterrorizó a los católicos y judíos. Los miembros del Klan mataban a americanos africanos.

En 1923, el Klan estaba en su apogeo. Decía contar con más de cuatro millones de miembros, tanto en el norte como en el sur. Pero el Klan era corrupto. En 1925, fue expuesta la corrupción de los líderes del Klan. La afiliación al Klan comenzó a bajar.

1. ¿Qué fueron las redadas Palmer?
2. ¿Quiénes eran Sacco y Vanzetti?

2 Auge de los Negocios en 1920.
¿Por qué mejoró la economía en la década de 1920?

El presidente Warren Harding prometió un regreso a los tiempos prósperos de antes de la Primera Guerra mundial. Trató de estimular a los negocios del país para que crecieran. Harding redujo los impuestos a la gente rica, argumentando que si los ricos tenían más dinero, lo invertirían en negocios. Por lo tanto, las empresas crecerían y se contrataría a más trabajadores.

Durante el mandato de Harding, el Congreso aprobó una ley que aumentaba los **aranceles**. Un arancel es un impuesto a las importaciones. Esa ley trató de proteger los negocios de EE.UU. de la competencia extranjera.

Mucha de la gente que Harding tuvo en el gobierno era corrupta. Hubo muchos escándalos. En 1923, Harding murió de un ataque al corazón. Su vicepresidente, Calvin Coolidge, ocupó el cargo. Coolidge continuó con los planes económicos de Harding.

Los Rugientes Veintes Entre 1923 y 1929 hubo un auge económico en EE.UU. A este tiempo se le llamó los "Rugientes Veintes". Las industrias americanas crecieron. Los negocios obtuvieron inmensas ganancias. El público consumidor había ahorrado dinero durante años. Ahora lo gastaba.

Había mucho trabajo. Los salarios mejoraron. En 1929, el salario promedio del trabajador había subido. Más gente podía comprar los productos que salían en abundancia de las fábricas de EE.UU.

Una revolución de nuevos productos A finales de los años 1920, el 70 por ciento de los hogares de EE.UU. tenían electricidad. Los americanos ahora podían comprar productos que utilizaban electricidad. Compraron radios y refrigeradores.

También compraron nuevas máquinas, como lavadoras y aspiradoras. El tiempo antes usado para lavar ropa ahora se podía utilizar en otras cosas. Todos estos nuevos productos cambiaron la vida cotidiana de los americanos.

Efectos del automóvil El producto que produjo más cambios en la vida americana fue el automóvil. La línea de ensamble de Henry Ford fabricó autos que la gente podía comprar. La industria del automóvil tuvo un gran despegue. A fines de la década de 1920, uno de cada cinco americanos tenía un auto.

Los automóviles cambiaron la cara de muchas ciudades de EE.UU. en los años 1920. Aquí, los autos atestan una calle de la ciudad de Nueva York.

Una vez que la gente tuvo automóviles, demandó mejores carreteras. La ley federal de carreteras de 1921 motivó la construcción de caminos en EE.UU. La gente podía viajar más fácilmente. Muchos se mudaron de las ciudades a los **suburbios**. Un suburbio es una zona residencial en las afueras de una ciudad.

El automóvil también creó nuevas oportunidades de negocios. Los camiones reemplazaron a los trenes. Las estaciones de gasolina surgieron en todo el país. Moteles y restaurantes se construyeron junto a las principales carreteras.

La "época del jazz" nació con cantantes como Bessie Smith, quienes lo hicieron famoso en todo el mundo.

Riqueza desigual Sin embargo, no todos compartieron esa prosperidad. Aún en años buenos, el 10 por ciento de la fuerza laboral estaba sin empleo.

Ese porcentaje era aún mayor para la gente de color. Un informe de 1926 decía que la mayoría de los americanos nativos era "extremadamente pobres". Algunos americanos africanos habían encontrado trabajo en tiempos de guerra en las fábricas del norte y del medio oeste, pero con frecuencia perdieron el empleo cuando regresaron los soldados blancos. A principios de 1920, aumentó

la discriminación contra los americanos mexicanos.

3 Cambian las Formas de Vida.

¿Cómo cambió la cultura americana en la década de 1920?

La cultura americana cambió en los años de 1920. Era la **época del jazz**. El jazz fue creado por americanos africanos

1. Nombra tres cambios en las vidas de los americanos durante la década de 1920.
2. ¿Qué grupos no compartían la prosperidad de los años 1920?

en Nueva Orleáns, en la década de 1880. Unía los ritmos del oeste de Africa y los blues de los americanos africanos. Los músicos americanos africanos hicieron famoso al jazz. Pronto la gente de todo el país bailaba esta música en hoteles, clubes y salones de baile.

El jazz causó un gran debate. La gente lo amaba o lo odiaba. Capturó los corazones de mucha gente joven. Para ellos el jazz representaba el espíritu libre y el amor a la diversión de la juventud. El jazz se convirtió en un símbolo de la cultura americana en la década de 1920.

Diversión y juegos Después de la Primera Guerra mundial, muchos americanos sólo querían divertirse. Cines, deportes y otros entretenimientos ocupaban la mente de la gente.

En los años 1920, el cine se volvió parte de la vida cotidiana. Actores como Rodolfo Valentino, Douglas Fairbanks y

Mary Pickford tenían millones de admiradores. En 1927 se estrenó *El Cantante de Jazz*, la primera película sonora. En 1920, 50 millones de americanos iban al cine cada semana. Para 1930, el número había aumentado a 100 millones.

También aumentó la asistencia a los deportes. El béisbol se hizo importante. Grandes atletas como Babe Ruth convocaban grandes multitudes. En 1927, Ruth logró un récord en el béisbol. Bateó 60 jonrones en una sola temporada. Millones de personas asistían al fútbol americano colegial en el otoño. Las competencias de campo y pista también eran populares. Las mujeres atletas se volvieron famosas. En 1926, los americanos celebraron cuando Gertrude Ederle fue la primera mujer que atravesó nadando el canal de la Mancha.

Adoración por los héroes   El gran héroe de la época fue Charles Lindbergh. En 1927, Lindbergh voló solo de Nueva York a París. Fue el primero en cruzar solo el Atlántico por aire.

Lindbergh fue bienvenido con un gran desfile en Nueva York. Se le impuso su nombre a muchos bebés. Se escribieron canciones acerca de él. La gente creó un nuevo baile, "el Lindy", en su honor.

Cambios para las mujeres   Para muchas mujeres jóvenes, los años 1920 trajeron nuevas libertades. Las faldas y cabelleras largas pasaron de moda. A estas nuevas mujeres se les llamaba *flappers*. Usaban faldas cortas y medias de seda, con la cabellera corta. Usaban maquillaje. Mucha gente consideraba indignante esa moda.

Pero también hubo cambios más profundos. Las mujeres en la década 1920 tenían nuevos papeles. Después de la guerra más mujeres trabajaban fuera de su casa. Se volvieron mecanógrafas y secretarias. Las tiendas por departa-

mentos las contrataban como vendedoras. Algunas mujeres abrieron sus propios negocios. Mujeres con educación universitaria se hicieron profesoras y trabajadoras sociales.

Las mujeres también obtuvieron derechos políticos. En 1920, la décimo novena enmienda les dio el derecho a votar. En 1924, dos mujeres fueron elegidas gobernadoras: Miriam Ferguson en Texas y Nellie Tayloe Ross en Wyoming.

La Prohibición   En 1919, los estados aprobaron la décimo octava enmienda. Esta **prohibía** la fabricación y venta del alcohol. Prohibir significa declarar ilegal algo. Las compañías fa-

La década de 1920 trajo nuevas libertades a las mujeres. Aquí, tres *flappers* en Harlem, vestidas con faldas cortas, tacones altos y pelo corto.

bricantes de alcohol cerraron. Los bares cerraron. EE.UU. estaba en época de "seca".

Se debatió fuertemente la **prohibición**. Millones de americanos ignoraron la ley. Se abrieron *speakeasies*, o bares ilegales. La gente fabricaba alcohol clandestinamente. Las pandillas empezaron a contrabandear y vender alcohol. Los gángsters controlaban la mayoría de los *speakeasies*. Ganaron miles de millones de dólares. Para 1933 era evidente que

la prohibición no daba resultado. La décimo octava enmienda fue derogada. Fue el final de una era.

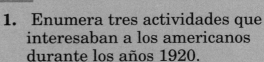

1. Enumera tres actividades que interesaban a los americanos durante los años 1920.
2. ¿Cómo cambiaron los papeles de la mujer en la década de 1920?

CAPÍTULO 11
IDEAS CLAVE

- Después de la Primera Guerra mundial, muchos americanos temían a los inmigrantes y los comunistas.
- Nuevos productos surgían de las fábricas de EE.UU. Estos productos y políticas hicieron de la década de 1920 una época de gran prosperidad.
- En la época del jazz muchos americanos se dedicaron a divertirse. El papel de la mujer cambió. La prohibición hizo que mucha gente quebrantara la ley.

I. Repasar el Vocabulario

Une cada palabra de la izquierda con su definición correcta.

1. prohibir
2. cuota
3. arancel
4. suburbio

   a. un límite
   b. impuesto sobre las importaciones
   c. zona residencial en las afueras de una ciudad
   d. declarar ilegal algo

II. Entender el Capítulo

1. ¿Qué límites fueron impuestos a la inmigración en los años 1920?
2. ¿Cómo trató de mejorar la economía el presidente Harding?
3. ¿Qué nuevos productos se fabricaron en EE.UU. en los años 1920?
4. ¿Cómo se entretenían los americanos en la década de 1920?

III. Desarrollo de Habilidades: Sacar Conclusiones

Redacta una conclusión razonable sobre los siguientes hechos.

1. En la década de 1920, medio millón de personas fueron arrestadas por quebrantar la prohibición.
2. En 1929 las plantas de electricidad de EE.UU. produjeron 19 veces más electricidad que en 1902.

IV. Escribir Acerca de la Historia

1. **¿Qué hubieras hecho?** ¿Si fueras un inmigrante en 1920, te cambiarías el nombre como hizo Giovanni Lagomarsino? Explica.
2. Escribe un artículo cubriendo un hecho de este capítulo para una revista de la década de 1920. Asegúrate de contestar las preguntas: *Quién, qué, cuándo, dónde, por qué y cómo.*

V. Trabajar Juntos

1. Elaboren una revista usando los artículos que escribieron para Escribir Acerca de la Historia. Incluyan anuncios de productos que aparecieron primero en los años 1920, como la radio. Elaboren una portada.
2. **Del Pasado al Presente** En 1927, Lindbergh cruzó el Atlántico. En un grupo, discutan la importancia de los aviones en la vida actual. Den cuatro razones de la importancia de los aviones.

La Cultura Americana Africana Prospera. (1919-1929)

¿En qué forma expresaron su sentido de orgullo los americanos africanos en los años 1920?

Esta marcha silenciosa de americanos africanos en 1917 desfiló por la Quinta Avenida en Nueva York, en protesta contra el linchamiento, la discriminación y la segregación.

Buscando los Términos Clave

- nacionalismo negro • Renacimiento de Harlem

Buscando las Palabras Clave

- **víctima:** alguien que ha sido herido o resultó muerto
- **renacimiento:** volver a nacer
- **autobiografía:** historia de la propia vida escrita por uno mismo

SUGERENCIA DE

Mientras lees el capítulo, contesta las preguntas quién, qué, cuándo, dónde y por qué acerca del Renacimiento de Harlem.

ESTUDIO

Después de la Primera Guerra mundial, los americanos africanos empezaron a ocuparse de la discriminación. W.E.B. DuBois exhortó a los americanos africanos a luchar firmemente. Esa batalla pronto se volvió dura.

1 Marcus Garvey Exalta el Nacionalismo Negro.

¿Por qué se sintieron atraídos los americanos africanos por el programa de Marcus Garvey?

La gran migración había dejado su marca. La población americana africana de las ciudades en el norte y medio oeste aumentó constantemente.

Algunos blancos rechazaban a estos nuevos vecinos. A muchos blancos les preocupaba que los americanos africanos les quitaran sus trabajos. Otros blancos no querían a los americanos africanos en sus vecindades. Las tensiones entre los dos grupos crecieron. Luego, en 1919, comenzaron disturbios raciales en toda la nación.

Durante ese verano, las **víctimas** aumentaron. Una víctima es alguien herido o muerto. Seis personas murieron y 150 fueron heridas en Washington, D.C. El saldo en Chicago fue 38 muertos y 537 heridos. Para fines del año, los disturbios raciales se habían extendido a 25 ciudades y pueblos de EE.UU.

El Klan   El Ku Klux Klan amenazaba a los americanos africanos. Por la noche, los jinetes del Klan atacaban a los americanos africanos en sus casas. El número de linchamientos, que había bajado durante la Primera Guerra mundial, subió de nuevo.

Una nueva vida   Los americanos africanos estaban cansados de esos ataques. Algunos se defendieron con la fuerza. Otros querían encontrar soluciones políticas. Los miembros de la NAACP trataron de cambiar las leyes. Sin embargo, una cosa era cierta. Había que hacer algo acerca de la discriminación contra los americanos africanos.

W.E.B DuBois se esforzó para que los americanos africanos honraran sus raíces africanas. DuBois creía que la gente de origen africano tenía intereses comunes. Debería unirse para luchar por la libertad. Esta lucha se libraría tanto en EE.UU. como en el extranjero.

Los comienzos de un movimiento Las raíces africanas inspiraron a otro dirigente americano africano, Marcus Garvey. Fue uno de los líderes más importantes de su época.

Cuando era joven, Garvey viajó a Europa y las Américas. A los 25 años, fue a Londres. Allí conoció académicos y pensadores africanos. Le enseñaron acerca de su rica herencia africana.

Luego, en 1914, fundó la Asociación Universal de Mejoría Negra (UNIA, en sus siglas en inglés). Su objetivo era la independencia económica, política y cultural de los americanos africanos.

En 1916, Garvey abrió una sucursal en Harlem, el barrio americano africano de Nueva York. Impulsó el primer movimiento nacionalista negro poderoso en EE.UU. El **nacionalismo negro** es la creencia de que la gente de origen africano debería estar orgullosa de ser negra y de sus raíces africanas. La UNIA creció rápidamente. Para 1920, decía contar con cuatro millones de miembros.

El trabajo de la UNIA   La UNIA apoyaba la cultura americana africana. Su periódico, *El Mundo Negro*, publicaba artículos acerca de líderes ameri-

Los seguidores de Marcus Garvey, como éstos, valorizaron la herencia africana y creyeron en el nacionalismo negro. La meta de Garvey fue la independencia económica, política y cultural.

canos africanos. Estas notas generalmente no se publicaban en los periódicos para blancos.

La UNIA también abogó por la independencia económica. En 1919, Garvey fundó una compañía de barcos a vapor, la Black Star Line. Esperaba desarrollar relaciones comerciales entre Africa y personas de ascendencia africana en todo el mundo.

El derrumbe de un movimiento

Después ocurrió un desastre. Comenzaron los rumores. La gente decía que la Black Star Line tenía problemas financieros. Era verdad. Garvey era un mal administrador. Dejó a otros manejar el negocio. Gastaron grandes cantidades en barcos viejos y tripulaciones mal capacitadas.

El gobierno de EE.UU. investigó a la Black Star Line. En 1922 Garvey fue arrestado por fraude. No se comprobó que Garvey tuvo intención de cometer un delito. Aun así, fue declarado culpable. Se le sentenció a cinco años en prisión. El presidente Coolidge liberó a Garvey después de dos años. Luego fue deportado de EE.UU.

Sin Garvey, la UNIA se desintegró. Sin embargo, el nacionalismo negro no desapareció. Los americanos africanos respetaban el trabajo de Garvey. Había comenzado un movimiento para unir a todos los americanos africanos.

Durante los años 1920, este orgullo americano africano se expresó en nuevas formas. En Harlem hubo un

1. ¿Qué es el nacionalismo negro?
2. Indica dos maneras en que la UNIA trató de lograr sus objetivos.

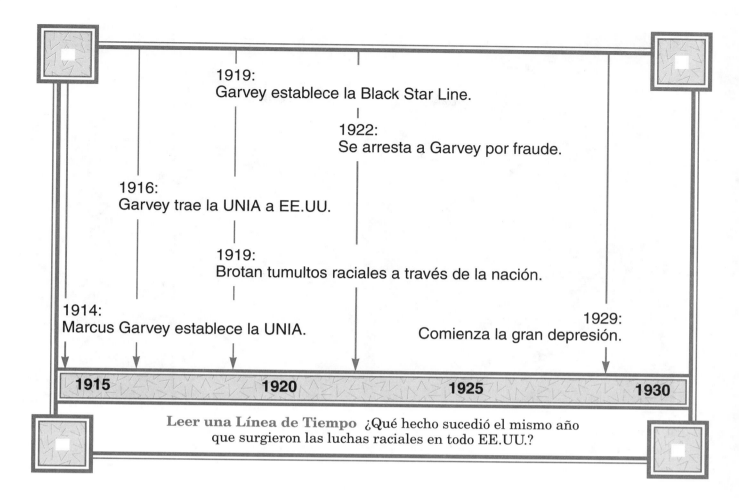

1919:
Garvey establece la Black Star Line.

1922:
Se arresta a Garvey por fraude.

1916:
Garvey trae la UNIA a EE.UU.

1919:
Brotan tumultos raciales a través de la nación.

1914:
Marcus Garvey establece la UNIA.

1929:
Comienza la gran depresión.

| 1915 | 1920 | 1925 | 1930 |

Leer una Línea de Tiempo ¿Qué hecho sucedió el mismo año que surgieron las luchas raciales en todo EE.UU.?

surgimiento explosivo del arte y la cultura americana africana.

2 Los Americanos Africanos Crean el Renacimiento de Harlem.

¿Cuáles fueron las contribuciones de los artistas del renacimiento de Harlem?

Era sábado por la noche en la ciudad de Nueva York. Los taxis y las limosinas se dirigían al norte de la ciudad. Cientos de personas blancas se apresuraban al lugar más de moda de la ciudad, Harlem. Era el lugar en que había que estar. Multitudes de blancos escuchaban jazz en el Club Catagonia. Bailaban el charleston en el Savoy. Harlem en la década de 1920 era un lugar vibrante, extraordinario.

La capital americana africana del mundo La gran migración había cambiado Nueva York al norte de la Calle 110. Harlem era el hogar de más de 100,000 americanos africanos. En los años 1920 era la comunidad americana africana más grande de todo el país.

En los años 1920, Harlem fue un centro cultural de la gente de ascendencia africana. Los principales líderes americanos africanos, como W.E.B. DuBois y Marcus Garvey, vivían allí. La NAACP y la Liga Urbana Nacional tenían sus oficinas centrales en Nueva York. Ser parte de la comunidad de Harlem daba a los americanos africanos un sentimiento de poder y orgullo.

W.E.B. DuBois parado a la derecha de la oficina editorial de *La Crisis*. DuBois fue uno de los fundadores de la NAACP y fue por mucho tiempo editor de la revista *La Crisis*.

Renace la cultura   Harlem era también el corazón de un nuevo movimiento creativo. Era el **renacimiento de Harlem**. Un renacimiento significa volver a nacer. El renacimiento de Harlem era el renacer de la cultura americana africana. Por primera vez, los blancos apreciaban el arte y la literatura americana africana.

Escritores, artistas y músicos americanos africanos llegaron a Harlem en los años 1920. *La Crisis*, la revista de la NAACP, ofrecía premios en efectivo por artículos excelentes, así como lo hacía *La Oportunidad* de la Liga Urbana.

Aún más importante, en Harlem los artistas americanos africanos podían encontrarse e intercambiar ideas. Eso creó un sentimiento de entusiasmo y esperanza. Surgieron muchos nuevos talentos. Algunos trabajaron con temas comunes como el amor, la infancia y el dolor. Sin embargo, muchos tenían un nuevo enfoque. Exploraban cómo era ser americano africano. La cultura americana africana inspiró su trabajo.

Escritores   Los escritores americanos africanos adquirieron fama en los años 1920. Crearon una gran literatura. Muchos analizaron el racismo y los prejuicios. Compartieron el dolor de la discriminación con sus lectores. También compartieron su visión del orgullo americano africano. Novelas, cuentos, obras teatrales y poesía surgieron de los escritores de Harlem.

Zora Neale Hurston coleccionó cuentos folklóricos americanos africanos. También escribió sus propios cuentos, novelas y una **autobiografía**, "Huellas de polvo en un camino." Una autobiografía es la historia de la vida de uno, escrita por uno mismo. Sus obras hablan del orgullo de ser americana africana.

Langston Hughes fue uno de los más grandes escritores del renacimiento de Harlem. Captó el espíritu de la música americana africana, especialmente el jazz y los blues, en su obra. Escribió fic-

Langston Hughes fue uno de los grandes escritores del renacimiento de Harlem. Su poesía expresó el deseo de igualdad.

ción, autobiografías, obras teatrales, y guiones de cine. Pero se le conoció mejor por su poesía. Un poema famoso de Hughes fue "Yo, también, canto América". En él, demandaba la igualdad para los americanos africanos.

Artistas   Pintores y escultores también formaron parte del renacimiento de Harlem. Muchos sacaron su inspiración de Africa y de la historia americana africana. Aaron Douglas creó murales. Usó ideas de la escultura africana. Hale Woodruff fue otro pintor de murales.

Músicos   En los años 1920 la música americana africana se volvió muy popular. En 1922, Louis Armstrong trajo su corneta de Nueva Orleáns a Chicago. Sus brillantes interpretaciones cambiaron para siempre la música de EE.UU. Algunas personas marcan ese hecho como el principio de la era del jazz.

Pronto, clubes, salones de baile y teatros se llenaron en Harlem. En todos ellos, los músicos americanos africanos tocaban jazz y blues. Los grandes del jazz como Fats Waller y Duke Ellington atraían grandes multitudes. Se volvieron famosos en todo el mundo.

Muchos músicos americanos africanos tuvieron gran éxito. El compositor William Grant Still escribió óperas, ballets, y música para cine. Bessie Smith fue llamada la "emperatriz de los blues". Su grabación de 1923 "Blues del corazón apenado" vendió más de dos millones de copias.

Intérpretes   Paul Robeson fue uno de los más grandes cantantes de su época. También fue un actor famoso. Robeson emocionaba al público en el papel de Otelo de Shakespeare. Robeson se expresó en favor de los derechos civiles de los americanos africanos. Esto le creó poderosos enemigos. El

Departamento de Estado de EE.UU. lo llamó "uno de los hombres más peligrosos del mundo". Le quitaron su pasaporte, fue obligado a vivir en el extranjero. Ni las estrellas del renacimiento de Harlem podían huir de la discriminación.

Los artistas americanos africanos continuaron su obra después de los años 1920. Pero el renacimiento de Harlem no sobrevivió a la década. El auge económico de la década de 1920 terminó. En 1929, la nación se hundió en la pobreza. Los americanos africanos sufrieron con el resto del país.

1. Nombra dos escritores del renacimiento de Harlem.
2. ¿Quién fue Paul Robeson?

CAPÍTULO 12
IDEAS CLAVE

- Marcus Garvey fomentó el nacionalismo negro. Atrajo a miles de seguidores.
- Durante el renacimiento de Harlem, los artistas americanos africanos produjeron grandes obras. Muchos expresaron orgullo en su cultura americana africana.

I. Repasar el Vocabulario

Une cada palabra o palabras de la izquierda con la definición correcta.

1. nacionalismo negro
2. renacimiento
3. autobiografía
4. Renacimiento de Harlem

a. período en los años 1920 en que floreció la literatura y el arte americano africano

b. la historia de uno, escrita por uno mismo

c. el orgullo americano africano por sí mismo y por sus raíces africanas

d. volver a nacer

II. Entender el Capítulo

1. ¿Por qué surgieron luchas raciales en muchas ciudades de EE.UU. en 1919?
2. ¿Cuál era el objetivo de la UNIA?
3. ¿Cuál fue el mayor logro de Garvey?
4. ¿Por qué fueron atraídos a Harlem los artistas americanos africanos en la década de 1920?

III. Desarrollo de Habilidades: Encontrar la Idea Principal

1. ¿Cuál es la idea principal en "Los comienzos de un movimiento", en la Sección 1?
2. ¿Cuál es la idea principal en "La capital americana africana del mundo", en la Sección 2?

IV. Escribir Acerca de la Historia

1. Marcus Garvey murió en 1940. Escribe una necrología, un artículo que analice su vida, que podría haber sido publicado en un periódico de Harlem.
2. **¿Qué hubieras hecho?** ¿Te hubieras expresado por los derechos civiles de los americanos africanos como lo hizo Paul Robeson? Explica.

V. Trabajar Juntos

1. Formen un grupo pequeño. Escriban las palabras "Renacimiento de Harlem" en la parte superior de la hoja. Luego por turno escriban hechos acerca del renacimiento de Harlem en el papel. Sigan pasando la hoja hasta que ya no puedan agregar más información.
2. **Del Pasado al Presente** Con un grupo, elaboren una lista de escritores, artistas o músicos de hoy que analizan lo que es ser actualmente americano africano.

SE INICIA UNA GRAN DEPRESIÓN. (1929-1933)

¿Qué efecto tuvo la gran depresión sobre el pueblo americano?

En la gran depresión, miles de trabajadores perdieron sus empleos. Muchos tuvieron que hacer fila en las calles para recibir pan y otras comidas.

Buscando los Términos Clave

- Gran depresión • *Dust Bowl* • *Okies*
- *Arkies* • Villas Hoover

Buscando las Palabras Clave

- **bolsa de valores:** un centro donde se venden y compran acciones de empresas
- **depresión:** fuerte baja en la economía
- **cola del pan:** fila donde las personas aguardan para recibir comida
- **repatriación:** enviar a una persona de regreso a su país

La gran depresión fue la peor crisis económica en la historia de EE.UU. Gente de clase media, e inclusive gente rica, se hundió en la pobreza. Aquellos que ya eran pobres tuvieron aún más problemas para sobrevivir. Una canción triste se convirtió en el símbolo de la nueva era: "¿Hermano, puedes darme diez centavos?" Era un eco para millones de americanos:

"Una vez construí un ferrocarril, lo hice andar
Corría contra el reloj.
Una vez construí un ferrocarril, ahora está terminado
¿Hermano, puedes darme diez centavos?"

1 Millonás de Personas Están Sin Trabajo.

¿Como sobrevivía la gente durante la gran depresión?

El martes 24 de octubre de 1929, se desplomó la **bolsa de valores** de Nueva York. Una bolsa de valores es un centro de operaciones donde se venden y compran acciones de empresas. Cuando los precios de las acciones suben, las personas que las tienen ganan dinero. Cuando bajan, lo pierden.

Durante la mayor parte de la década de 1920, subieron los precios de las acciones. Muchas personas compraron acciones con dinero prestado. Si alguna vez bajaban los precios de las acciones, esas personas no tendrían dinero para pagar sus deudas.

De repente, el 24 de octubre de 1929, los precios de las acciones bajaron.

Cayeron tan rápidamente que los accionistas perdieron más de 3,000 millones de dólares. Nunca habían sido tan grandes las pérdidas. La gente llamó al 24 de octubre "jueves negro".

El martes 29 de octubre los precios de las acciones volvieron a caer. Las pérdidas fueron aún peores que las de unos días antes. Después de octubre de 1929, las acciones continuaron cayendo durante casi cuatro años. Para 1932, miles de americanos habían perdido gran parte de su dinero.

La Gran Depresión   La caída de la bolsa de valores marcó el comienzo de la **gran depresión**. Una depresión es una fuerte baja de la economía. Sin embargo, el desplome no fue la única causa de la depresión. Gran parte de la economía de Estados Unidos ya estaba en problemas para octubre de 1929.

La caída de la bolsa de valores de octubre de 1929 fue el golpe final que desbarató la débil economía de EE.UU. Entre 1929 y 1932, cerraron más de 5,000 bancos. Los bancos habían prestado dinero a personas y a empresas. Nadie podía pagar sus deudas. Millones de personas perdieron todo su dinero. Cerraron más de 100,000 empresas. A medida que la depresión se extendía, millones de personas perdían sus empleos. Para 1932, aproximadamente 12 millones de trabajadores en EE.UU. estaban desempleados. Era casi una cuarta parte de la fuerza laboral.

Desempleados y desamparados Durante los años 1930, millones de personas vagaban por las calles de las ciu-

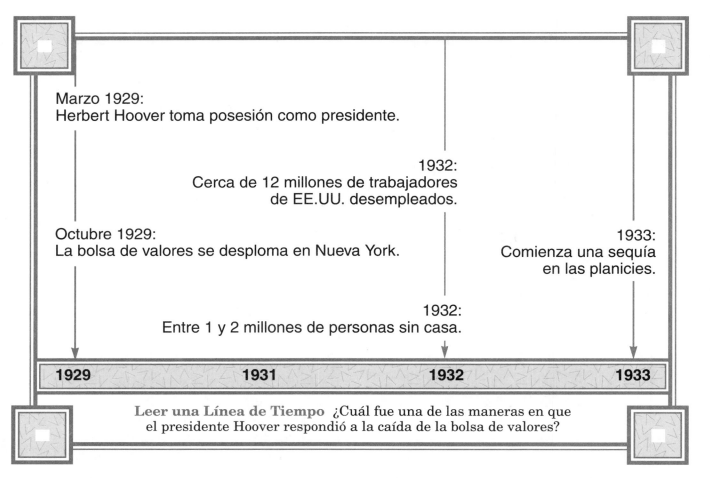

Marzo 1929:
Herbert Hoover toma posesión como presidente.

1932:
Cerca de 12 millones de trabajadores
de EE.UU. desempleados.

Octubre 1929:
La bolsa de valores se desploma en Nueva York.

1933:
Comienza una sequía
en las planicies.

1932:
Entre 1 y 2 millones de personas sin casa.

| 1929 | 1931 | 1932 | 1933 |

Leer una Línea de Tiempo ¿Cuál fue una de las maneras en que el presidente Hoover respondió a la caída de la bolsa de valores?

dades buscando trabajo. Miles viajaban de estado a estado en los furgones de los ferrocarriles tratando de encontrar un empleo.

Otros simplemente caminaban de pueblo en pueblo. Pocos encontraban trabajo. Para principios de los años 1930, un millón de neoyorquinos estaba desempleados. En Chicago, había 660,000 desempleados.

Después de haber perdido sus empleos, muchas personas también perdieron sus hogares. Pronto, aparecieron en las ciudades de EE.UU. chozas construidas por los desamparados. Esas chozas estaban construidas de cartón, pedazos de metal, cajas y papel de alquitrán. La gente amargamente llamaba a esas viviendas precarias **villas Hoover**, por el presidente Herbert Hoover. Los americanos estaban enfadados porque no daban resultado las medidas del presidente Hoover contra la depresión.

Otras personas vivían donde podían encontrar refugio. Vivían en cañerías cloacales en desuso, bajo los puentes, en los metros, en los parques públicos y hasta en cuevas. Para 1932, había entre uno y dos millones de americanos sin hogar.

El hambre era aún más común que el desamparo. Millones de personas tenían apenas suficiente dinero para comprar comida. Aquellos que no tenían dinero recurrían a la caridad. Las iglesias y otras instituciones caritativas abrieron cocinas en las ciudades para proveer comida a los hambrientos. Todos los días, miles de personas hambrientas aguardaban en las **colas de pan** para recibir un poco de comida.

Vida familiar   La depresión también debilitó la confianza del pueblo americano. Los padres que ya no podían dar de comer a sus familias se culpaban a sí mismos. Muchos de ellos no podían vivir con sus familias y se fueron de casa. Para 1940, más de 1.5 millón de hombres habían dejado a sus esposas. Los niños huian frecuentemente de casa para que sus padres no tuvieran que darles de comer. Aproximadamente 250,000 niños abandonaron sus hogares y vagaron por todo el país.

Aún así, la mayoría de las familias pudieron mantenerse juntas. Padres, madres y niños trabajaron en cualquier cosa para ayudar a la familia. Las personas con casas o apartamentos aceptaron pensionistas para poder pagar los gastos. Quienes tenían jardines plantaron verduras. Los habitantes de las ciudades cultivaron plantas alimenticias en los lotes baldíos. Muchas esposas

Los desamparados dormían en chozas construidas de latón, cartón y trozos de madera. ¿Por qué se les llamaba "villas Hoover"?

ganaban un poco de dinero extra fabricando y vendiendo panes, pasteles o ropa. Millones de familias aprendieron a vivir con lo que tenían. Sobrevivieron a la depresión.

---

1. ¿Qué hecho marcó el comienzo de la gran depresión?
2. ¿Qué eran las villas Hoover?

2 La Depresión Golpea Más Fuerte a Algunos.

¿Cómo fueron afectados por la depresión los americanos africanos, americanos mexicanos y otros?

Durante la década de 1920, más de 800,000 americanos africanos abandonaron sus hogares en el sur y se mudaron a ciudades norteñas. (Ver capítulo 3.) Muchos perdieron sus empleos cuando surgió la depresión. Por ser los últimos que habían sido empleados, los americanos africanos generalmente eran los primeros en ser despedidos.

Los pocos empleos disponibles se destinaban frecuentemente a los blancos desempleados. La discriminación reducía aún más las probabilidades de encontrar trabajo para los americanos africanos. Para 1932, la proporción de desempleo entre los americanos africanos era del 50 por ciento, lo que representaba el doble del promedio nacional.

Los americanos africanos que pudieron mantener su empleo durante la depresión también sufrieron. Así como ocurrió con americanos de muchos otros grupos, a los americanos africanos con trabajo se les rebajaron sus sueldos. En algunos casos, les bajaron los sueldos a la mitad.

La vida en el sur La mayoría de los americanos africanos aún vivía en el sur durante los años 1930. Muchos eran aparceros que pagaban a sus terratenientes una parte de su cosecha como alquiler. Esos granjeros vivían en la pobreza aun durante los buenos tiempos.

La cosecha más importante de los aparceros era el algodón. Pero durante la depresión el precio del algodón bajó sustancialmente. Se volvió imposible ganarse la vida trabajando la tierra. A principios de la década de 1930, el ingreso promedio de los campesinos americanos africanos del algodón era menos de $200 al año.

Algunos aparceros americanos africanos se mudaron a las ciudades norteñas buscando empleo. Pocos de ellos encontraron trabajo. Sin embargo, organizaciones americanas africanas ayudaron a los desempleados. Las iglesias habilitaron comedores públicos y dieron ropa a los necesitados. La Liga Nacional Urbana proveía comida, ropa y atención médica.

La depresión aumentó la discriminación en Estados Unidos. Sin embargo, también hubo ejemplos de cooperación entre blancos y americanos africanos. En Arkansas, los aparceros negros y blancos organizaron el Sindicato de Aparceros del Sur. El sindicato luchó para obtener mejores condiciones de los terratenientes.

Los trabajadores de campo americanos mexicanos sufrieron mucho durante la depresión. Cuando los trabajadores migratorios fueron a huelga, el Estado mandó policías en vez de comida.

Trabajadores migratorios mexicanos Los trabajadores migratorios mexicanos también sufrieron muchas penurias durante la depresión. Más de un millón de mexicanos vinieron a Estados Unidos durante la década de 1920. Cuando comenzó la depresión, muchos perdieron sus empleos.

Algunos mexicanos que perdieron sus empleos decidieron regresar a México. Otros, sin embargo, fueron mandados a casa por la fuerza. El gobierno federal llamó **repatriación** a la política de expulsar a los mexicanos de Estados Unidos. Repatriación quiere decir mandar a una persona de regreso a su país de origen.

En conjunto, fueron repatriados aproximadamente 400,000 mexicanos.

Algunos de aquellos enviados a México eran niños que habían nacido en Estados Unidos. Esto significa que eran ciudadanos de EE.UU. cuando el gobierno los mandó a México.

Okies y Arkies La depresión obligó a otro grupo a mudarse. Estas personas provenían de las planicies de Oklahoma, Arkansas, Kansas, Texas y Missouri. La tierra en esta región había sido utilizada mucho para la cultivos y pastoreo. Una terrible sequía comenzó en 1933. Fuertes vientos transportaron gigantescas cantidades de tierra seca a través de las planicies. Las tormentas de polvo eran tan grandes que bloqueaban el sol. La gente llamaba a la región de sequía el

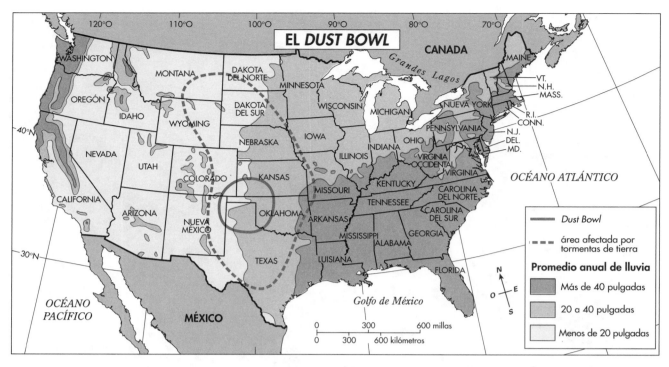

EL DUST BOWL

Leer un Mapa ¿Qué estados abarcaba en el *Dust Bowl*? ¿Fueron peores las tormentas de polvo en áreas con más de 40 pulgadas de lluvia al año, o en áreas con menos de 20 pulgadas de lluvia?

Dust Bowl, o tazón de polvo. (Ver mapa en esta página.)

Muchos granjeros en el *Dust Bowl* tuvieron que abandonar sus fincas. Cientos de miles viajaron al oeste hacia California en busca de trabajo. Familias enteras se encaramaban con sus pertenencias en automóviles antiguos que se descomponían con frecuencia. Las familias sin auto se subían a los trenes de carga o se encaramaban en autobuses. Porque muchos de los trabajadores migratorios provenían de Oklahoma y Arkansas, la gente los llamó **"Okies"** o **"Arkies"**.

Los *Okies* y *Arkies* que viajaban hacia el oeste frecuentemente sufrían discri-minación. Un letrero en la carretera a California decía: "NO HAY TRABAJO en California. . . SI UD. está buscando trabajo: MANTENGASE FUERA".

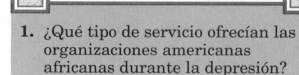

1. ¿Qué tipo de servicio ofrecían las organizaciones americanas africanas durante la depresión?
2. ¿Quiénes eran los *Okies* y los *Arkies*?

3 El Gobierno No Actúa.

¿Por qué se rehusó el presidente a ayudar a los necesitados?

Herbert Hoover tomó posesión como presidente en enero de 1929. Antes había tenido mucho éxito en los negocios y en el servicio público. Cuando tomó posesión, Hoover dijo que el futuro de Estados Unidos "brillaba de esperanza". Como muchos otros, no podía predecir la crisis económica que vendría en menos de un año.

Herbert Hoover   El presidente Hoover estaba en contra de la ayuda gubernamental para los necesitados. Temía que tal ayuda haría que las personas se fiaran del gobierno en lugar de confiar en sí mismas. Eso quitaría a los americanos su espíritu independiente.

Las creencias de Hoover fueron la razón por la cual el gobierno federal no actuó rápidamente para luchar contra la depresión. Otra razón era que el presidente no entendía la gravedad de la situación. Pocos americanos la entendían, ya que el país nunca había pasado por algo como la gran depresión. En 1930, Hoover creía que Estados Unidos había "pasado lo peor". El presidente estaba errado. La situación empeoraba cada día que pasaba.

Hoover y la depresión   En 1930, el gobierno comenzó proyectos de obras para dar empleo a la gente. El proyecto más grande era la gigantesca presa Hoover, sobre el río Colorado.

En 1932, Hoover convenció al Congreso de que estableciera una agencia para dar préstamos a los bancos, empresas de ferrocarriles y compañías de seguros de vida. Hoover esperaba que estos préstamos pasarían a otras empresas. Eso les ayudaría a mantenerse y contratar a nuevos trabajadores. La agencia ayudó un poco, pero no lo suficiente. Cuando terminó la presidencia de Hoover en marzo de 1933, la gran depresión seguía tan mal como nunca.

1. ¿En qué año se convirtió en presidente Herbert Hoover?
2. ¿Qué hizo Hoover para tratar de ayudar a la economía?

CAPÍTULO 13
IDEAS CLAVE

- En octubre de 1929, se desmoronó la débil economía de EE.UU. Esto marcó el comienzo de la gran depresión.

- Millones de americanos perdieron sus empleos y sus hogares durante la gran depresión. Los americanos africanos, los americanos mexicanos y la gente del llamado *Dust Bowl* fueron algunos de los grupos más afectados.

- El presidente Hoover pensó al principio que la gran depresión terminaría sin ayuda del gobierno. Sus intentos para acabar con la depresión no dieron resultado.

I. Repasar el Vocabulario

Une cada palabra o palabras de la izquierda con la definición correcta.

1. depresión
2. cola del pan
3. repatriación
4. bolsa de valores

a. enviar a una persona de regreso a su país de origen
b. fila donde las personas aguardan para recibir comida gratis
c. un centro donde se comercian acciones de empresas
d. fuerte baja económica

II. Entender el Capítulo

1. ¿Por qué llevó la caída de la bolsa de valores a la gran depresión?
2. ¿Qué efecto tuvo la depresión sobre la vida familiar en EE.UU.?
3. ¿Cómo agravó la sequía que comenzó en 1933 los problemas causados por la depresión?
4. ¿Por qué actuó lentamente el presidente Hoover contra la depresión?

III. Desarrollo de Habilidades: Analizar los Tiempos

1. ¿Qué ocurrió primero: la caída de la bolsa de valores o el comienzo de la sequía?
2. ¿Qué hizo primero el presidente Hoover: construir la presa Hoover, o establecer una agencia para prestar dinero a las empresas?

IV. Escribir Acerca de la Historia

1. **¿Qué hubieras hecho?** Eres un aparcero americano africano en el sur. ¿Te quedarías en el sur o te mudarías al norte?
2. Imagínate que estás a punto de entrevistar al presidente Hoover acerca de la depresión. Elabora una lista de por lo menos cinco preguntas que le harías en tu entrevista.

V. Trabajar Juntos

Del Pasado al Presente Como has leído, muchas personas se quedaron sin casa durante la gran depresión. Hoy en día, también existen muchas personas sin casa en EE.UU. Con un grupo de compañeros, discutan las maneras en que su comunidad ofrece ayuda a los desamparados.

EL NUEVO ACUERDO TRAE NUEVAS ESPERANZAS. (1933-1938)

¿Cómo afectó el Nuevo Acuerdo a Estados Unidos?

El presidente Roosevelt llamó a sus mensajes por radio "charlas hogareñas". Eran discursos informales que alegraron a millones de radioescuchas americanos.

Buscando los Términos Clave

- Cien días • Administración de Recuperación Nacional (NRA)
- Autoridad del Valle de Tennessee (TVA) • Ley del seguro social
- bienestar social

Buscando las Palabras Clave

- **charla hogareña:** charla por radio que daba el presidente Roosevelt a la nación
- **seguro de desempleo:** un sistema bajo el cual el gobierno hace pagos a las personas que pierden sus empleos
- **seguro social:** política gubernamental que provee pensiones a personas jubiladas

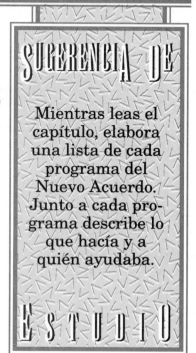

SUGERENCIA DE

Mientras leas el capítulo, elabora una lista de cada programa del Nuevo Acuerdo. Junto a cada programa describe lo que hacía y a quién ayudaba.

ESTUDIO

El 12 de marzo de 1933 cerca de 60 millones de americanos estaban atentos a sus radios. Estaban a punto de escuchar a su nuevo presidente, Franklin Delano Roosevelt.

Roosevelt estaba llevando a cabo cambios. Uno de esos cambios era hablarle al pueblo americano de una nueva manera. El presidente Roosevelt decidió hablarle a los americanos en informales **charlas hogareñas**. La voz del presidente era calmada y reconfortante. Por primera vez desde que había comenzado la depresión, el pueblo americano tenía esperanzas

1 Roosevelt Lanza el Nuevo Acuerdo.

¿Qué pasos dio el presidente Roosevelt para acabar con la depresión?

Franklin Delano Roosevelt era primo distante del ex presidente Theodore Roosevelt. Franklin admiraba a su primo. Siguió su ejemplo al entrar en la política.

Otra influencia importante sobre Roosevelt era su esposa. Eleanor Roosevelt tenía opiniones sólidas acerca de los problemas que afectaban a EE.UU. Abogaba por los pobres y los que sufrían por causa de la discriminación.

En 1921, ocurrió un hecho penoso. Franklin sufrió una enfermedad incapacitante llamada polio. Sus piernas estaban paralizadas, y nunca volvió a caminar. Pero la polio nunca detuvo a Roosevelt. Luchó para recuperar su fuerza y reconstruir su cuerpo.

Roosevelt regresó a su carrera política. En 1928, fue electo gobernador del estado de Nueva York. En 1932, hizo campaña para presidente contra Herbert Hoover y fue electo.

Roosevelt como presidente Durante su campaña, Roosevelt prometió a los americanos un "Nuevo Acuerdo". Con esto quería decir que el gobierno iba a probar nuevas formas para acabar con la depresión. En su primer discurso como presidente,

Leer una Gráfica ¿Cuántos años tardó hasta de que el porcentaje de trabajadores desempleados cayó bajo el nivel de 1925?

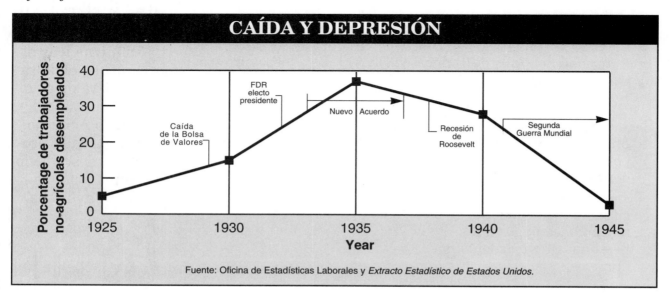

CAÍDA Y DEPRESIÓN

Fuente: Oficina de Estadísticas Laborales y *Extracto Estadístico de Estados Unidos*.

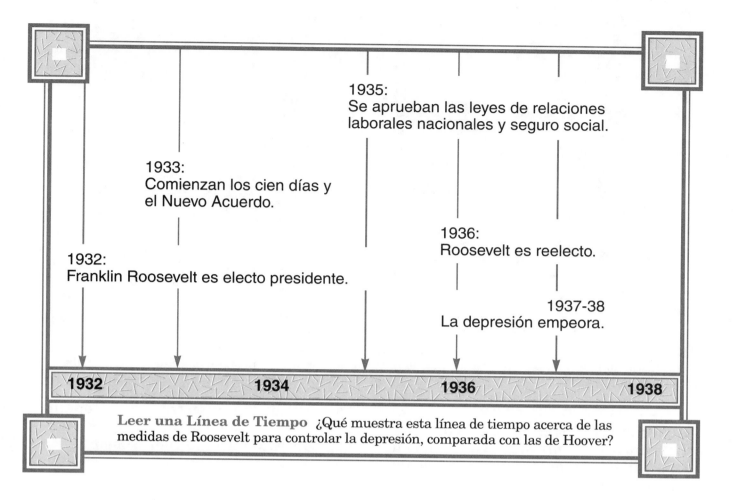

1935:
Se aprueban las leyes de relaciones laborales nacionales y seguro social.

1933:
Comienzan los cien días y el Nuevo Acuerdo.

1936:
Roosevelt es reelecto.

1932:
Franklin Roosevelt es electo presidente.

1937-38
La depresión empeora.

| 1932 | 1934 | 1936 | 1938 |

Leer una Línea de Tiempo ¿Qué muestra esta línea de tiempo acerca de las medidas de Roosevelt para controlar la depresión, comparada con las de Hoover?

Roosevelt le dijo al pueblo americano: "Lo único que tenemos que temer es el temor mismo". Prometió actuar contra la depresión.

Al siguiente día el presidente tomó medidas. Habían quebrado bancos en todo el país. Millones de personas que tenían sus ahorros de toda la vida en aquellos bancos habían perdido su dinero. La gente con ahorros en los bancos que aún no habían quebrado estaba preocupada. Quería sacar su dinero del banco. Si lo hacía, esos bancos también quebrarían.

El 5 de marzo, el presidente Roosevelt cerró todos los bancos. Después, hizo que el Congreso aprobara una ley para ayudar a los bancos. Tres días después, el presidente explicó sus medidas al pueblo americano en la primera charla hogareña. Dijo que el dinero estaba seguro en los bancos.

Los bancos reabrieron el lunes 13 de marzo. Ese día, los americanos depositaron más dinero del que retiraron. Las medidas del presidente habían acabado con la crisis bancaria.

Los cien días de Roosevelt El feriado bancario marcó el comienzo de los **cien días**. Durante los primeros 100 días de Roosevelt, el Congreso aprobó 15 leyes importantes. No todas estas leyes funcionaron bien, muchas fracasaron. Aun así, los cien días mostraron al pueblo de Estados Unidos que Roosevelt verdaderamente se proponía llegar a un Nuevo Acuerdo para la nación.

En 1933, dos americano nativos demostraron su apoyo a la Agencia de Recuperación Nacional. El jefe Little John, en aquel entonces de 110 años, y su tataranieto, muestran el símbolo del "águila azul" de la NRA.

El Nuevo Acuerdo   El Nuevo Acuerdo tenía tres metas principales. La primera era proveer ayuda inmediata a miles de americanos que pasaban necesidades. La segunda era mejorar la economía. La tercera era aprobar nuevas leyes para que no hubiese tanta gente pobre. La gente llamaba a estas metas las "tres Rs" (por sus siglas en inglés): alivio, recuperación y reforma.

Varias de las medidas de alivio se convirtieron ley durante los cien días. Una ley creó un programa que brindó empleo a cientos de miles de hombres jóvenes. Sus trabajos consistían en plantar árboles, luchar contra los incendios y hacer obras para controlar las inundaciones.

Otra ley daba dinero a los estados para que ayudasen a los necesitados. La persona a cargo de este programa era Harry Hopkins. Era un antiguo trabajador social de Nueva York. Hopkins quería hacer llegar el dinero a los estados tan rápido como fuera posible. En sus primeras dos horas como director, gastó más de 5 millones de dólares.

Dos leyes importantes estaban dirigidas a la recuperación económica. Una estableció la **Administración de Recuperación Nacional** (**NRA** en sus siglas en inglés). Su función era hacer que los negocios, los trabajadores y el gobierno trabajasen juntos. La NRA estableció reglas para regular la competencia entre las empresas. Sin embargo, la NRA no tuvo éxito. Favorecía a grandes empresas en lugar de las pequeñas. Muchos empresarios no cumplieron sus normas.

Otra ley creó un programa que gastó miles de millones de dólares en grandes proyectos de construcción. Esos proyectos incluían carreteras, edificios públicos y presas. El proyecto más famoso fue la presa Grand Coulee, sobre el río Colorado.

La ley de reforma más importante de los cien días estableció la **Autoridad del Valle de Tennessee** (**TVA** en sus siglas en inglés). En 1933, el valle de Tennessee era una de las regiones más pobres de Estados Unidos. Las inundaciones eran un problema grave. Pocas personas en la región tenían electricidad.

Con la TVA, el gobierno construyó presas sobre el río Tennessee. También construyó presas en los pequeños ríos que confluían en él. Estas presas controlaban las inundaciones y proveían electricidad barata. (Ver mapa abajo.) La TVA salvó millones de acres de tierra. También trajo buenos salarios y prosperidad a la región.

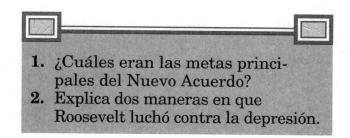

1. ¿Cuáles eran las metas principales del Nuevo Acuerdo?
2. Explica dos maneras en que Roosevelt luchó contra la depresión.

Leer un Mapa La Autoridad del Valle de Tennessee transformó una de las regiones más pobres de EE.UU. en una región próspera. ¿Aproximadamente cuántos estados recibían energía de las plantas de la TVA?

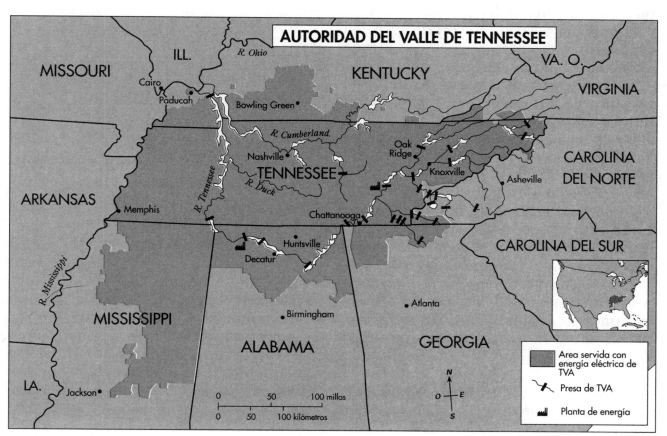

2 Continúa el Nuevo Acuerdo.

¿Qué medidas añadió el presidente Roosevelt al Nuevo Acuerdo?

El Nuevo Acuerdo mejoró las condiciones para algunos americanos después de 1933. El desempleo había bajado en dos millones para 1935. Sin embargo, más de nueve millones de americanos seguían sin empleo. En 1935, un trabajador le escribió a Eleanor Roosevelt: "El hombre olvidado sigue olvidado".

Más programas   Roosevelt no iba a darse por vencido. "Es de sentido común tomar un método y probarlo" dijo. "Si fracasa, admítelo francamente y prueba otro. Pero ante todo, trata de hacer algo."

Roosevelt propuso una nueva serie de leyes para el Nuevo Acuerdo durante 1935. Una ley creó empleos para miles de personas. Construyeron o repararon miles de carreteras, hospitales, escuelas, aeropuertos y sitios de recreo. En los ocho años siguientes el gobierno brindó empleo a 8.5 millones de personas.

La **Ley del seguro social** de 1935 fue una de las reformas más importantes del Nuevo Acuerdo. Proveía pensiones a los americanos jubilados. La ley también estableció un sistema de **seguro de desempleo**, que protegía a los americanos que habían perdido su trabajo. El sistema de **seguro social** también daba fondos a las personas minusválidas o necesitadas. Estos pagos se conocen como **bienestar social**.

El sistema no era perfecto. No daba pensiones o seguro de desempleo a todos los americanos jubilados. Sin embargo, fue un gran paso para el mejoramiento de la vida de millones de americanos.

El segundo mandato de Roosevelt En 1936, Roosevelt fue reelecto. Los programas del Nuevo Acuerdo siguieron vigentes. Pero todos esos programas no podían terminar con la depresión. De hecho, entre 1937 y 1938, la depresión se agudizó. Duró hasta el comienzo de la Segunda Guerra mundial. Fue entonces cuando las gigantescas cantidades de gastos necesarios para librar la guerra finalmente impulsaron a la economía.

El Nuevo Acuerdo no era popular entre todos los americanos. Hubo gente que se opuso a sus programas por muchas razones. Algunos pensaban que harían que la gente dependiera demasiado del gobierno. Otros temían que los programas del Nuevo Acuerdo hicieran al gobierno demasiado poderoso.

Sin embargo, la mayoría de los americanos pensaba que el Nuevo Acuerdo era un éxito. El Nuevo Acuerdo hizo al gobierno responsable de ayudar a los necesitados. Sus reformas redujeron las diferencias entre los ricos y los pobres. Lo que es más importante, el Nuevo Acuerdo fortaleció la democracia.

1. ¿Cómo ayudó el Nuevo Acuerdo a lograr trabajo para la gente?
2. ¿Por qué se opusieron algunas personas al Nuevo Acuerdo?

3 El Nuevo Acuerdo Incluye a Más Americanos.

¿Qué ventajas obtuvieron los inmigrantes y otros grupos con el Nuevo Acuerdo?

El Nuevo Acuerdo ayudó a muchos grupos a tomar más parte en la vida americana. Con algunos de sus programas, se le dio nuevas oportunidades a los inmigrantes, las mujeres, los americanos africanos, los latinos y los americanos nativos.

Mary McLeod Bethune (a la izquierda) fue una educadora cuya labor en la vida fue el luchar por los derechos de los americanos africanos. Aquí aparece junto con la primera dama, Eleanor Roosevelt.

Un Nuevo Acuerdo para todos
Inmigrantes del sur y el este de Europa tuvieron muchos puestos importantes en el gobierno durante la presidencia de Roosevelt. Estos inmigrantes también ayudaron al crecimiento de los sindicatos.

El Nuevo Acuerdo también trajo nuevas oportunidades para las mujeres. Frances Perkins se convirtió en la primera mujer en tener un cargo en el gabinete presidencial (ver capítulo 5), donde fue Secretaria de Trabajo. Miles de mujeres fueron nombradas en otros puestos importantes en el gobierno. Eleanor Roosevelt alentaba al presidente a que contratara mujeres capacitadas.

Los americanos africanos y el Nuevo Acuerdo Al principio, los americanos africanos se mostraron decepcionados con el Nuevo Acuerdo. Los primeros programas del Nuevo Acuerdo permitían la discriminación contra los americanos africanos. La razón principal era que Roosevelt necesitaba que los congresistas blancos del sur votaran por estos programas. Por ejemplo, los americanos africanos que trabajaron en el Grupo de Conservación Civil (Civilian Conservation Corps) lo hacían en unidades segregadas.

Mary McLeod Bethune Después, esa situación comenzó a cambiar. El presidente nombró a americanos africanos en importantes puestos en el gobierno. Una de estas personas fue Mary McLeod Bethune.

Bethune era una famosa maestra del sur. Aunque su familia era pobre, se aseguraron de que recibiera una buena educación. A principios de los años 1900, decidió abrir una escuela para americanos africanos. Bethune tenía poco dinero. Al final tuvo éxito. Su escuela se convirtió en Bethune-Cookman College, en Florida, una universidad que aún existe hoy en día.

Roosevelt nombró a Bethune para encabezar un importante puesto en el gobierno en 1935. Bethune ayudó a recibir una buena educación a más de 300,000 jóvenes americanos africanos.

El Nuevo Acuerdo no terminó con la discriminación contra los americanos africanos, pero se acercó a esa meta. Como dijo el cantante Paul Robeson: "El cambio estaba en el aire, y ésa era la mejor señal".

Los latinos y el Nuevo Acuerdo El Nuevo Acuerdo también ayudó a los latinos. Muchos trabajaron en proyectos gubernamentales. Algunos artistas americanos mexicanos encontraron trabajo pintando murales para los edificios públicos.

El senador Dennis Chávez, de Nuevo México, ayudó a conseguir medidas de alivio para las comunidades de habla hispana. Chávez era el único latino en el Senado de EE.UU. Sin embargo, muchos mexicanos que vivían en Estados Unidos no eran ciudadanos, y como tales, no tenían derecho recibir ayuda.

Los americano nativos y el Nuevo Acuerdo Los americanos nativos fueron otro grupo al que ayudó el Nuevo Acuerdo. John Collier encabezó el Departamento de Asuntos Indígenas. Luchó con firmeza por los derechos de los nativos americanos. Collier utilizó la ley de Reorganización Indígena de 1934 para ayudar a los americanos nativos a que preservaran sus culturas. También trató de impedir la venta de las tierras de americanos nativos.

1. ¿Quién fue la primera mujer nombrada en el gabinete presidencial?
2. ¿Cómo discriminaron contra los americanos africanos algunos programas del Nuevo Acuerdo?

CAPÍTULO 14
IDEAS CLAVE

- El presidente Roosevelt propuso el Nuevo Acuerdo para proveer alivio, recuperación y reforma.
- Algunos programas del Nuevo Acuerdo tuvieron más éxito que otros. Sin embargo, Roosevelt siguió intentando nuevos programas para mejorar la economía.
- Varios programas del Nuevo Acuerdo brindaron nuevas oportunidades a los inmigrantes, las mujeres, los americanos africanos, los latinos y los americanos nativos.

I. Repasar el Vocabulario

Une cada palabra o palabras de la izquierda con la definición correcta.

1. bienestar social
2. seguro social
3. charla hogareña
4. seguro de desempleo

a. pagos periódicos por parte del gobierno a los necesitados
b. sistema que provee pagos a las personas que pierden su empleo
c. charla por radio que el presidente Roosevelt hacía a todo el país
d. política gubernamental que otorga pensiones a las personas jubiladas

II. Entender el Capítulo

1. ¿Cómo ayudó el feriado bancario a terminar con la crisis bancaria?
2. ¿Cuáles eran las tres metas del Nuevo Acuerdo?
3. ¿Por qué fue tan importante la ley del Seguro Social de 1935?
4. ¿Cómo afectó el Nuevo Acuerdo a los americanos africanos?

III. Desarrollo de Habilidades: Leer un Mapa

Estudia el mapa en la página 121. Después, contesta las siguientes preguntas:

1. Nombra tres estados por los cuales pasa el río Tennessee.
2. ¿En qué estados están localizadas las plantas de energía eléctrica?
3. ¿Cuántos estados recibían energía eléctrica de la TVA?

IV. Escribir Acerca de la Historia

1. **¿Qué hubieras hecho?** Imagina que eres un asesor del presidente Roosevelt. ¿Le dirías que debería aceptar la discriminación contra los americanos africanos para poder conseguir los votos en el Congreso para aprobar los programas, o no? Explica.
2. Crea un cartelón alentando a la gente a que apoye uno de los programas del Nuevo Acuerdo. Tu cartel deberá mostrar cómo ayudará a la gente el programa.

V. Trabajar Juntos

1. Formen un grupo de seis a ocho compañeros. Dividan su grupo en dos para debatir. Un grupo explicará por qué el Nuevo Acuerdo fue un éxito. El otro grupo explicará por qué fracasó el Nuevo Acuerdo.
2. **Del Pasado al Presente** Han leído cómo el presidente Roosevelt utilizó las charlas hogareñas para hablar directamente con el pueblo americano. ¿En qué forma le habla hoy en día el presidente al pueblo americano?

LA NACIÓN LIBRA OTRA GUERRA. (1933-1945)

¿Cuál fue el resultado de la Segunda Guerra mundial?

En el Día D, el 6 de junio de 1944, el ejército aliado lanzó una gran invasión para retomar Europa.

Buscando los Términos Clave

- Potencias del Eje • Potencias aliadas • Pearl Harbor
- Día D • Holocausto

Buscando las Palabras Clave

- **aislacionismo:** política de mantenerse fuera de los asuntos mundiales
- **fascismo:** sistema de gobierno regido por un dictador que utiliza a los militares y al racismo para mantenerse en el poder
- **antisemitismo:** odio al pueblo judío
- **neutral:** no tomar partido en una disputa
- **conscripción:** servicio militar obligatorio

El **aislacionismo** creció en EE.UU. durante la década de 1930. Aislacionismo es la creencia de que un país no debería intervenir en los asuntos mundiales. No obstante, los acontecimientos mundiales pronto cambiarían la manera de sentir de los americanos.

1 EE.UU. se Une a la Contienda.

¿Por qué entró EE.UU. a la Segunda Guerra mundial?

Como gran parte del resto del mundo, Alemania fue afectada por una depresión durante los años 1930. Muchas personas en Alemania comenzaron a confiar en un líder que les prometía sacar a su país de la depresión a cualquier precio. Este líder era Adolfo Hitler. Su partido nazi obtuvo el poder en 1933. Los nazis creían en el **fascismo**. El fascismo es un sistema de gobierno regido por un dictador. Los fascistas utilizaron el nacionalismo excesivo y el racismo para llegar al poder.

Hitler era un racista. Creía que los alemanes eran superiores a todos los demás. Sobre todo, odiaba a los judíos. Al odio a los judíos se le llama **antisemitismo**. Hitler culpaba a los judíos de todos los problemas de Alemania.

Los nazis arrestaron a muchos judíos y los pusieron en prisiones llamadas campos de concentración. Muchos judíos huyeron de Alemania. EE.UU. permitió que entraran aproximadamente 63,000 refugiados judíos. Sin embargo, la mayoría de los judíos que querían huir de la persecución nazi no tenían adónde ir. EE.UU. y otros países no los querían admitir.

Las potencias del Eje   Para mediados de la década de 1930, Hitler estaba llevando a cabo su plan de expansión. Mandó tropas a la parte sudoeste de Alemania llamada Renania. Pero los países democráticos de Europa no hicieron nada para detener a Hitler.

En 1936, Alemania firmó un tratado con Italia, que también tenía un gobierno fascista. Juntos, Alemania e Italia se llamaron las **potencias del Eje**. Poco después se les unió el Japón.

En 1938, Alemania se volvió contra dos de sus vecinos. Primero, se apoderó de Austria. Después, Hitler demandó la parte occidental de Checoslovaquia. Una vez más, Gran Bretaña y Francia lo permitieron.

Mientras Alemania desestabilizaba la paz en Europa, el Japón hacía lo mismo en Asia. La meta principal del Japón era convertirse en el país más poderoso de Asia. En 1937, el Japón invadió China. Ningún país ayudó a China.

El comienzo de la guerra   El no haber impedido las invasiones alemanas y japonesas finalmente llevó a la guerra. En septiembre de 1939, Alemania invadió Polonia. Gran Bretaña y Francia finalmente declararon la guerra a Alemania. La Segunda Guerra mundial había comenzado.

Bretaña y Francia se llamaban las **potencias aliadas**. EE.UU. era oficialmente **neutral**, o sea de ningún bando, al comienzo de la guerra. Sin embargo, el presidente Roosevelt suministró pertrechos de guerra a los aliados. Pensaba que una victoria alemana amenazaría a EE.UU. A pesar de la ayuda de EE.UU., Alemania derrotó a Francia en 1940. Gran Bretaña ahora estaba sola.

Parecía que nada iba a detener a los alemanes. Para junio de 1940, habían conquistado la mayoría de Europa occidental. En junio de 1941, Hitler invadió la Unión Soviética y pronto controlaba gran parte de ese país.

Entrada de EE.UU. en la guerra
En Asia, el Japón controlaba gran parte

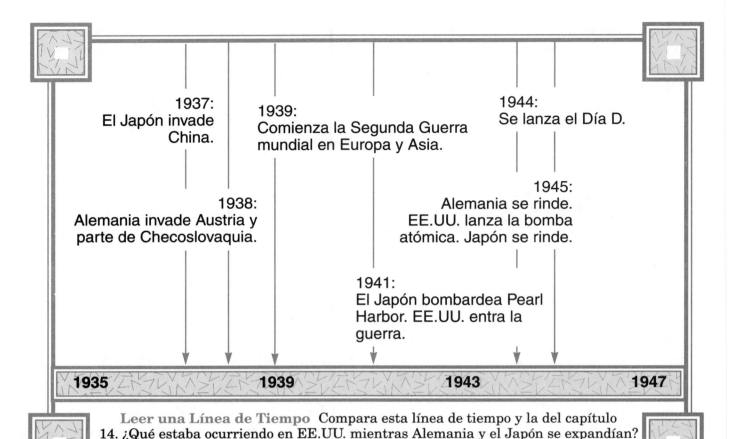

1937:
El Japón invade China.

1938:
Alemania invade Austria y parte de Checoslovaquia.

1939:
Comienza la Segunda Guerra mundial en Europa y Asia.

1941:
El Japón bombardea Pearl Harbor. EE.UU. entra la guerra.

1944:
Se lanza el Día D.

1945:
Alemania se rinde. EE.UU. lanza la bomba atómica. Japón se rinde.

1935   1939   1943   1947

Leer una Línea de Tiempo Compara esta línea de tiempo y la del capítulo 14. ¿Qué estaba ocurriendo en EE.UU. mientras Alemania y el Japón se expandían?

de China además de otros territorios. La tensión entre EE.UU. y el Japón aumentó.

El 7 de diciembre de 1941, aviones japoneses atacaron **Pearl Harbor**, la principal base naval de EE.UU. en el Pacífico. En sólo dos horas los japoneses destruyeron la mayoría de la base y sus barcos. Murieron más de 2,400 americanos.

El siguiente día, el Congreso de EE.UU. declaró la guerra al Japón. Tres días después, Alemania declaró la guerra a EE.UU.

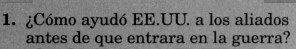

1. ¿Cómo ayudó EE.UU. a los aliados antes de que entrara en la guerra?
2. ¿Qué hecho llevó a EE.UU. a la guerra?

2 Los Aliados Derrotan al Eje.
¿Cómo derrotaron los Aliados al Eje?

En septiembre de 1940, los alemanes comenzaron bombardeos que los británicos llamaron el "blitz de Londres". Estos ataques continuaron hasta junio de 1941. La ciudad de Londres estaba muy dañada, pero no fue destruida. Lo más importante era que los nazis no habían destruido la intención de los británicos de ganar la guerra.

Nuevas armas La ciencia moderna jugó un gran papel en el triunfo de guerra. Tanto los aliados como los países del Eje utilizaron la ciencia para fabricar nuevas armas. Fabricaron aviones rápidos y poderosos para bombardear ciudades. Muchas personas murieron en estos ataques.

Los científicos americanos y británicos desarrollaron el radar para rastrear aviones. Inventaron el sonar para encontrar a submarinos. Al final de la guerra, Alemania desarrolló los primeros aviones de propulsión a chorro y grandes cohetes. Pero en 1945, EE.UU. creó el arma más poderosa jamás inventada. Era la bomba atómica.

Victorias del Eje   Los países del Eje iban ganando la guerra en 1941 y continuaron ganando la mayoría de las batallas en 1942. Los alemanes avanzaron tanto en la Unión Soviética como en Africa del Norte. Los japoneses invadieron las Filipinas y conquistaron parte del sur de Asia. También se apoderaron de muchas islas en el océano Pacífico.

Victorias aliadas   Para fines de 1942, la guerra se volcó en contra de Alemania. En octubre, los británicos y los americanos pararon al ejército alemán en Africa del Norte. El ejército soviético paró a los alemanes en la ciudad de Stalingrado. A principios de 1943, EE.UU. comenzó a forzar a los japoneses a retroceder.

Día D   El 6 de junio de 1944, las tropas aliadas cruzaron el canal de la

Leer un Mapa Nombra los principales países del Eje. Nombra los principales paises aliados. ¿Dónde comenzó la invasión principal de Europa?

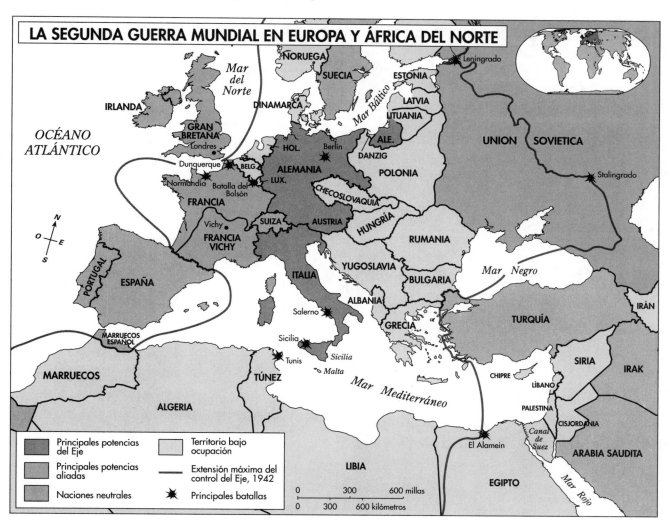

LA SEGUNDA GUERRA MUNDIAL EN EUROPA Y ÁFRICA DEL NORTE

	Principales potencias del Eje		Territorio bajo ocupación
Principales potencias aliadas		Extensión máxima del control del Eje, 1942
Naciones neutrales		Principales batallas

Mancha y desembarcaron en Francia. Los aliados llamaron al 6 de junio el **Día D**. Fue la invasión naval más grande de la historia.

Después del Día D, los soldados aliados avanzaron a través de Francia al este, hacia Alemania. Mientras tanto, los soviéticos se abrían camino hacia el oeste.

En 1945, los aliados cercaron a Alemania. Sin embargo, el presidente Roosevelt no vivió para ver la derrota final de Alemania. Murió el 12 de abril.

El vicepresidente Harry S. Truman tomó posesión como presidente. Alemania se rindió el 7 de mayo de 1945.

El Holocausto   El fin de la guerra trajo consigo noticias horribles. Los nazis habían asesinado a seis millones de judíos en los campos de concentración. También habían matado a millones de otros civiles inocentes. A este crimen tan terrible se le llama el **Holocausto**.

Leer un Mapa ¿Cuál fue la extensión máxima hacia el este del control japonés en 1942? ¿Qué islas del Pacífico no estaban controladas por los japoneses en 1942?

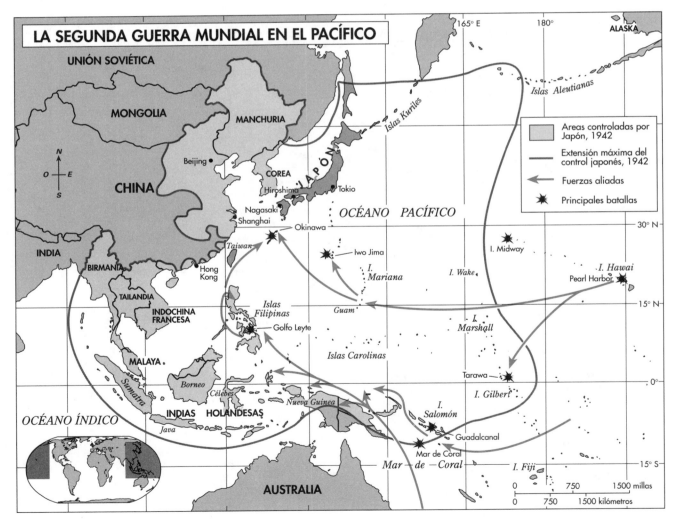

Hoy en día, es importante acordarse de lo que ocurrió en el Holocausto para que no vuelva a suceder.

Rendición del Japón   La guerra contra el Japón duró cuatro meses más, luego de que se rindiera Alemania. Los americanos volvieron a tomar las islas que los japoneses habían conquistado en el Pacífico una por una. EE.UU. finalmente terminó la guerra al arrojar dos bombas atómicas sobre el Japón. El presidente Truman decidió bombardear Japón porque creía que así terminaría la guerra rápidamente.

La primera bomba fue arrojada sobre la ciudad de Hiroshima el 6 de agosto de 1945. La segunda fue arrojada sobre Nagasaki el 9 de agosto. Japón se rindió el 2 de septiembre de 1945. La Segunda Guerra mundial había terminado.

1. ¿Qué nuevas armas fueron desarrolladas durante la Segunda Guerra mundial?
2. ¿Qué es el Holocausto?

Dorie Miller fue uno del millón de africanos americanos que lucharon en la Segunda Guerra mundial. Miller fue condecorado con la Cruz Naval por su valentía.

3 Todos los Americanos Participan en la Guerra.

¿Cómo participaron los americanos en la Segunda Guerra mundial?

EE.UU. necesitaba una inmensa fuerza militar para pelear contra el Eje. Tenía que llamar a la **conscripción** a millones de soldados. Cuando se llama a la conscripción a una persona, se le requiere entrar al servicio militar. Más de 15 millones de americanos prestaron servicio en las fuerzas militares.

Los americanos africanos en el servicio militar   Más de un millón de americanos africanos prestaron servicio en las fuerzas militares durante la Segunda Guerra mundial. Sin embargo, las fuerzas militares seguían estando segregadas. Más de 20 unidades americanas africanas lucharon en Europa. Una unidad de pilotos americanos africanos voló en aviones de caza que protegían a los bombarderos de EE.UU. Logró derribar 400 aviones enemigos durante la guerra.

Uno de los primeros héroes de este país fue un americano africano llamado Dorie Miller. Estaba en un acorazado en Pearl Harbor. Cuando comenzó el ataque japonés, subió a la cubierta y puso a salvo su capitán herido. Inmediatamente después, Miller agarró una ametralladora y derribó a cuatro aviones. Le fue otorgada la Cruz Naval por su valentía.

Otros grupos en la Segunda Guerra mundial   Más de 500,000 latinos prestaron servicio en las fuerzas armadas. Integraron todas las ramas de las fuerzas armadas, y estuvieron en todos los frentes. A diferencia de los americanos africanos, los latinos no sirvieron en unidades segregadas. Se otorgó la Medalla de Honor a 17 americanos mexicanos.

Los americanos nativos también prestaron servicio en las fuerzas armadas. Entre ellos había un grupo de navajos que prestó servicios de codificación. Utilizando la lengua de los navajo, desarrollaron un código secreto que los japoneses no pudieron descifrar. Ayudaron a mandar información por radio a los soldados de EE.UU. en muchos campos de batalla.

1. ¿Quién fue Dorie Miller?
2. ¿Cómo ayudaron a los militares de EE.UU. los que utilizaron el código navajo?

CAPÍTULO 15
IDEAS CLAVE

- En la Segunda Guerra mundial, los aliados, Gran Bretaña y Francia, pelearon contra el Eje de Alemania, Italia y el Japón.

- La Unión Soviética se unió a los aliados en 1941. Estados Unidos se unió a los aliados después del ataque a Pearl Harbor.

- En 1943, los aliados comenzaron a obligar al Eje a retirarse. Los países del Eje se rindieron finalmente en 1945.

- Americanos de todos los grupos participaron en el esfuerzo de guerra. Los americanos africanos, los latinos y los americanos nativos encontraron nuevas oportunidades en las fuerzas armadas.

I. Repasar el Vocabulario

Une cada palabra o palabras de la izquierda con la definición correcta.

1. fascismo

2. neutral

3. aislacionismo

4. antisemitismo

a. odio al pueblo judío

b. política de mantenerse fuera de los asuntos mundiales

c. sistema de gobierno basado en la dictadura, el militarismo y el racismo

d. no tomar partido en una disputa

II. Entender el Capítulo

1. ¿Cuáles eran las metas de Adolfo Hitler para Alemania?

2. ¿Cómo reaccionaron los países democráticos del mundo ante la agresión alemana y japonesa durante la década de 1930?

3. ¿Qué hecho obligó a Estados Unidos a entrar en la Segunda Guerra mundial?

4. ¿Qué fue el Día D?

5. ¿Por qué fue tanto una decepción como una oportunidad el servicio militar para los americanos africanos?

III. Desarrollo de Habilidades: Identificar Causa y Efecto

1. ¿Cuál fue el efecto de la invasión a Polonia por parte de Alemania?

2. ¿Qué llevó a Estados Unidos a incrementar su ayuda a los Aliados después de 1940?

3. ¿Cuál fue el efecto del ataque a Pearl Harbor?

IV. Escribir Acerca de la Historia

1. **¿Qué hubieras hecho?** Imagina que eres un senador de EE.UU. en 1940. Escribe un discurso diciendo si piensas que Estados Unidos debería entrar en la guerra o no.

2. Imagínate que eres un americano africano en las fuerzas militares durante la Segunda Guerra mundial. Escribe dos o tres párrafos en tu diario describiendo tus experiencias.

V. Trabajar Juntos

Del Pasado al Presente Con un grupo, estudien los mapas de Europa y Asia en las páginas 129 y 130. Después, estudien un mapa de Europa y Asia de hoy en día. ¿Qué diferencias notan? ¿Qué similitudes?

LOS AMERICANOS APOYAN LA GUERRA EN EL FRENTE INTERNO. (1941-1945)

¿Cómo afectó la vida en Estados Unidos la Segunda Guerra mundial?

Una manera de ayudar al esfuerzo de guerra en el frente doméstico era recolectar aluminio. Aquí, neoyorquinos hacen una fiesta para recolectar cazuelas.

Buscando los Términos Clave

- jardín de la victoria • Comisión de Prácticas de Empleo Justas (FEPC) • tumultos de los petimetres

Buscando las Palabras Clave

- **control de precios:** fijación de ciertos precios por parte del gobierno
- **racionar:** limitar la cantidad de productos a usar o adquirir
- **bracero:** trabajador mexicano contratado
- **campo de internación:** campamento de prisioneros

Los aliados ganaron la Segunda Guerra mundial en los campos de batalla. Pero no podrían haber derrotado al enemigo sin armas y pertrechos. Millones de trabajadores en EE.UU. fabricaron todo lo que los soldados necesitaron para librar una guerra moderna. Estos trabajadores eran de todos los grupos de la sociedad de EE.UU.

1 La Segunda Guerra Mundial Acaba con la Depresión.

¿Cómo contribuyeron los americanos en el frente interno al esfuerzo de guerra?

El gobierno de EE.UU. gastó 320,000 millones de dólares para librar la Segunda Guerra mundial. Compró barcos, aviones, tanques y otros pertrechos de guerra. Las fábricas dieron trabajo a millones de trabajadores.

El gasto de guerra sacó a Estados Unidos de la depresión. El desempleo bajó de diez millones de personas a casi nada. Por primera vez en más de una década, la gente tenía dinero para gastar. Sin embargo, a menudo no había nada para comprar. Las fábricas estaban produciendo armas y otros materiales de guerra para el gobierno.

Escaseaban las tostadoras, los aparatos para el cabello, las medias de náilon y los artefactos de cocina. Después de 1942, ¡no había ni un automóvil o camión nuevo disponible! El gobierno necesitaba que las fábricas de automóviles y camiones produjeran tanques y aviones.

Controles de precio y racionamiento Habían tan pocos productos disponibles que subieron los precios. Subieron tan rápidamente que en 1942 el gobierno fijó **controles de precios**. Esto significaba que los vendedores ya no podían subir sus precios. El gobierno también introdujo el **racionamiento**. El racionamiento consiste en limitar la cantidad de productos que se pueden adquirir.

Las familias durante la guerra
Las familias tuvieron que aceptar otras aflicciones durante la guerra. Muchas familias se mudaron a otras ciudades o pueblos para conseguir trabajo en las fábricas. Las ciudades como Los Angeles, Detroit y Seattle crecieron rápidamente. Había apagones en la electricidad. La gente tenía que practicar ejercicios de defensa civil para el caso de que aviones enemigos bombardearan sus ciudades.

Las familias tuvieron que trabajar juntas para ayudar en el esfuerzo de guerra. La gente cultivaba su propia comida en pequeñas parcelas de tierra llamada **jardines de la victoria**. Los niños juntaban latas y hojas de estaño para que el metal que contenían se pudiera utilizar para fabricar armas. Estas actividades levantaban el ánimo de la gente que sentía que estaba ayudando a ganar la guerra.

2 El Esfuerzo de Guerra Recluta a las Mujeres.

¿Qué papel tuvieron las mujeres en el esfuerzo de guerra en EE.UU.?

1. ¿Cómo acabó con la depresión el gasto de guerra?
2. ¿Qué dificultades tuvieron las familias durante la guerra?

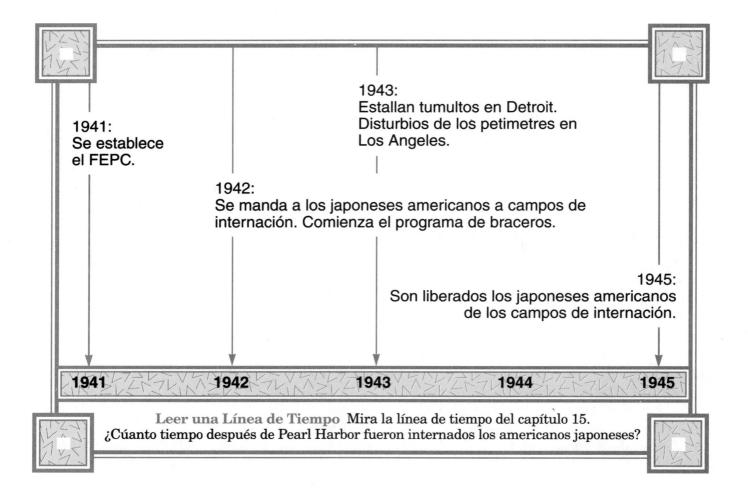

1941:
Se establece
el FEPC.

1943:
Estallan tumultos en Detroit.
Disturbios de los petimetres en
Los Angeles.

1942:
Se manda a los japoneses americanos a campos de
internación. Comienza el programa de braceros.

1945:
Son liberados los japoneses americanos
de los campos de internación.

| 1941 | 1942 | 1943 | 1944 | 1945 |

Leer una Línea de Tiempo Mira la línea de tiempo del capítulo 15.
¿Cúanto tiempo después de Pearl Harbor fueron internados los americanos japoneses?

La imagen de "Rosita la Remachadora" la mostraba con overoles y una llave de tuercas en la mano. Se convirtió en una heroína americana durante la Segunda Guerra mundial. Pero Rosita no era una mujer real. Era un símbolo. Rosita simbolizaba a millones de mujeres que trabajaron en las industrias de guerra.

Las mujeres en el trabajo La Segunda Guerra mundial creó una escasez de mano de obra. Quince millones de hombres estaban en las fuerzas militares. Como resultado de esto, se abrieron millones de empleos. Las mujeres llenaron muchos de esos empleos, y tuvieron un papel crucial en el esfuerzo de guerra.

Aproximadamente 6.5 millones de mujeres entraron a la fuerza laboral entre 1941 y 1945. Para 1945, las mujeres eran un tercio de la fuerza laboral de EE.UU.

Con frecuencia las mujeres trabajaron en empleos tradicionalmente masculinos. Algunas trabajaron como soldadoras y en la electrónica. Otras fabricaron aviones y tanques. Algunas otras manejaron camiones y repararon maquinarias.

Las mujeres que trabajaban también mantenían a sus familias. La paga de un soldado no era suficiente para mantener una familia.

Entre aquellas que ganaron más estaban las mujeres americanas africanas. Antes de la Segunda Guerra mundial, frecuentemente trabajaban en granjas o como sirvientas. Después de 1941, más de 300,000 encontraron trabajo en las fábricas donde recibían mejores sueldos.

Cuidado de los niños   Sin embargo, no todo era color de rosa para Rosita la Remachadora. Las trabajadoras tuvieron muchos problemas durante la guerra. Había pocas guarderías para sus niños. En adición después de un día de trabajo en la fabrica o la oficina, las mujeres tenían que hacer el trabajo del hogar.

1. ¿Por qué entraron las mujeres en grandes cantidades a la fuerza laboral después de 1941?
2. ¿Qué problemas tenían las madres trabajadoras?

3 Los Americanos Africanos y los Latinos Contribuyen al Esfuerzo de Guerra.

¿Cómo ayudaron a Estados Unidos a ganar la guerra los americanos africanos y los latinos?

La escasez laboral causada por la Segunda Guerra mundial abrió nuevas oportunidades para los americanos africanos y los latinos. Millones de ellos se mudaron de las granjas y las aldeas a las ciudades del norte, el oeste y el medio oeste. Muchos ganaron bien trabajando en las industrias de guerra. Sin embargo, aún sufrían la discriminación.

El papel de las mujeres cambió dramáticamente durante la Segunda Guerra mundial. Aquí una mujer trabaja con un soldador de acetileno en un astillero de la marina de EE.UU.

Luchando por la Doble V   Los americanos africanos estaban enfadados por la segregación en las fuerzas militares y por la discriminación en los empleos. EE.UU. estaba luchando por la libertad en el extranjero, pero seguía negando igualdad de derechos a algunos de sus ciudadanos. Los líderes americanos africanos querían una Doble V. Esto significaba victoria tanto sobre los enemigos en ultramar como sobre el racismo en el frente interno.

El que encabezó la lucha por la igualdad durante la guerra fue A. Philip Randolph, líder de la Fraternidad de Camareros de Coches-Cama. Esta era laorganización laboral americana africana más poderosa del país.

En 1941, Randolph comenzó a organizar una marcha sobre Washington para acabar con la discriminación. Ante esta presión, el presidente Roosevelt tomó medidas. En junio de 1941 prohibió la discriminación en las industrias de guerra.

También estableció la **Comisión de Prácticas de Empleo Justas (FEPC** en sus siglas en inglés) para combatir la discriminación. La FEPC logró algunos éxitos contra la discriminación. Los americanos africanos recibieron mejores empleos en las plantas de producción para la defensa.

Tumultos   Sin embargo, aún había problemas. Los americanos africanos que se mudaron a las ciudades del norte frecuentemente sufrieron la ira de los blancos. Existían tensiones por empleos y viviendas. Esta tensión provocó tumultos raciales en varias ciudades. El peor tumulto ocurrió en Detroit en 1943. Comenzó como una pelea a puñetazos entre un americano africano y un blanco. En pocas horas, un tumulto se había propagado por la ciudad. Causó la muerte de 25 negros y nueve blancos.

Muchas personas se apresuraron a llenar los empleos en las fábricas durante la guerra. Sin embargo, también había escasez de mano de obra en las granjas. Se necesitaban trabajadores para atender los cultivos y recolectar las cosechas. Para cubrir esta escasez, los gobiernos de EE.UU. y México establecieron el programa de **braceros**. Los braceros eran trabajadores de México que laboraban en las granjas de Estados Unidos. El programa comenzó en 1942; los braceros vinieron a Estados Unidos para recoger las cosechas. Cuando se terminaba la temporada de cosecha, los braceros regresaban a México.

No obstante, aún existía discriminación contra los americanos mexicanos. Los llamados **tumultos de los petimetres** fueron un ejemplo. Un petimetre es una persona con cierto estilo de vestir. Se distinguían por su chaqueta voluminosa y pantalones anchos. Este estilo era muy popular entre muchos jóvenes en los años 1940.

Una noche de verano en Los Angeles, en 1943, algunos marineros blancos se quejaron de que unos "petimetres" los habían atacado. La noche siguiente cientos de marineros bajaron a Los Angeles. Golpearon a los americanos mexicanos que estaban vestidos de petimetres. La policía local hizo poco para detener los ataques. Finalmente, fue llamada la policía militar para poner fin al tumulto.

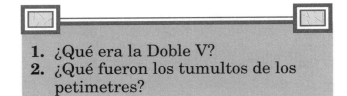

1. ¿Qué era la Doble V?
2. ¿Qué fueron los tumultos de los petimetres?

4 Detienen a los Americanos Japoneses.
¿Por qué fueron mandados los americanos japoneses a campos de internación?

El peor ejemplo de discriminación durante la Segunda Guerra mundial afectó a los americanos japoneses. Aproximadamente 110,000 americanos japoneses vivían en la costa occidental de EE.UU. Habían sido blanco de la discriminación durante mucho tiempo.

Después de que el Japón atacó Pearl Harbor en diciembre de 1941, aumentó la presión sobre los americanos japoneses. Les cuestionaban su lealtad. Grupos de revoltosos atacaron a los americanos japoneses y destruyeron sus bienes.

En febrero de 1942, el presidente Roosevelt dio orden de que todas las personas de ascendencia japonesa abandonaran la costa occidental. Tenían que abandonar sus hogares, fueran ciudadanos o no.

Internación Una vez que el gobierno de EE.UU. emitió las órdenes, se les dio poco tiempo a los americanos japoneses para prepararse. Estos tuvieron que vender sus propiedades rápidamente.

Los americanos japoneses fueron llevados a uno de diez **campos de internación**. Un campo de internación es un campamento de prisioneros. La mayoría de los campos estaban localizados en regiones remotas del oeste. Alambradas de púas y soldados rodeaban los

Leer un Mapa ¿De qué costa fueron expulsadas las personas de ascendencia japonesa durante la Segunda Guerra mundial? ¿En qué estado había más centros de asamblea? ¿Qué estados tenían más campos de la WRA?

Una madre americana japonesa aguarda con sus niños ser enviada a un campo de internación.

campos. El tratamiento médico era limitado.

A pesar de este trato, miles de hombres jóvenes de estos campos lucharon en el ejército de EE.UU. Los americanos japoneses del Regimiento 442 ganaron más de 18,000 medallas por su valentía.

El gobierno cerró los campos a fines de 1945. Finalmente se les permitió a los japoneses americanos regresar a sus hogares. En 1988, el gobierno de EE.UU. admitió que había sido injusto con estos ciudadanos. Cada sobreviviente recibió un pago de 20,000 dólares. Sin embargo, era una pequeña cantidad comparada con la injusticia que se llevó a cabo.

1. ¿Qué eran los campos de internación?
2. ¿Cuándo admitió el gobierno de EE.UU. que la internación había sido injusta?

CAPÍTULO 16
IDEAS CLAVE

- Los americanos en el frente interno produjeron importantes materiales y pertrechos de guerra para los soldados en ultramar.

- Las mujeres se unieron en grandes cantidades a la fuerza laboral durante la Segunda Guerra mundial. Muchas trabajaron en las fábricas y en las oficinas del gobierno.

- Los americanos africanos y los latinos encontraron nuevas oportunidades durante la guerra. Sin embargo, aún tenían que luchar contra la discriminación.

- Los americanos japoneses fueron enviados a campos de internación durante la guerra. Muchos estuvieron hasta tres años en estos campos.

I. Repasar el Vocabulario

Une cada palabra o palabras de la izquierda con la definición correcta.

1. bracero	**a.** campamento de prisioneros
2. racionar	**b.** limitar el uso de recursos como comida, ropa o energía
3. control de precios	**c.** fijación de ciertos precios por parte del gobierno
4. campo de internación	**d.** un trabajador mexicano contratado

II. Entender el Capítulo

1. ¿Por qué introdujo el gobierno de EE.UU. controles de precios y racionamiento?

2. ¿Cómo se beneficiaron las mujeres al lograr empleos fuera del hogar durante la Segunda Guerra mundial?

3. ¿Qué querían decir los líderes americanos africanos cuando decían que querían una Doble V?

4. ¿Cómo eran las condiciones en los campos de internación?

III. Desarrollo Habilidades: Apoyar las Generalizaciones

Lee las siguientes generalizaciones. Después enumera dos o tres hechos que apoyen cada una.

1. La Segunda Guerra mundial cambió la vida de muchas mujeres en Estados Unidos.

2. Los americanos africanos lograron algunos triunfos contra la discriminación durante la guerra.

3. Una escasez laboral durante la Segunda Guerra mundial causó cambios en la fuerza laboral de EE.UU.

IV. Escribir Acerca de la Historia

1. Escribe un editorial de periódico acerca de las madres que se unen a la fuerza laboral durante la Segunda Guerra mundial. Discute algunos de los beneficios y las aflicciones que tuvieron las madres trabajadoras.

2. **¿Qué hubieras hecho?** Imagínate que eres un americano japonés que ha sido enviado a un campo de internación. Escribe una carta a un amigo fuera del campamento, diciendo si te incorporarías al ejército de EE.UU.

V. Trabajar Juntos

Del Pasado al Presente ¿En qué son diferentes o similares los problemas que las madres trabajadoras tenían durante la Segunda Guerra mundial a los problemas que enfrentan hoy en día?

Unidad 4
Un Periodo Desafiante

Capítulos

EE.UU. Y LA UNIÓN SOVIÉTICA LIBRAN UNA GUERRA FRÍA. (1945-1962)

¿Cómo afectó a la política mundial la disputa entre EE.UU. y la U.R.S.S.?

Un avión de carga de EE.UU. abastece de alimentos a los berlineses durante el bloqueo de Berlín de 1948.

Buscando los Términos Clave

- Organización de las Naciones Unidas (ONU)
- Plan Marshall • Bloqueo de Berlín
- Organización del Tratado del Atlántico Norte (OTAN)
- Bahía de Cochinos • Crisis de los cohetes en Cuba

Buscando las Palabras Clave

- **guerra fría:** conflicto ideológico entre la Unión Soviética y EE.UU.
- **capitalismo:** sistema económico en el cual las personas son dueñas de la mayoría de los negocios y la tierra
- **comunismo:** sistema económico en el cual el gobierno controla la mayoría de los negocios y la tierra
- **bloqueo:** impedir a alguien entrar o salir
- **cortina de hierro:** frontera entre la Europa no comunista y la comunista

SUGERENCIA DE

Crea una tabla con tres columnas rotuladas Europa, Asia y América Latina. Mientras leas el capítulo, anota cómo afectó la guerra fría a cada región.

ESTUDIO

Justamente antes del final de la Segunda Guerra mundial, delegados de 50 países se reunieron en San Francisco. Formaron un nuevo organismo llamado la **Organización de las Naciones Unidas (ONU)**. La ONU fue fundada para mantener la paz en todo el mundo. Los estados miembros tenían la esperanza de que la ONU haría más fácil la cooperación entre los países.

1 Comienza la Guerra Fría.

¿Qué causó la tensión entre EE.UU. y la Unión Soviética?

Durante la Segunda Guerra mundial, EE.UU. y la U.R.S.S. eran aliados. Poco después de la guerra, sin embargo, los dos países se convirtieron en enemigos. Al conflicto entre ambos se le llama la **guerra fría**. Afectó al mundo por 45 años.

Capitalismo y comunismo EE.UU. y la U.R.S.S. no libraron una guerra real entre ambos. Lucharon de otra forma. Generalmente compitieron para obtener el control de otros países.

EE.UU. trató de convencer a los países a que adoptaran la democracia y el **capitalismo**. El capitalismo es un sistema económico en el cual las personas son dueñas de la mayoría de los negocios y la tierra. La U.R.S.S. trató de hacer que otros países adoptaran la dictadura y el **comunismo**. El comunismo es un sistema económico en el cual el gobierno es dueño de la mayoría de los negocios.

Control Soviético de Europa oriental Al final de la Segunda Guerra mundial, el ejército soviético se quedó en gran parte de Europa oriental. Antes del fin de la guerra, José Stalin había prometido elecciones libres en los países de Europa oriental. Después de la guerra, no cumplió su promesa. En lugar de ello, los soviéticos establecieron dictaduras comunistas en esos países.

Entre 1945 y 1948, los soviéticos establecieron dictaduras comunistas en Polonia, Rumanía, Bulgaria, Hungría y Checoslovaquia. La gente llamaba a estos países satelites Soviéticos.

Los líderes de EE.UU. temían que el control de Europa oriental haría a los soviéticos demasiado poderosos. Se preocupaban porque los soviéticos también querían controlar Europa occidental. Si esto ocurriera, la U.R.S.S. sería una amenaza para EE.UU.

La cortina de hierro Durante 1946, el líder británico Winston Churchill pronunció un discurso en EE.UU. Dijo que había una **cortina de hierro** en Europa. Tras ella estaban los países de Europa oriental controlados por los soviéticos. El término *cortina de hierro* describía la frontera entre Europa oriental y occidental.

1. ¿Cuál era la meta de José Stalin?
2. ¿Qué era la cortina de hierro?

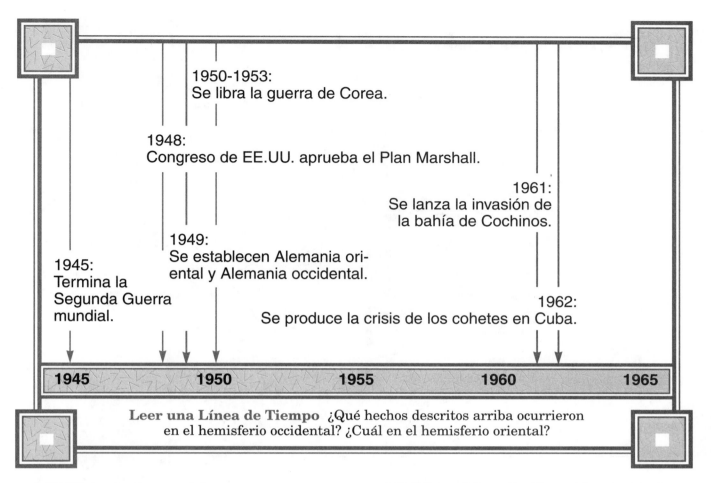

1950-1953:
Se libra la guerra de Corea.

1948:
Congreso de EE.UU. aprueba el Plan Marshall.

1961:
Se lanza la invasión de la bahía de Cochinos.

1949:
Se establecen Alemania oriental y Alemania occidental.

1945:
Termina la Segunda Guerra mundial.

1962:
Se produce la crisis de los cohetes en Cuba.

| 1945 | 1950 | 1955 | 1960 | 1965 |

Leer una Línea de Tiempo ¿Qué hechos descritos arriba ocurrieron en el hemisferio occidental? ¿Cuál en el hemisferio oriental?

2 EE.UU. Lucha Contra el Comunismo.

¿Cómo respondió EE.UU. la propagación del comunismo?

El presidente Harry S. Truman informó al Congreso que EE.UU. necesitaba parar la propagación del comunismo. Los países de Grecia y Turquía estaban en peligro inminente.

El Congreso respondió al pedido de Truman. Concedió 400 millones de dólares a Grecia y Turquía. Este auxilio ayudó a Grecia y Turquía a defenderse del comunismo.

El Plan Marshall En 1947, las naciones de Europa occidental estaban en malísimo estado. No habían suficientes empleos. Millones de personas estaban sin casa y sufriendo una gran hambruna. Los partidos comunistas de Europa occidental prometían una vida mejor.

EE.UU. decidió ayudar a Europa a reconstruirse. Era la mejor manera de asegurarse de que Europa occidental no virara al comunismo. En 1948, EE.UU. estableció el **plan Marshall**. Con este plan, EE.UU. otorgó a Europa occidental 12,500 millones de dólares de ayuda.

LA GUERRA FRIA DIVIDE A EUROPA

OCÉANO
ATLÁNTICO

Mar del
Norte

Mar Báltico

FINLANDIA

NORUEGA

SUECIA

ESTONIA

DINAMARCA

LETONIA

LITUANIA

IRLANDA

GRAN
BRETAÑA

HOL.

BELG.

ALEMANIA
OCCIDENTAL

ALEMANIA
ORIENTAL

POLONIA

UNIÓN SOVIÉTICA

LUX.

CHECOSLOVAQUIA

FRANCIA

SUIZA

AUSTRIA

HUNGRIA

RUMANIA

PORTUGAL

ESPAÑA

ITALIA

YUGOSLAVIA

Mar Negro

BULGARIA

ALBANIA

GRECIA

TURQUÍA

Mar Mediterráneo

Miembros de la OTAN, 1955

Miembros del Pacto de Varsovia, 1955

Areas añadidas a la Unión Soviética
después de la Segunda Guerra Mundial

| 0 | 250 | 500 millas |
| 0 | 250 | 500 kilómetros |

Leer un Mapa ¿Qué países europeos no eran miembros ni de la OTAN ni del Pacto de Varsovia? ¿Qué país dividido tenía secciones en ambas alianzas?

El plan Marshall fue un éxito rotundo. Para 1950, Europa occidental se había recuperado de la guerra. EE.UU. había salvado a Europa de un derrumbe económico. También había evitado la propagación del comunismo a Europa occidental.

Alemania dividida En 1948 comenzó una nueva crisis. Después de la Segunda Guerra mundial, los aliados habían dividido a Alemania en cuatro zonas. EE.UU., la U.R.S.S., Gran Bretaña y Francia controlaban una zona cada una. Dentro de la zona soviética estaba la ciudad de Berlín, la ex capital de Alemania. Berlín también estaba dividida entre las partes americana, británica, soviética y francesa.

En junio de 1948, la Unión Soviética comenzó el **bloqueo de Berlín**. Un **bloqueo** impide a alguien entrar o salir de un lugar. El ejército soviético paró todo el tráfico terrestre a las partes occidentales de Berlín. Su meta era la expulsión de EE.UU. de Berlín.

El presidente Truman reaccionó rápidamente. EE.UU. utilizó aviones para enviar provisiones por aire y evitar así el bloqueo terrestre. Los aviones entregaban 13 toneladas de provisiones todos los días. Un avión aterrizaba en Berlín cada 90 segundos. Durante casi un año, EE.UU. abasteció a Berlín por aire. En mayo de 1949, los soviéticos se dieron por vencidos y terminaron el bloqueo.

Unos meses más trade los americanos, ingleses y franceses combinaron sus zonas y crearon Alemania Occidental. Los sovieticos establecieron un nuevo satelite comunista llamado Alemania Oriental. La guerra fría había divido a Alemania en dos.

OTAN y el Pacto de Varsovia Durante el bloqueo de Berlín, la gente temía que se iniciase la guerra. Los líderes occidentales decidieron formar una organización para defenderse de un ataque soviético. En 1949, EE.UU., Canadá y diez países europeos formaron la **Organización del Tratado del Atlántico Norte (OTAN)**.

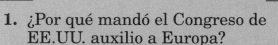

1. ¿Por qué mandó el Congreso de EE.UU. auxilio a Europa?
2. ¿Qué fue el bloqueo de Berlín?

3 La Guerra Fría se Vuelve Caliente en Corea.
¿Qué motivó la guerra en Corea?

Europa no fue el único lugar donde se libró la guerra fría. EE.UU. y la Unión Soviética también compitieron en Asia, Africa y América Latina. Sin embargo, en un país asiático, Corea, la guerra fría se convirtió en una guerra caliente. EE.UU. y la Unión Soviética no pelearon directamente. No obstante, la guerra en Corea mostró los peligros de la guerra fría.

Conflicto en Corea Al final de la Segunda Guerra mundial, EE.UU. controlaba la mitad del sur de Corea. La U.R.S.S. controlaba el norte. Se suponía que esta división iba a ser temporaria. Sin embargo, duró por lo menos 50 años. Se estableció una dictadura en Corea del Norte en 1948. Ese mismo año, EE.UU. estableció un estado no comunista en Corea del Sur.

En junio de 1950, Corea del Norte invadió Corea del Sur. EE.UU. llevó la crisis de Corea ante la ONU, la cual votó a favor de defender Corea del Sur. EE.UU. y varios países mandaron tropas a Corea del Sur.

Los soldados de la ONU rápidamente derrotaron a los norcoreanos. Las tropas de la ONU avanzaron en Corea del Norte. Sin embargo, en noviembre de 1950, China Comunista entró en la guerra. Para mediados de 1951, ambos lados estaban nuevamente en la frontera original entre las dos Coreas. La guerra se prolongó por dos años más hasta que los oponentes finalmente firmaron un cese al fuego.

Resultados de la guerra La guerra de Corea fue frustrante para los americanos. Las tropas de EE.UU. y sus aliados salvaron a Corea del Sur, pero no ganaron la guerra. La guerra terminó en un empate. Le costó a EE.UU. 50,000 muertos y 100,000 heridos.

Sin embargo, la guerra fue un paso hacia el fin de la segregación en las fuerzas militares de EE.UU. En 1948, el presidente Truman ordenó la integración de las fuerzas armadas. Esto significaba que los americanos africanos y los blancos irían a pelear en las mismas unidades. Para 1951, el 30 por ciento de las unidades de combate de EE.UU. estaban integradas.

1. ¿Por qué defendió EE.UU. a Corea del Sur?
2. ¿Cuál fue el resultado de la guerra de Corea?

4 La Guerra Fría se Extiende a Cuba.
¿Cómo se involucró Cuba en la guerra fría?

La isla de Cuba se convirtió en parte de la guerra fría durante la década de 1960. Fidel Castro encabezó una revolución que derrocó una dictadura corrupta en Cuba. Al principio, Castro gozó del apoyo de Estados Unidos. Sin embargo, esto terminó cuando Castro estableció una dictadura comunista. Cuba se convirtió en aliada de la Unión Soviética.

Muchos cubanos huyeron de su país de origen por culpa de Castro. Se radicaron en Estados Unidos. (Ver capítulo 26.) Querían derrocar a Castro. En 1960, EE.UU. comenzó a entrenar a aproximadamente 1,500 cubanos para una invasión a Cuba.

La invasión ocurrió en 1961, cuando John F. Kennedy era presidente. Los exiliados cubanos desembarcaron en Cuba en la **bahía de Cochinos**. Sufrieron una derrota total. La invasión de la bahía de Cochinos fracasó en derrocar a Castro.

La Crisis de los cohetes en Cuba Al año siguiente, aviones espías de EE.UU. hicieron un hallazgo sorprendente. Fotografías tomadas por los aviones mostraron que la Unión Soviética estaba construyendo bases de cohetes nucleares en Cuba.

Kennedy actuó rápidamente. Exigió que los soviéticos retirasen sus cohetes

Leer un Mapa ¿Qué ocurrió primero: el avance de la ONU casi a la frontera con China, o el avance norcoreano y chino?

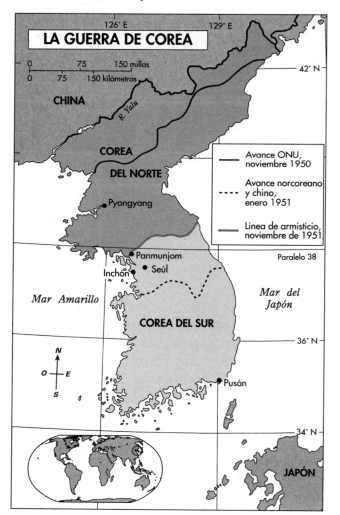

LA GUERRA DE COREA

0 75 150 millas
0 75 150 kilómetros

CHINA

R. Yalu

COREA DEL NORTE

Pyongyang

Avance ONU, noviembre 1950

Avance norcoreano y chino, enero 1951

Linea de armisticio, noviembre de 1951

Panmunjom
Inchón · Seúl

Paralelo 38

Mar Amarillo

COREA DEL SUR

Mar del Japón

42° N

36° N

Pusán

34° N

N
O — E
S

JAPÓN

inmediatamente. También bloqueó Cuba para que los soviéticos no pudieran mandar más cohetes.

Bombarderos de EE.UU. armados con armas nucleares estaban en el aire y en alerta. Los barcos soviéticos seguían navegando hacia Cuba. El mundo estaba al borde de una guerra nuclear.

Después de 13 días, los soviéticos retrocedieron. Ofrecieron retirar los cohetes si EE.UU. prometía no invadir Cuba. EE.UU. aceptó la oferta soviética.

Después de la **crisis de los cohetes en Cuba**, mejoraron las relaciones entre EE.UU. y la U.R.S.S. Las dos naciones firmaron un tratado para no probar armas nucleares en la atmósfera. Instalaron una línea telefónica directa entre los dos gobiernos.

1. ¿Qué fue la invasión de la bahía de Cochinos?
2. ¿Por qué bloqueó a Cuba el presidente Kennedy?

Las fatigadas tropas americanas escuchan noticias acerca de la firma del armisticio entre Corea del Norte y EE.UU. en 1953.

CAPÍTULO 17
IDEAS CLAVE

- Durante la guerra fría, EE.UU. y la Unión Soviética compitieron por el poder en el mundo.
- EE.UU. combatió la propagación del comunismo en Europa.
- Las tensiones de la guerra fría provocaron una guerra en Corea. La guerra de Corea costó miles de vidas americanas.
- La guerra fría llegó a las Américas cuando la Unión Soviética intentó establecer cohetes en la Cuba de Fidel Castro. EE.UU. obligó a los soviéticos a retirar los cohetes.

I. Repasar el Vocabulario

Une cada palabra o palabras de la izquierda con la definición correcta.

1. capitalismo

2. cortina de hierro

3. comunismo

a. línea divisoria entre Europa oriental y Europa occidental después de la Segunda Guerra mundial

b. sistema económico en el cual las personas son dueñas de la mayoría de los negocios y la tierra.

c. sistema económico en el cual el gobierno es dueño de la mayoría de los negocios y la tierra.

II. Entender el Capítulo

1. ¿Cuál fue el propósito del plan Marshall?

2. ¿Cómo fueron divididas Alemania y Corea después de la Segunda Guerra mundial?

3. ¿Por qué fue fustrante la guerra de Corea para Estados Unidos?

4. ¿Por qué piensas que Estados Unidos se sintió especialmente amenazado por el gobierno comunista de Cuba?

III. Desarrollo de Habilidades: Leer un Mapa

Estudia el mapa en la página 146. Después responde las siguientes preguntas:

1. Enumera tres países que se habían unido a la OTAN en 1955.

2. Enumera tres países que se habían unido al Pacto de Varsovia en 1955.

3. ¿Qué países previamente independientes se convirtieron en parte de la Unión Soviética después de la Segunda Guerra mundial?

IV. Escribir Acerca de la Historia

1. Escribe una entrevista de periódico en la cual el presidente Truman responda a preguntas acerca de por qué puso en práctica el plan Marshall.

2. **¿Qué hubieras hecho?** Imagínate que eres asesor del presidente Kennedy. ¿Qué le dirías durante la crisis de los cohetes en Cuba?

V. Trabajar Juntos

Del Pasado al Presente A partir de 1989, la Unión Soviética y los países de Europa oriental rechazaron el comunismo. Con un pequeño grupo de compañeros, escojan un país de Europa oriental. Averigüen qué tipo de gobierno tiene ese país hoy en día. Además, averigüen acerca de las relaciones de EE.UU. con ese país.

PROSPERIDAD Y PROBLEMAS DESPUÉS DE LA GUERRA. (1946-1956)

¿Cómo cambió la vida en EE.UU. después de la Segunda Guerra mundial?

En 1955, Rosa Parks se rehusó a dejar su asiento a una persona blanca en un autobús en Montgomery, Alabama. Su arresto desencadenó el movimiento por los derechos civiles.

Buscando los Términos Clave

- Ley de derechos de los *GI* • *Brown* vs. *Consejo de Educación*

Buscando las Palabras Clave

- **inflación:** alza rápida de precios que reduce el valor del dinero
- **veterano:** persona que ha servido en las fuerzas armadas.
- **auge:** período de gran prosperidad

- **lista negra:** lista de personas u organizaciones sospechosas
- **boicot:** rehusarse a comprar, vender, o utilizar bienes de ciertas compañías, personas o países

SUGERENCIA DE

Escribe las preguntas que aparecen al principio de cada sección. Mientras lees cada sección, contesta la pregunta. Finalmente, contesta la pregunta al comienzo del capítulo.

ESTUDIO

Cuando terminó la Segunda Guerra mundial, Estados Unidos lo celebró. La gente se daba abrazos y besos unos a otros. Sin embargo, los americanos también estaban preocupados por el futuro. Se acordaban de la gran depresión. Sólo los miles de millones de dólares gastados en librar la guerra habían terminado con la depresión. ¿Qué pasaría cuando parara este gasto? ¿Dónde encontrarían empleos los millones de soldados que regresaban?

Después de la Segunda Guerra mundial, los americanos formaron familias y empezó el auge de los bebés. El auge llenó las guarderías y los escuelas.

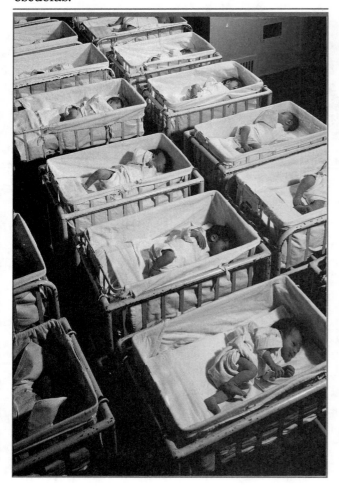

¿Qué beneficios y problemas trajo la paz a Estados Unidos?

Había otras preocupaciones con respecto a la economía. Después de la Segunda Guerra mundial el gobierno había quitado los controles de precios, lo cual resultó en **inflación**. La inflación es un alza súbita de los precios. De 1946 a 1947 los precios aumentaron un 33 por ciento.

Debido a la inflación, muchos trabajadores fueron a la huelga por salarios más altos. Durante 1946, cinco millones de trabajadores entraron en huelga.

No obstante, las condiciones pronto comenzaron a mejorar. La gente había ahorrado miles de millones de dólares durante la guerra. Comenzaron a comprar autos, lavaplatos, casas y otras cosas que no habían podido conseguir durante la guerra.

Las fábricas pasaron de fabricar pertrechos militares a artículos de consumo y se mantuvieron en actividad. EE.UU. también vendió bienes a otras naciones. Comenzó un **auge** económico en Estados Unidos después de la guerra. Un auge es un período de gran prosperidad.

Beneficios a veteranos   El gobierno ayudó a los soldados que regresaban con una ley llamada **ley de derechos de los *GI*** (*GI* por *Government Issue*, la apelación que se le daba a los soldados en aquel entonces). Dio dinero a los **veteranos** para cursar estudios. Más de ocho millones de veteranos utilizaron la ley de derechos de los GI para recibir educación. Más de dos millones asistieron a la universidad.

La ley de derechos de los GI dio préstamos a los veteranos para que comen-

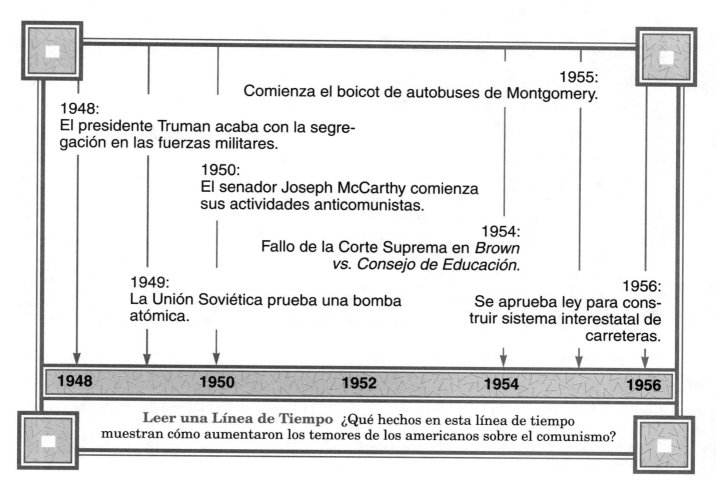

1955:
Comienza el boicot de autobuses de Montgomery.

1948:
El presidente Truman acaba con la segregación en las fuerzas militares.

1950:
El senador Joseph McCarthy comienza sus actividades anticomunistas.

1954:
Fallo de la Corte Suprema en *Brown vs. Consejo de Educación*.

1949:
La Unión Soviética prueba una bomba atómica.

1956:
Se aprueba ley para construir sistema interestatal de carreteras.

| 1948 | 1950 | 1952 | 1954 | 1956 |

Leer una Línea de Tiempo ¿Qué hechos en esta línea de tiempo muestran cómo aumentaron los temores de los americanos sobre el comunismo?

zaran sus propios negocios. También les dio préstamos para comprar casa. Millones de veteranos compraron casas en los suburbios. Para 1960, uno de cada cuatro americanos vivía en los suburbios.

El auge de los bebés   Los americanos compraron casas porque se habían casado y habían comenzado a formar familias. En los años inmediatamente posteriores a la guerra, se casaron un número récord de americanos. Después, estas parejas de recién casados comenzaron a tener un número récord de los bebés. La gente llamó a este incremento repentino de la tasa de natalidad el auge de los bebés.

Muchas de las nuevas madres habían dejado de trabajar cuando terminó la Segunda Guerra mundial. Después de la guerra, más de dos millones de mujeres abandonaron sus empleos. Sin embargo, la fuerte economía de la posguerra pronto creó muchos nuevos empleos para las mujeres. Para 1950, casi tres millones de mujeres habían encontrado nuevos empleos.

Un Trato Justo   El presidente Harry Truman fue elegido para un mandato en 1948. Entonces presentó su programa llamado Trato Justo. Esas leyes aumentaron el salario mínimo, e incrementaron los beneficios del seguro social. El Trato Justo también construyó viviendas para las personas de bajos ingresos.

En 1952, Dwight D. Eisenhower fue electo presidente. Eisenhower tenía

El senador Joseph McCarthy acusó a muchos altos funcionarios del gobierno de ser comunistas. Aquí muestra lo que dice ser un diagrama de la fuerza del Partido Comunista de EE.UU.

ideas diferentes a las de Roosevelt o Truman acerca del papel del gobierno. Pensaba que el gobierno debería hacer menos para manejar la economía. No obstante, en 1956, Eisenhower firmó una ley para construir un sistema interestatal de carreteras. En los siguientes 20 años, el gobierno construyó 41,000 millas (65,600 kilómetros) de carreteras.

1. ¿Qué beneficios ganaron los veteranos con la ley de derechos de los *GI*?
2. ¿Qué fue el auge de los bebés?

2 El Temor al Comunismo Causa Pánico.

¿Cómo afectó la guerra fría la vida en EE.UU.?

El temor a la Unión Soviética y al comunismo comenzó a crecer cuando terminaba la Segunda Guerra mundial. Estos temores se generalizaron a fines de la década de 1940. A principios de los años 1950, se habían hecho muy comunes. Muchos americanos creían historias falsas acerca de comunistas dentro del gobierno.

Las tensiones de la guerra fría fueron la mayor causa del temor de EE.UU. al comunismo. Los americanos se enfadaron cuando la Unión Soviética se apoderó de Europa oriental después de

1945. Se preocuparon aún más cuando la Unión Soviética probó su primera bomba atómica en 1949.

Las noticias acerca de casos de espionaje incrementaron los temores sobre comunismo. En 1947, fue atacada la industria del cine en Hollywood. Actores, escritores y directores que eran sospechosos de ser comunistas fueron puestos en **listas negras**. Una lista negra es una lista de personas que son consideradas sospechosas. Las personas en las listas negras no podían encontrar trabajo.

El senador Joseph McCarthy llevó el temor anticomunista a su apogeo. En 1950 dijo tener una lista de 205 comunistas en el gobierno. Aún así, nunca probó que ningún trabajador de gobierno fuese comunista.

La caída de McCarthy Entre 1950 y 1954, McCarthy fue uno de los políticos más temidos en Estados Unidos. Pero fue demasiado lejos. En 1954, acusó al ejército de tener comunistas en sus filas. Un comité del Senado investigó sus acusaciones.

Millones de americanos vieron en televisión que McCarthy no tenía pruebas para respaldar sus aseveraciones. El país se volcó contra él. En diciembre de 1954, el Senado condenó sus acciones. Dentro de pocos años se había acabado el temor al comunismo.

1. ¿Quién fue el senador Joseph McCarthy?
2. ¿Cómo afectó la guerra fría los sentimientos acerca del comunismo en Estados Unidos?

3 Comienza el Movimiento de los Derechos Civiles.

¿Cómo comenzó el movimiento de los derechos civiles?

En la fría tarde del 1° de diciembre de 1955, Rosa Parks se subió a un autobús en Montgomery, Alabama. La Sra. Parks estaba cansada después de haber trabajado todo el día. Como era americana africana se sentó en la sección "de color", en la parte trasera del autobús.

Los americanos africanos en el sur estaban obligados a vivir en una sociedad segregada, donde hasta las fuentes de agua estaban divididas en las de "color" y las "blancas".

Elizabeth Eckford atravesó valientemente una muchedumbre agresiva para integrar la Central High School de Little Rock, Arkansas.

Sólo las personas blancas se podían sentar en la parte anterior del autobús. La Sra. Parks tomó un asiento en la primera fila de la sección "de color".

El arresto de Rosa Parks   Pronto se llenó la sección "blanca" del autobús. El conductor le dijo a la Sra. Parks que le diera su asiento a una persona blanca. La Sra. Parks se rehusó. Llegó la policía y la arrestó.

Segregación en el norte y el sur El arresto de Rosa Parks fue un ejemplo de las injusticias que sufrían los americanos africanos después de la Segunda Guerra mundial. En muchas partes del sur, había leyes que segregaban a las personas. El norte no tenía segregación legal. Sin embargo, el prejuicio frecuentemente hacía que la segregación fuese un hecho cotidiano.

No obstante, se había progresado en esto después de la guerra. En 1947, Jackie Robinson se convirtió en el primer americano africano en jugar béisbol en las ligas mayores. Otros americanos africanos se le unieron rápidamente.

Segregación en la educación   Sin embargo, aún había mucha segregación cuando comenzó la década de 1950. Esto era especialmente cierto en la educación. Veintiún estados y Washington, D.C., tenían escuelas segregadas. En 1896, la Corte Suprema había aprobado la segregación en el caso *Plessy vs. Ferguson*. La corte falló que los sistemas separados para blancos y negros eran legales siempre que fuesen iguales. En el mundo real, las escuelas separadas nunca eran iguales.

En 1954, llegó un nuevo caso ante la Corte Suprema. Se llamaba *Brown vs. Consejo de Educación de Topeka, Kansas*. En este caso, Oliver Brown quería que su hija asistiese a una escuela blanca cerca de su casa. Ella había estado viajando a una escuela negra a más de dos millas (3.2 kilómetros) de distancia. Todos los magistrados de la Corte Suprema estaban de acuerdo. Fallaron que la segregación en las escuelas públicas era anticonstitucional. El fallo se aplicaba a todas las escuelas públicas de Estados Unidos.

La corte ordenó a los distritos escolares integrarse de inmediato. Muchos lo hicieron, pero los blancos en muchas partes del sur no se integraron. Hubo una prueba de fuego en Little Rock, Arkansas, en septiembre de 1957. El gobernador de Arkansas trató de utilizar la Guardia Nacional para impedir que los estudiantes negros entraran a la Central High School.

El presidente Eisenhower actuó para aplicar ley. Le quitó el mando de la Guardia Nacional al gobernador y mandó soldados federales.

Boicot a los autobuses Otra manera de combatir la segregación era el **boicot**. Un boicot se produce cuando la gente se rehúsa a comprar bienes o servicios de una cierta compañía. Después del arresto de Rosa Parks, los americanos africanos boicotearon los autobuses en Montgomery, Alabama. Un joven ministro, el Dr. Martin Luther King, hijo, encabezó el boicot. King creía que la lucha contra la segregación debía ser no violenta.

El boicot duró 381 días. Hubo varios intentos de quebrarlo. La policía arrestó a los líderes del boicot, pero éste continuó. Como dijo una persona: "No camino por mí mismo. Camino por mis hijos y mis nietos."

A fines de 1956, la Corte Suprema prohibió la segregación en los autobuses de Alabama. En diciembre, el Dr. King y otros líderes americanos africanos abordaron los autobuses integrados de Montgomery.

1. ¿Qué fallo de la Corte Suprema prohibió la segregación en las escuelas públicas?
2. ¿Qué desencadenó el boicot de los autobuses de Montgomery?

CAPÍTULO 18
IDEAS CLAVE

- Después de la Segunda Guerra mundial, la economía de EE.UU. tuvo un auge. La ley de derechos de los *GI* fue promulgada para los soldados que regresaban. Les ayudó a recibir educación, comenzar empresas y comprar casas.

- Como resultado de los temores de la guerra fría, muchos americanos comenzaron a temer al comunismo en Estados Unidos. El senador Joseph McCarthy acusó a muchas personas de ser comunistas.

- Los americanos africanos comenzaron a luchar por más derechos durante la década de 1950. *Brown* vs. *Consejo de Educación* acabó con las escuelas segregadas. El boicot de autobuses de Montgomery acabó con la segregación en los autobuses.

I. Repasar el Vocabulario

Une cada palabra o palabras de la izquierda con la definición correcta.

1. boicot   **a.** alza rápida de precios que reduce el valor del dinero

2. lista negra   **b.** lista de personas u organizaciones sospechosas

3. inflación   **c.** rehusarse a comprar ciertos productos o a comprar a cierta empresa

II. Entender el Capítulo

1. ¿Cómo cambió la economía de EE.UU. después de la Segunda Guerra mundial?

2. ¿Cómo afectó a Estados Unidos el temor al comunismo?

3. ¿Por qué fue el de *Brown* vs. *Consejo de Educación de Topeka, Kansas* un fallo importante de la Suprema Corte?

4. ¿Qué efecto tuvo el arresto de Rosa Parks en la lucha contra la segregación?

III. Desarrollo de Habilidades: Revisión de Tiempos

1. Qué ocurrió primero: ¿el Trato Justo, o la elección de Dwight Eisenhower como presidente?

2. Qué ocurrió primero: ¿la ocupación de Europa oriental por parte de la Unión Soviética, o las acusaciones del senador Joseph McCarthy acerca de los comunistas en Estados Unidos?

3. Qué ocurrió primero: ¿el arresto de Rosa Parks, o el fallo de *Brown vs. Consejo de Educación*?

IV. Escribir Acerca de la Historia

1. **¿Qué hubieras hecho?** Imagínate que eres Rosa Parks. ¿Obedecerías al conductor del autobús? Escribe en tu diario cómo hubieras reaccionado en aquel día.

2. Supón que hubieras vivido en la década de 1950. Escribe un editorial que describa tu opinión acerca del temor al comunismo en Estados Unidos.

V. Trabajar Juntos

Del Pasado al Presente Los boicots frecuentemente son una manera de que la gente logre sus objetivos en una forma no violenta. Con un grupo de compañeros, averigüen si ha habido boicots recientemente en los que hayen participado personas de su comunidad. Después, elaboren una lista de otras maneras no violentas que se pueden utilizar para lograr objetivos.

CINCO PRESIDENTES CAMBIAN LA NACIÓN. (1960-1980)

¿Cómo lidió el gobierno con la pobreza y otros problemas sociales en las décadas de 1960 y 1970?

El presidente Kennedy se reunió con líderes americanos africanos, incluyendo Martin Luther King, en 1963.

Buscando los Términos Clave

- Ley de derechos civiles de 1964 • Ley de derecho al voto de 1965
- *Medicare* • *Medicaid*

Buscando las Palabras Clave

- **asesinato:** homicidio planificado
- **contragolpe:** respuesta negativa a algo que está aconteciendo
- **juicio de residencia:** instruir cargos contra un oficial de gobierno

- **tirano:** gobernante cruel
- **rehén:** persona a la que se mantiene presa hasta que se acceda a ciertas demandas

SUGERENCIA DE ESTUDIO

Se analiza la obra de cinco presidentes en este capítulo. Búscalos en una enciclopedia. Escribe un hecho de cada presidente que no esté mencionado en este capítulo.

Las décadas de 1960 y 1970 fueron tiempos de triunfo y de tragedia. De los cinco presidentes que sirvieron en estos años, dos no terminaron sus mandatos. Uno fue asesinado. Otro renunció por un escándalo político. Durante esta época, el gobierno federal tomó muchas nuevas inciativas. Mandó astronautas a la luna. Comenzó programas para ayudar a los pobres y enfermos. Procuró la igualdad de derechos. Los americanos no se pusieron de acuerdo si estos programas ayudarían al país o si lo perjudicarían.

1 El Presidente Kennedy Establece Nuevos Objetivos Para la Nación.

¿Cuál fue la contribución del presidente Kennedy a la nación?

John F. Kennedy trajo una gran energía a la Casa Blanca en 1961. Con 43 años, era el presidente más joven que haya tenido el país. Propuso una serie de nuevos programas.

Kennedy había prometido llevar al país "al borde de una nueva frontera". Quería luchar contra la pobreza y mejorar la educación, proveer servicios médicos a los ancianos y promover la justicia social.

Los demócratas conservadores se unieron a los republicanos para bloquear la mayoría de los programas en el Congreso. Sin embargo, el Congreso aprobó una parte clave del programa de Kennedy. El presidente había propuesto "mandar un hombre a la luna" antes del fin de la década de 1960. El gobierno soviético ya tenía un programa espacial. Los americanos temían que Estados Unidos se quedara atrás.

Derechos civiles Kennedy fue propulsor de los derechos civiles. El gobierno acudió a la justicia para lograr apoyo al derecho de voto de los

Leer una Gráfica ¿Qué candidato ganó la mayoría de los votos electorales? Haz un enunciado corto acerca de la elección de 1960 basado en la información de las gráficas.

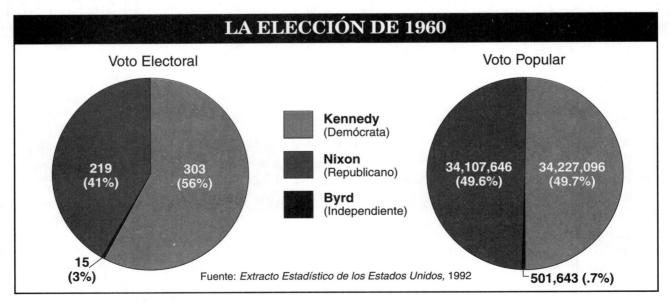

LA ELECCIÓN DE 1960

Voto Electoral

Voto Popular

Kennedy (Demócrata)

Nixon (Republicano)

Byrd (Independiente)

219 (41%)

303 (56%)

15 (3%)

34,107,646 (49.6%)

34,227,096 (49.7%)

501,643 (.7%)

Fuente: *Extracto Estadístico de los Estados Unidos,* 1992

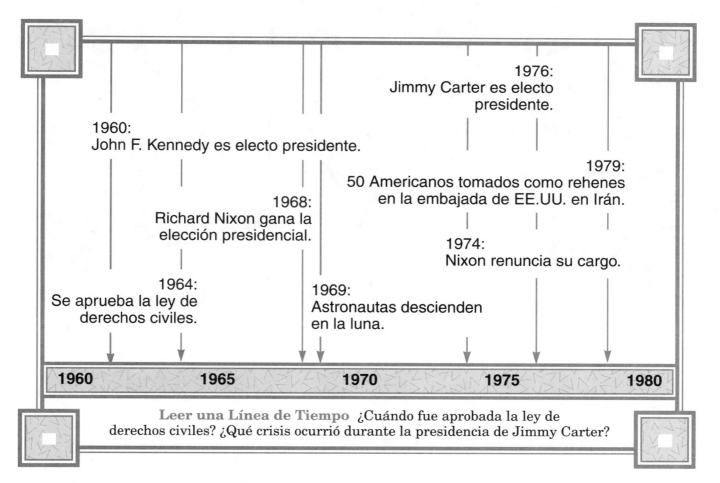

1976:
Jimmy Carter es electo presidente.

1960:
John F. Kennedy es electo presidente.

1979:
50 Americanos tomados como rehenes en la embajada de EE.UU. en Irán.

1968:
Richard Nixon gana la elección presidencial.

1974:
Nixon renuncia su cargo.

1964:
Se aprueba la ley de derechos civiles.

1969:
Astronautas descienden en la luna.

| 1960 | 1965 | 1970 | 1975 | 1980 |

Leer una Línea de Tiempo ¿Cuándo fue aprobada la ley de derechos civiles? ¿Qué crisis ocurrió durante la presidencia de Jimmy Carter?

americanos africanos. Para muchos blancos sureños, Kennedy era un enemigo.

Pero los americanos africanos querían que Kennedy hiciera más. Lo instaron proponer más leyes de derechos civiles. En 1963, Kennedy propuso una amplia ley de derechos civiles, diciendo que el prejuicio racial era un gran mal.

Muerte en Dallas Kennedy murió antes de que el Congreso pudiera analizar su proyecto de ley de derechos civiles. Fue **asesinado** en noviembre de 1963, durante un desfile en Dallas, Texas.

Lee Harvey Oswald fue arrestado por el homicidio, pero nunca llegó a ser juzgado. Dos días después de la muerte de Kennedy, un hombre llamado Jack Ruby mató a Oswald. Algunos americanos se preguntaron si Oswald y Ruby formaban parte de un complot más amplio. Aún hoy en día, algunos americanos creen que Oswald no actuó solo.

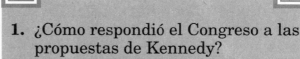

1. ¿Cómo respondió el Congreso a las propuestas de Kennedy?
2. ¿Qué medidas tomó Kennedy en apoyo a los derechos civiles?

El Cuerpo de Paz mandó voluntarios a todo el mundo. Este, el primer grupo en salir de los Estados Unidos, enseñó durante dos años en Ghana.

Después de la muerte de Kennedy, el país pasó por un período de luto. Luego, la vida regresó a la normalidad. El vicepresidente de Kennedy, Lyndon B. Johnson, encabezaba ahora a la nación.

2 El Presidente Johnson Intenta Construir la "Gran Sociedad"

¿Qué programas sociales comenzó el presidente Johnson?

Años de servicio en el Congreso le habían enseñado al presidente Johnson el arte de ganar votos. Nunca se cansaba de hablar y convencer. Sabía cuándo ser dulce y cuándo hablar con firmeza. Johnson podía ganar los votos que necesitara.

La gran sociedad Johnson dijo que su objetivo era construir la "gran sociedad". Propuso muchas leyes para hacerlo.

Primero, Johnson hizo que el Congreso aprobara la ley de derechos civiles de Kennedy. Fue llamada la **ley de derechos civiles de 1964**. La ley prohibía la discriminación en restaurantes, hoteles, teatros e instalaciones deportivas. También cubría la contratación de personas y el voto. Prohibía la discriminación basada en raza, religión, sexo u origen nacional. Johnson también propuso una "guerra a la pobreza". El Congreso aprobó las leyes de la "gran sociedad" de Johnson. Una de ellas comenzó un programa de ayuda federal a la educación.

Después de nuevos ataques a activistas de los derechos civiles en el sur, Johnson pidió leyes más estrictas. El Congreso respondió con la **ley de derecho al voto de 1965**. Prohibía las pruebas de alfabetismo para votantes. Algunos estados habían utilizado esas pruebas para evitar, injustamente, que los americanos africanos votasen.

El Congreso creó el programa de **Medicare** para ayudar a los ancianos a pagar sus gastos médicos. *Medicare* era parte del seguro social, y por lo tanto se aplicaba a casi toda la población. El programa **Medicaid** dio ayuda adicional a los pobres.

La sombra de Vietnam No obstante, al pasar el tiempo, cayó una sombra sobre la gran sociedad de Johnson. Era la sombra de Vietnam.

La guerra se libraba en ese país del sudeste asiático desde el final de la década de los 1940. Durante el gobierno de Johnson, EE.UU. mandó cientos de miles de soldados a Vietnam. Conforme subía el número de muertos, la guerra provocaba un intenso debate.

La guerra de Vietnam perjudicó a Johnson. Puso a muchos americanos en su contra. Johnson decidió que era demasiado impopular como para ganar la elección de 1968. Sorprendió a todos al anunciar que no se postularía.

El programa *Medicare* ayudó a los ancianos a pagar sus gastos médicos. Aquí, trabajadores jubilados muestran su apoyo a la ley de *Medicare*.

1. Enumera tres programas que comenzó Johnson.
2. ¿Cómo afectó la guerra en Vietnam los programas de la "gran sociedad" de Johnson?

3 Un Escándalo Lleva a la Caída del Presidente Nixon.

¿Por qué provocó Watergate la renuncia del presidente Nixon?

Con los demócratas divididos acerca de la guerra de Vietnam, el republicano Richard Nixon ganó la elección de 1968. Nixon argumentaba que Estados Unidos estaba desperdiciando dinero en programas sociales mal diseñados.

Nixon logró muchos éxitos. En 1969, astronautas de EE.UU. aterrizaron en la luna. Cuando regresaron, fue Nixon quien los recibió.

Logros en el extranjero Nixon y su principal asesor, Henry Kissinger, dieron muchos pasos audaces. En el capítulo 20, leerás cómo sacaron las

El presidente Nixon visitó la Gran Muralla de China cuando viajó a ese país en 1972.

tropas de EE.UU. de Vietnam. Igual de importantes fueron las visitas a China y la Unión Soviética. Esto comenzó un período de mejores relaciones con estos países comunistas.

En el país, Nixon desarrolló una política conservadora. Trató de transferir algunos programas federales a los gobiernos estatales.

En cuestión de derechos civiles, Nixon respondió a un "contragolpe blanco". Un **contragolpe** es una reacción negativa a algo. En este caso, era una respuesta al movimiento de derechos civiles. Nixon se opuso a los programas para mandar a niños americanos africanos en autobús a escuelas "blancas".

El caso Watergate En 1972, Nixon ganó la reelección fácilmente. Captó tres de cada cinco votos.

Un pequeño incidente durante la campaña electoral se tornó en contra de Nixon. Fue un robo en el edificio Watergate en Washington, D.C. Los ladrones entraron en las oficinas del cuartel general del partido Demócrata. Estaban trabajando para la campaña de reelección de Nixon.

Nixon se percató de lo que había acontecido. Le pudo haber dicho a los miembros de su equipo que dijeran la verdad. Pero, trató de esconder los hechos. Sus funcionarios mintieron al Congreso y al FBI.

La verdad se supo de todas maneras. Los legisladores estaban furiosos. En 1974, comenzaron el **juicio de residencia** contra Nixon. En el juicio de residencia a político se enjuicia a un funcionario en la Cámara de Representantes. Es el primer paso para expulsar a un funcionario de su cargo. El siguiente paso es la sentencia por parte del Senado. Nixon sabía ciertamente que perdería. Así que, en un dramático discurso por televisión, Nixon renunció. El vicepresidente Gerald Ford se convirtió en el nuevo presidente.

1. ¿Qué logró Nixon en política externa y doméstica?
2. ¿Por qué renunció Nixon?

4 Los Problemas que Perjudicaron a los Presidentes Ford y Carter.

¿Por qué se mostraron descontentos los votantes primero con el presidente Ford y después con el presidente Carter?

Como presidente, Gerald Ford pasó por graves problemas económicos. En 1973, las naciones árabes habían cortado la venta de petróleo para protestar por el apoyo de EE.UU. a Israel. Los precios del petróleo subieron rápidamente y se mantuvieron altos aún después de que los árabes comenzaran a vender petróleo de nuevo. EE.UU. estaba en medio de una gran inflación. La economía iba de mal en peor.

Ford trató de aplicar varios programas para fortalecer la economía. Nada funcionó. Miles de personas perdieron sus empleos. Otros no podían pagar sus cuentas. Los votantes descontentos escogieron a Carter en lugar de Ford en 1976.

Altibajos de Carter   Jimmy Carter también enfrentó a graves problemas económicos. En 1979, los precios del petróleo repuntaron aún más. La inflación se generalizó. En un año, el costo de vida aumentó un asombroso 13 por ciento.

Carter instó a los americanos a utilizar menos energía. Bajó la calefacción y usó un suéter en la Casa Blanca. Pero sus referencias a una "crisis de la energía" enfadaron a muchas personas. Sus críticos dijeron que la respuesta a los altos precios de la energía era encontrar más petróleo.

En política exterior, Carter tuvo un gran éxito. En 1978, reunió a los líderes de Egipto e Israel para negociaciones de paz. Las conversaciones se desarrollaron en el Camp David, en Maryland. Concluyeron en un tratado de paz, el primero entre Israel y un vecino árabe. Los árabes y los israelíes habían librado cuatro guerras. Carter dijo que esperaba que éste sería el primer paso a una paz más amplia.

Carter trató de extender el descongelamiento de la guerra fría. En 1979, firmó un nuevo tratado sobre limitación de armamentos con la Unión Soviética. Ese diciembre, soldados soviéticos invadieron Afganistán. Entonces Carter suspendió el tratado, y pidió al

Cuando una crisis de energía afectó a EE.UU. en la década de 1970, los americanos tuvieron que hacer fila en las gasolineras para llenar sus tanques.

Congreso que aumentara el gasto militar.

La peor crisis ocurrió en Irán. En 1979, una revolución sacudió a Irán. El Shah, o emperador, tuvo que huir. Los nuevos líderes de Irán calificaron al Shah de **tirano**. Un tirano es un gobernante cruel. Culpaban a los americanos de haber apoyado al Shah. A fines de 1979, un grupo de iraníes tomó la embajada de EE.UU. en la capital, Teherán. Tomaron más de 50 **rehenes** americanos. Un rehén es alguien que es mantenido prisionero hasta que se acceda a ciertas demandas. La crisis continuó durante 13 largos meses. Una misión de rescate enviada por Carter fracasó. Los votantes culparon a Carter de la larga crisis.

En 1980, Ronald Reagan, un republicano, ganó la elección presidencial. Irán liberó a los rehenes el día que Reagan tomó posesión.

1. ¿Qué problemas enfrentaron Ford y Carter?
2. ¿Por qué los sacaron de sus puestos los votantes?

CAPÍTULO 19
IDEAS CLAVE

- John Kennedy propuso nuevos objetivos económicos y de derechos civiles, pero fue asesinado antes de que pudiera lograrlos.

- El presidente Johnson creó muchos programas sociales y económicos. Algunos ampliaron los derechos de las minorías. Otros mejoraron la vida de los pobres.

- El presidente Nixon redujo las tensiones de la guerra fría. Sin embargo, un escándalo lo obligó a renunciar.

- Los presidentes Ford y Carter trataron de lidiar con graves problemas económicos.

I. Repasar el Vocabulario

Une cada palabra o palabras de la izquierda con la definición correcta.

1. asesinato

a. hacer acusaciones contra un funcionario de gobierno

2. rehén

b. respuesta negativa a algo que está aconteciendo

3. contragolpe

c. homicidio planificado

4. juicio de residencia

d. persona a la que se mantiene presa hasta que se acceda a ciertas demandas

II. Entender el Capítulo

1. ¿Qué programas conformaban la "gran sociedad" del presidente Johnson?

2. ¿Cuáles fueron los logros del presidente Nixon en el extranjero?

3. ¿Qué problemas trató de solucionar el presidente Ford?

4. ¿Qué crisis afectó la popularidad de Carter en 1979?

III. Desarrollo de Habilidades: Identificar Causa y Efecto

En cada uno de los siguientes casos, di cuál es la causa y cuál el efecto.

1. Nixon renuncia; se descubre el caso Watergate.

2. Kennedy propone la "nueva frontera"; astronautas de EE.UU. aterrizan en la luna.

3. Carter pierde la elección de 1980; fracasa la misión de rescate de rehenes de EE.UU. en Irán.

IV. Escribir Acerca de la Historia

1. **¿Qué hubieras hecho?** Si fueras legislador en el Congreso, ¿aprobarías el programa espacial del presidente Kennedy? Explica.

2. Imagínate que trabajas para el presidente Carter en 1979. Escribe un anuncio de periódico que explique cómo deberían actuar los americanos durante la crisis de energía.

V. Trabajar Juntos

Del Pasado al Presente En 1965, el presidente Johnson pronunció un discurso para pedir que se pusiera fin el odio racial. Con un grupo, discutan qué podría decir un presidente hoy en día acerca de la discriminación. Enumeren temas que un presidente podría abarcar.

EE.UU. Libra Una Guerra en Vietnam. (1960-1975)

¿Por qué fue EE.UU. a la guerra en Vietnam y cuál fue el resultado?

Bajo fuego, soldados de EE.UU. evacuan del frente a un soldado herido. Miles de ellos lucharon y murieron en la guerra de Vietnam.

SUGERENCIA DE ESTUDIO

En una hoja de papel, elabora una lista de los presidentes de Eisenhower a Nixon. Escribe cómo cada presidente lidió con el tema de Vietnam.

Buscando los Términos Clave

- teoría del dominó • Viet Cong • Vietnamización
- ofensiva Tet

Buscando las Palabras Clave

- **intensificación:** incremento lento pero constante en el nivel de guerra
- **halcón:** alguien que apoya la guerra
- **paloma:** alguien que se opone a la guerra
- **amnistía:** perdón que se da a quienes cometieron delitos

Hasta la década de 1960, pocos americanos sabían algo acerca de Vietnam. Pero cuando los comunistas se apoderaron de China en 1949, los líderes de EE.UU. temieron que el comunismo se expandiera.

Veían al sudeste de Asia como una hilera de fichas de dominó. Cuando cae una ficha de dominó, derriba a las que tiene al lado. Si Vietnam "cayera", sus vecinos también caerían. Durante años, esta **teoría del dominó** guió la política de Estados Unidos.

1 La Guerra Fría Lleva a Estados Unidos a la Guerra en Vietnam.

¿Por qué estalló la guerra en Vietnam?

Dos Vietnam   Vietnam había sido colonia de Francia. Después de la Segunda Guerra mundial, los vietnamitas lucharon por la independencia. Sin embargo, Vietnam se independizó como dos naciones. Vietnam del Norte tenía un gobierno comunista. Vietnam del Sur prometió convocar a elecciones libres, pero después se rehusó a hacerlo.

En respuesta, los opositores al gobierno de Vietnam del Sur lanzaron una guerra civil. Formaron grupos de guerrillas. Los guerrilleros fueron encabezados por dirigentes del **Viet Cong**, quienes eran comunistas

Vietnam del Sur pidió ayuda a Estados Unidos. El presidente Dwight Eisenhower mandó 1,000 asesores militares para entrenar al ejército sudvietnamita, pero la lucha se extendió.

Para 1963, el presidente John Kennedy había incrementado el número de asesores de EE.UU. a 16,700. El presidente Lyndon Johnson trató de obligar a Vietnam del Norte a que dejara de apoyar a los guerrilleros.

Una guerra más amplia   Fue entonces, en agosto de 1964, que los hechos precipitaron a Estados Unidos a una guerra más amplia. En la costa de Vietnam del Norte, en el golfo de Tonkin, el acorazado *Maddox* fue atacado por barcos norvietnamitas.

Johnson mandó aviones de EE.UU. a bombardear bases y tanques de almacenamiento de petróleo en Vietnam del Norte. El Congreso rápidamente respaldó al presidente.

Intensificación   Poco a poco, EE.UU. se deslizó a una guerra total en Vietnam. Johnson mandó los primeros combatientes de EE.UU. Después, los guerrilleros lanzaron nuevos ataques, por lo que Johnson mandó más soldados. A este incremento lento pero constante en el nivel de la guerra se le llamó **intensificación**.

Para fines de 1965, había 181,000 soldados de EE.UU. en Vietnam. Tres años más tarde, la cifra se había incrementado a 536,000. Cada semana, los aviones de EE.UU. traían de regreso soldados muertos en "bolsas de cadáveres". Conforme subía la mortalidad, se incrementaba la oposición a la guerra de Vietnam.

Johnson decidió en 1968 que tal vez no ganaría la reelección. Decidió no postularse. Richard Nixon ganó la elección presidencial en 1968.

Vietnamización Nixon también creía en la teoría del dominó. Dijo que los EE.UU. debía "mantenerse firme ante los comunistas". Al mismo tiempo, quería acabar con la guerra.

La solución de Nixon fue entregar la lucha al ejército sudvietnamita. A esta política se le llamó **vietnamización**. Esto significaba que Nixon podría comenzar a hacer regresar a los soldados de EE.UU. al país. Para fines de 1972, sólo quedaban 50,000 soldados de EE.UU. en Vietnam.

Acuerdo de paz Las negociaciones de paz que habían comenzado en la década de 1960 finalmente tuvieron

Leer una Mapa ¿Qué países atraviesa la ruta Ho Chi Minh?

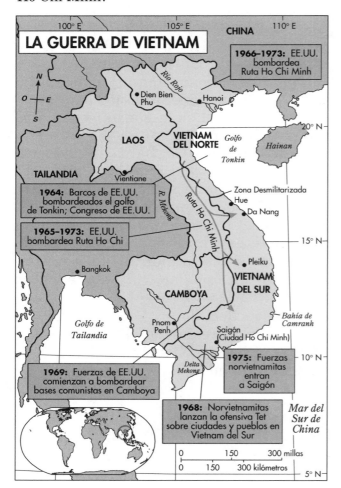

LA GUERRA DE VIETNAM

1966–1973: EE.UU. bombardea Ruta Ho Chi Minh

1964: Barcos de EE.UU. bombardeados el golfo de Tonkin; Congreso de EE.UU.

1965–1973: EE.UU. bombardea Ruta Ho Chi

1969: Fuerzas de EE.UU. comienzan a bombardear bases comunistas en Camboya

1975: Fuerzas norvietnamitas entran a Saigón

1968: Norvietnamitas lanzan la ofensiva Tet sobre ciudades y pueblos en Vietnam del Sur

0   150   300 millas
0   150   300 kilómetros

éxito en enero de 1973. EE.UU. firmó acuerdos con Vietnam del Norte. Las últimas tropas de combate de EE.UU. regresaron a casa.

Sin embargo, la guerra continuó sin EE.UU. Finalmente terminó en 1975, con Vietnam del Norte y los guerrilleros como ganadores. Vietnam del Sur y del Norte se convirtieron en una sola nación.

1. ¿Qué era la teoría del dominó?
2. ¿Cómo terminó la guerra de Vietnam?

2 Los Americanos Divididos por la Guerra.
¿Cómo se manifestó la oposición a la guerra en EE.UU.?

La guerra de Vietnam dividió tajantemente a la opinión pública de EE.UU. Algunos americanos apoyaban la guerra. Otros la criticaban. La guerra se convirtió en el tema de un gran debate

Palomas y Halcones Tanto a los críticos como a los partidarios de la guerra se les pusieron apodos. Las **palomas** estaban contra la guerra. Los **halcones** estaban a favor.

Las palomas argumentaban que la guerra en Vietnam era una guerra civil, y que por lo tanto, las tropas de EE.UU. no debían interferir. Los halcones decían que EE.UU. debía parar la propagación del comunismo. También decían que los presidentes de EE.UU. habían prometido defender a Vietnam del Sur y que los americanos deberían cumplir esa promesa.

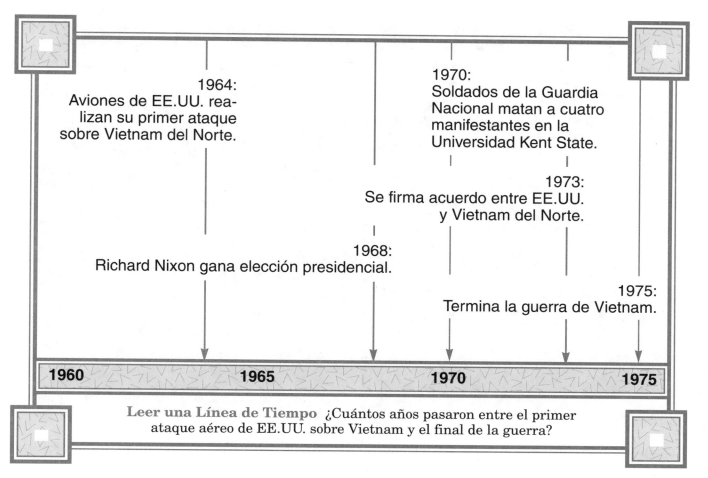

1964:
Aviones de EE.UU. realizan su primer ataque sobre Vietnam del Norte.

1970:
Soldados de la Guardia Nacional matan a cuatro manifestantes en la Universidad Kent State.

1973:
Se firma acuerdo entre EE.UU. y Vietnam del Norte.

1968:
Richard Nixon gana elección presidencial.

1975:
Termina la guerra de Vietnam.

1960   1965   1970   1975

Leer una Línea de Tiempo ¿Cuántos años pasaron entre el primer ataque aéreo de EE.UU. sobre Vietnam y el final de la guerra?

Creciente oposición Al principio, la mayoría de los americanos respaldaban la guerra. Sólo algunas personas hablaron en contra de la guerra.

El presidente Johnson trató de no alarmar al público, pero los noticieros daban una historia diferente. Los informes de prensa decían que muchos sudvietnamitas odiaban al gobierno que Estados Unidos respaldaba. Muchos americanos comenzaron a pensar que el gobierno de EE.UU. mentía acerca de la guerra.

La ofensiva Tet Los ataques enemigos a comienzos de 1968 aumentaron la duda. Tet es el feriado de año nuevo vietnamita. El día de Tet, el Viet Cong atacó a muchas ciudades a la vez. Incluso llegó a la capital de Vietnam de Sur, Saigón, donde por poco tiempo, sus guerrilleros ocuparon la embajada de EE.UU. Las fuerzas de EE.UU. y los aliados finalmente aplastaron la **ofensiva Tet**, pero quedó en claro que el Viet Cong podía atacar en cualquier lugar. El comandante de EE.UU. pidió más soldados.

Más protestas A partir de entonces muchos americanos protestaron contra la guerra. Miles de personas marcharon en manifestaciones pacíficas. Otras protestas se tornaron violentas. Estudiantes furiosos destruyeron edificios universitarios, los jóvenes quemaron sus tarjetas de conscripción.

Las protestas culminaron en un baño de sangre en mayo de 1970. El presidente Nixon acababa de mandar tropas de combate a Camboya para atacar las bases de aprovisionamiento enemigas.

Las protestas contra la guerra de Vietnam aumentaron conforme pasó el tiempo. Miles de manifestantes fueron mantenidos fuera del Pentágono por la policía militar.

En la Universidad Kent State, en Ohio, soldados de la Guardia Nacional mataron a cuatro estudiantes. Dos estudiantes más murieron en Mississippi.

Estas tragedias sacudieron a la nación. Los halcones culparon a los manifestantes. Las palomas culparon a la guerra. La sociedad americana estaba dividida en dos.

1. ¿Qué fueron los halcones y las palomas?
2. ¿Qué hechos incrementaron la oposición a la guerra de Vietnam?

3 Los Americanos Miran la Guerra de Vietnam en Retrospectiva.

¿Cuáles fueron los efectos a largo plazo de la guerra?

La guerra de Vietnam suscitó dudas acerca del poder. Las palomas dijeron que la guerra mostró los límites del poder de EE.UU. A pesar de todo su armamento, Estados Unidos no había podido ganar en Vietnam.

Los halcones sacaron una lección diferente. Dijeron que Estados Unidos hubiera podido ganar si sólo hubiera actuado más firmemente. Acusaron a los líderes de EE.UU. de hacer que los soldados americanos pelearan "con las manos atadas tras sus espaldas".

La guerra cobró un precio terrible. Más de 58,000 americanos murieron en la contienda. Por cada americano muerto en la guerra, murieron tres soldados sudvietnamitas y 16 soldados enemigos. Había aproximadamente 415,000 civiles entre el 1.5 millones de vietnamitas que murieron.

Después de la guerra, muchos vietnamitas huyeron de su país para escapar de la miseria. Miles de ellos vinieron a Estados Unidos.

Mayor participacíon de las personas de color   La guerra de Vietnam fue la primera guerra en la que las personas de color prestaron servicio en grandes cantidades en todos los rangos. Algunos de los oficiales de mayor jerarquía fueron americanos africanos y latinos.

Los americanos africanos conformaban el 10 por ciento de la población. Sin embargo, el 20 por ciento de los conscriptos que sirvieron en la guerra de Vietnam fueron americanos africanos. También prestó servicios una proporción grande de latinos. Esto fue porque la mayoría de los conscriptos eran pobres o de clase trabajadora.

Además, un alto porcentaje de los americanos muertos en batalla eran americanos africanos y latinos.

Curar las heridas   La guerra de Vietnam dejó lesiones hondas en el

El monumento a las veteranas de Vietnam fue inaugurado en 1993. Las veteranas asistieron a la emocionante ceremonia.

alma americana. La ira causada por la guerra disminuyó lentamente. Pocas celebraciones recibieron los veteranos de Vietnam que regresaban a casa. Algunos americanos los trataban como criminales de guerra, no como héroes.

Gradualmente, aquellos que habían salido del país para escapar de la conscripción regresaron. En 1974, el presidente Ford otorgó una **amnistía** limitada a quienes habían evadido la conscripción. Una amnistía es un perdón a quien ha cometido un delito.

Hubo más reconciliación en 1982. En el Día de los Veteranos, el 11 de noviembre, el gobierno inauguró el monumento a los veteranos de Vietnam en Washington, D.C. Es una pared de granito oscura y larga. Grabados en piedra están los nombres de los 58,000 americanos muertos en la guerra.

En 1993, se erigió otro monumento cerca de allí. Honra a las mujeres que sirvieron en la guerra. Una veterana que asistió a la inauguración se secó las lágrimas de los ojos. "Se suponía que éramos las valientes," dijo, "y no debíamos tener emociones". Ahora, dos décadas después, podía llorar.

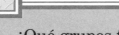

1. ¿Qué grupos tuvieron un alto porcentaje de soldados muertos en batalla?
2. Nombra una manera en que se cicatrizaron las heridas de Vietnam.

CAPÍTULO 20
IDEAS CLAVE

- Las políticas de la guerra fría llevaron a EE.UU. a una guerra en Vietnam, pero la guerra no pudo evitar que Vietnam se volviera comunista.
- La guerra de Vietnam dividió tajantemente a los americanos en partidarios y críticos de la guerra. Estallaron protestas masivas.
- La guerra fue la primera en que las fuerzas militares de EE.UU. estuvieron verdaderamente integradas, pero murieron miles de soldados. También dejó a los americanos lecciones para el futuro.

REPASO DEL CAPÍTULO 20

I. Repasar el Vocabulario

Une cada palabra o palabras de la izquierda con la definición correcta.

1. paloma
2. halcón
3. intensificación
4. teoría del dominó

a. idea de que si un país caía en el comunismo, otros lo seguirían
b. alguien que apoya la guerra
c. incremento lento pero constante en el nivel de guerra
d. alguien que se opone a la guerra

II. Entender el Capítulo

1. ¿Cómo afectó la teoría del dominó a la intervención de EE.UU. en Vietnam?
2. ¿Qué fue la política de vietnamización del presidente Nixon?
3. ¿Cómo dividió la guerra de Vietnam a la sociedad de EE.UU.?
4. ¿Qué lecciones sacaron los americanos de la guerra?

III. Desarrollo de Habilidades: Leer Mapas

Repasa el mapa en la página 170, y contesta las siguientes preguntas.

1. ¿Dónde fueron bombardeados los barcos americanos en primera instancia?
2. ¿A través de qué países corría la ruta de abastecimiento de los norvietnamitas?
3. ¿Cuándo entraron las fuerzas norvietnamitas en Saigón?

IV. Escribir Acerca de la Historia

1. **¿Qué hubieras hecho?** ¿Te hubieras enrolado en las fuerzas armadas para pelear en Vietnam? Explica.
2. Escribe una carta corta de un soldado de EE.UU. en Vietnam a un amigo que es una paloma. Después escribe una contestación explicando los puntos de vista del amigo.

V. Trabajar Juntos

Del Pasado al Presente Con un grupo, discutan el efecto de la guerra de Vietnam sobre la política exterior hoy en día. Escriban un párrafo sobre su opinión acerca de mandar tropas de Estados Unidos a luchar en otros países.

OCURREN CAMBIOS EN LA FORMA DE VIDA AMERICANA. (1945-1980)

¿Cuáles fueron algunas de las formas en que la vida de los americanos cambió de 1950 a 1980?

Después de la Segunda Guerra mundial, hasta 1,500 puertorriqueños por mes llegaron a la ciudad de Nueva York, favorita para los isleños que deseaban comenzar una nueva vida.

Buscando los Términos Clave

- auge de los bebés • Levittown • cinturón del sol
- rock 'n' roll

Buscando las Palabras Clave

- **hippies:** jóvenes que en los años 1960 se rebelaron contra la sociedad

- **brecha generacional:** diferencias entre padres e hijos

Los años posteriores a la Segunda Guerra mundial vieron grandes cambios en la población de EE.UU. Nacían más personas. La población tomó dos rumbos. Muchos residentes blancos de las ciudades se fueron a los suburbios. Los trabajos se trasladaron con ellos. Al mismo tiempo, gran número de americanos africanos, latinos e inmigrantes se mudaron a las ciudades.

1 Se Producen Grandes Cambios de Población.

¿Qué cambios ocurrieron donde vivían los americanos entre 1950 y 1980?

Después de la Segunda Guerra mundial, la población de EE.UU. aumentó rápidamente. Los soldados volvieron a casa y se casaron. Formaron familias. El número de nacimientos aumentó. Este incremento en las tasas de natalidad se denominó el **auge de los bebés**. Fue el mayor incremento que EE.UU. haya conocido jamás.

Las empresas de EE.UU. se apresuraron a proveer servicios para este enorme nuevo mercado. Se construyeron miles de nuevas escuelas. Al aumentar, las familias también necesitaban viviendas.

A los suburbios   Después de la guerra muchas jóvenes parejas pudieron gastar el dinero que habían ahorrado. Los veteranos también pudieron comprar casas. El gobierno les proporcionó préstamos a bajo costo. La demanda de vivienda aumentó vertiginosamente.

En 1947, un constructor llamado William Levitt tuvo una idea. Compró tierras agrícolas en Long Island, cerca de la ciudad de Nueva York. Las dividió y creó una nueva comunidad. La llamó **Levittown**. Levitt hizo casas accesibles. Con el mismo plano, se construyeron filas enteras de casas. Los trabajadores colocaban el mismo tipo de inodoros en los mismos tipos de baños. Las casas se construían en horas, no en semanas.

Muy pronto, las comunidades tuvieron fila tras fila de casas similares. Las familias jóvenes compraban las casas tan rápidamente como los constructores podían levantarlas.

Algunos de los nuevos suburbios estaban integrados, pero la mayoría no lo estaba. A menudo, las comunidades evitaban en secreto que los propietarios de las casas las vendieran a americanos africanos.

Rumbo al norte   Para 1950, una nueva ola de americanos africanos se encaminó hacia las ciudades norteñas. En el sur, las máquinas estaban tomando el lugar de la fuerza de trabajo humana. Había menos empleos en las fincas. De 1950 a 1960, casi dos millones de americanos africanos se mudaron al norte. Se establecieron en las ciudades norteñas más grandes.

Los americanos africanos tenían poco dónde elegir para vivir en los años de 1950. La mayoría de los vecindarios en las ciudades eran totalmente blancos o totalmente negros. Muchos vecinos cambiaban de unos a otros. Conforme los blancos se iban hacia los suburbios, llegaban los americanos africanos.

Migración latina   Durante este mismo período, muchos latinos también se mudaron a las ciudades de EE.UU. Cada año, 50,000 o más puertorriqueños venían a vivir al continente. Comenzaron a llegar a EE.UU. inmigrantes de América Latina. (Aprenderás más acerca de esto en la unidad 5.) Algunos llegaron buscando mejores trabajos. Otros anhelaban más libertad.

Surgimiento del cinturón del sol   En las décadas de 1970 y 1980, otros americanos se trasladaban en el país.

Las industrias de EE.UU. estaban cambiando. Muchas fábricas envejecidas del norte se cerraban. Otras industrias se mudaban al sur. Los obreros de las fábricas del noreste y del medio oeste empezaron a cambiarse. Muchos se reestablecieron en el sur y el sudoeste. Esa región era llamada el **cinturón del sol**. Allí la población creció casi dos veces más rápido que la población total de EE.UU.

1. ¿Cómo creó Levitt casas accesibles?
2. ¿Cómo cambió la población de las ciudades de EE.UU.?

Levittown, N.Y., construida para los veteranos que volvían después de la Segunda Guerra mundial, tenía casas producidas en masa, que se parecían mucho entre sí.

2 Se Vuelven Populares Nuevos Estilos en las Artes.

¿Cómo cambiaron la televisión y la música popular en los años de 1945 a 1980?

La televisión cambió la vida americana entre 1945 y 1980. Al comienzo del período, la mayoría de la gente no había visto nunca televisión. Para el final, poca gente podía imaginarse vivir sin ella.

Surgimiento de la televisión La cantidad de hogares con de aparatos de televisión aumentó de 14,000 en 1947 a 30 millones en 1955. Dos de cada tres familias tenían ahora aparatos. Para 1970, la televisión estaba en todas partes. Más del 95 por ciento de los hogares tenían un aparato, o aún dos o tres.

¿La televisión como un espejo? La televisión de principios de los años 1950 mostraba una visión limitada de la vida americana. Era un Estados Unidos de familias con ambos padres. Cada hogar tenía dos hijos y un perro. Los padres tenían trabajos, las madres se quedaban en casa a cocinar y a limpiar. Muchos grupos étnicos permanecían en segundo plano. Los americanos africanos aparecían sólo como personajes sin importancia.

Lentamente, la televisión cambió. Para mediados de los años 1960, los americanos africanos eran artistas importantes. El cantante Nat "King" Cole tuvo su propio programa. Bill Cosby ganó un Emmy por su papel en la serie *Yo Soy Espía*. Pero la televisión aún no mostraba lo que los americanos africanos, latinos y otros grupos creían y cómo vivían.

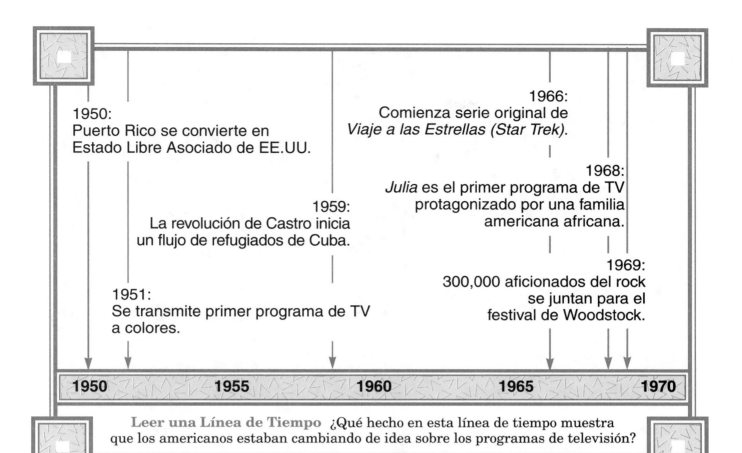

1950:
Puerto Rico se convierte en Estado Libre Asociado de EE.UU.

1966:
Comienza serie original de *Viaje a las Estrellas (Star Trek)*.

1968:
Julia es el primer programa de TV protagonizado por una familia americana africana.

1959:
La revolución de Castro inicia un flujo de refugiados de Cuba.

1969:
300,000 aficionados del rock se juntan para el festival de Woodstock.

1951:
Se transmite primer programa de TV a colores.

| 1950 | 1955 | 1960 | 1965 | 1970 |

Leer una Línea de Tiempo ¿Qué hecho en esta línea de tiempo muestra que los americanos estaban cambiando de idea sobre los programas de televisión?

El poder de la televisión La televisión podía unir a los americanos. Lo hizo especialmente en tiempos de crisis. Cuando un asesino le disparó al presidente Kennedy en 1963, los americanos se arremolinaron frente al televisor. La gente miró televisión todo el fin de semana. Compartieron la pena.

La televisión ofrecía a los americanos una visión de primera fila de la historia. Durante la década de 1960, la televisión mostró a la policía golpeando a quienes manifestaban por los derechos civiles. Los espectadores se conmocionaron. Eso ayudó a cimentar el apoyo a las nuevas leyes de derechos civiles.

Durante la guerra de Vietnam, la televisión trajo imágenes y sonidos de la guerra a las casas de EE.UU. Mucha gente cree que la cobertura televisiva ayudó a que los americanos se volvieran contra la guerra.

Rock 'n' Roll Tal vez el efecto más grande de la televisión se daba en los jóvenes. Los adolescentes de los años de 1950 fueron la primera "generación de la televisión". Crecieron viendo programas que tocaban lo último en música. Esa música era el **rock 'n' roll**.

El rock 'n' roll irrumpió en escena en los años 1950. Sus raíces estaban en el *"rhythm and blues"* (R&B) americano. A ello se le agregaron las guitarras amplificadas de la música *"country western"*. El resultado fue el rock 'n' roll.

Muchos padres odiaban la nueva música. La culpaban de causar todo tipode problemas en la sociedad de

El debate presidencial entre John F. Kennedy y Richard Nixon demostró el poder de la televisión. Kennedy, más fotogénico, fue considerado el ganador por la opinión pública.

EE.UU., pero los adolescentes la amaban. El rock 'n' roll se convirtió en un símbolo de su generación.

1. Da un ejemplo del poder de la televisión.
2. ¿En qué manera tomó prestado el rock 'n' roll de diferentes tradiciones musicales?

3 La Gente Joven Explora Formas Nuevas y Antiguas.

¿Cómo cambió la vida de mucha gente joven en los años de 1950 a 1980?

Los adolescentes que bailaban rock 'n' roll pertenecían la generación del auge de los bebés. De hecho, la palabra en inglés *teenager* fue creada por su generación. Se convirtieron en una poderosa fuerza en la sociedad americana. Conforme maduraron, moldearon la cultura de EE.UU.

Buenos tiempos   Quienes fueron parte del auge de los bebés llegaron más lejos que sus padres en la escuela. Cuatro de cada cinco se graduaban ahora en la escuela secundaria. La mitad de todos los graduados secundarios siguieron a la universidad.

Sin embargo, los buenos tiempos no eran compartidos por todos. Los muchachos de clase trabajadora a menudo tenían un futuro limitado. Muchos abandonaban la escuela secundaria para trabajar. Este grupo empobrecido incluía a muchos americanos africanos, latinos y blancos de áreas rurales.

Brecha generacional   Algunas personas jóvenes se rebelaron contra los valores tradicionales. Abandonaron escuelas y trabajos. Usaron drogas. Esta gente era llamada los **hippies**. Tenían un modo de vida que chocaba con las formas tradicionales. Afirmaban que la gente mayor no los comprendía. Nunca antes la diferencia entre generaciones, la **brecha generacional**, había parecido tan amplia.

Acción social   Mucha gente joven trabajó con empeño por causas políticas. Algunos jóvenes apoyaban causas conservadoras, pero la mayoría era liberal.

Muchos estudiantes americanos africanos, blancos, latinos y otros, se unieron al movimento por los derechos civiles. (Ver capítulo 22.) Americanos africanos y blancos del norte fueron al sur para ayudar a registrar a votantes americanos africanos. Los estudiantes demandaban igualdad completa para todos.

Durante la guerra de Vietnam, creció un fuerte movimiento contra la guerra.

En la década de 1960, muchos jóvenes se rebelaron contra la sociedad de EE.UU. y se convirtieron en miembros de la contracultura, una forma de vida que chocaba con los valores tradicionales.

El movimiento alcanzó su cumbre al final de los años de 1960 y principios de los de 1970. Las protestas fueron muriendo conforme la guerra terminaba. Surgían nuevos problemas económicos. La gente joven estaba más preocupada acerca de su futuro económico y se involucró menos en causas sociales.

Diferentes gustos   No toda la gente joven de estas décadas encajaba en un mismo molde. No todos se rebelaron contra la sociedad. Algunos mantuvieron su cabello corto y se vistieron con ropa tradicional. Muchos pelearon en Vietnam. Algunos murieron allí.

Mientras tanto, muchas personas jóvenes mostraron un nuevo interés en la religión. Algunos abandonaron los caminos de sus padres. Experimentaron con religiones asiáticas. Entre los americanos africanos, muchos se volvieron musulmanes. Muchos jóvenes se hicieron devotos de las religiones tradicionales de EE.UU.: protestantes, católicos o judíos. Esta gente joven sacaba fuerzas de su fe religiosa.

Basándose en la fe religiosa, muchos jóvenes apoyaron el movimento por los derechos civiles. Muchos se opusieron a la guerra por motivos religiosos.

Otros pusieron énfasis en una relación personal con Dios. Gran número encontró nuevas esperanzas al convertirse en "nacidos de nuevo" en la fe cristiana. Las iglesias que ponían énfasis en las enseñanzas fundamentales de la Biblia ganaron muchos seguidores, que se convirtieron en una fuerza importante en la política.

1. ¿Cómo se rebelaron muchos jóvenes contra las tradiciones en la década de 1960?
2. ¿Qué es una brecha generacional?

CAPÍTULO 21
IDEAS CLAVE

- Después de la Segunda Guerra mundial hubo un auge de los bebés.
- Muchos americanos se mudaron a los suburbios. Los americanos africanos, latinos e inmigrantes se fueron a las ciudades.
- La televisión atrajo a un número creciente de espectadores. El rock 'n' roll se convirtió en la forma de música más popular.
- Algunas personas jóvenes se rebelaron contra las formas tradicionales.

REPASO DEL CAPÍTULO 21

I. Repasar el Vocabulario

Une cada palabra o palabras de la izquierda con la definición correcta.

1. hippies
2. contracultura
3. rock 'n' roll
4. brecha generacional

a. forma de vida que choca con las formas tradicionales
b. una mezcla de R&B americano africano con las tradiciones musicales blancas del *country*
c. diferencia entre padres e hijos
d. jóvenes de la década de 1960 que se rebelaron contra la sociedad

II. Entender el Capítulo

1. ¿Qué fue el auge de los bebés?
2. ¿Qué cambio importante ocurrió en la población de EE.UU. entre 1950 y 1980?
3. ¿En qué forma eran limitados los reflejos que la televisión daba de la vida americana?
4. ¿En qué eran diferentes quienes pertenecieron al auge de los bebés de sus padres?
5. ¿Qué tipo de acciones sociales realizaron muchos jóvenes en los años 1960?

III. Desarrollo de Habilidades: Identificar Causa y Efecto

1. ¿Cuál fue una causa de la gran demanda de vivienda después de la Segunda Guerra mundial?

IV. Escribir Acerca de la Historia

1. Escribe un poema o una canción sobre el inmigrar a una nueva ciudad o mudarse a los suburbios en los años 1950. Ilustra tu trabajo con un dibujo.
2. **¿Qué hubieras hecho?** Si fueras una persona joven en los años 1960, ¿en qué tipo de acción social te hubieras involucrado? Explica.

V. Trabajar Juntos

Del Pasado al Presente Muchos padres culparon al rock 'n' roll por los problemas con la gente joven en los años 1950 y 1960. Con un grupo, discutan los ataques que se han hecho a la música popular como el rock y el rap hoy en día. ¿Qué puntos presentan los críticos? Escriban una declaración corta con sus opiniones respecto a este tema.

Unidad 5
La Lucha por la Ingualdad

Capítulos

Los Americanos Africanos Luchan por la Igualdad (1960-1990)

¿Cuáles fueron los mayores logros del movimiento por los derechos civiles?

En 1963, Martin Luther King, hijo, encabezó una marcha a Washington, D.C., por la igualdad de derechos y de trabajo para los americanos africanos.

Buscando los Términos Clave

- la marcha a Washington • musulmanes negros
- Poder negro • Panteras Negras • Coalición Arcoiris

Buscando las Palabras Clave

- **táctica:** forma de alcanzar un objetivo
- **sentada:** protesta en la cual la gente se sienta y se rehúsa a irse de un lugar
- **recorrido de la libertad:** viaje en autobús para probar los derechos de los americanos africanos

- **acción afirmativa:** política para corregir la discriminación que aumenta las oportunidades para ciertos grupos

SUGERENCIA DE

Enumera los grupos de derechos civiles y los líderes cubiertos en este capítulo. Anota uno o más acontecimientos en los que ese grupo o líder hayan participado.

ESTUDIO

El 1° de febrero de 1960, cuatro estudiantes universitarios americanos africanos se sentaron en un restaurante en Greensboro, Carolina del Norte. La mesera se rehusó a tomarles el pedido. Este es un comedor para "blancos", les dijo.

Los estudiantes esperaron pacientemente a ser atendidos. Esperaron todo el día. Al día siguiente llegaron 20 estudiantes. De nuevo esperaron. No les dieron servicio. Día tras día los estudiantes siguieron llegando al comedor. Estaban utilizando una nueva **táctica.** Una táctica es una forma de alcanzar un objetivo. Esta táctica era la **sentada.** Esta consiste en una protesta en la cual la gente se sienta y se rehúsa a irse de un lugar.

Muy pronto las sentadas se extendieron a otras ciudades. Los blancos hostiles se burlaban de los estudiantes y les tiraban comida encima. Los estudiantes no respondieron.

Habían resuelto encarar la violencia con la no violencia.

1 Avanza el Movimiento por los Derechos Civiles.

¿Qué progresos consiguió el movimiento por los derechos civiles después de 1960?

Muchos grupos de derechos civiles Grupos nuevos como el Comité Coordinador No Violento de Estudiantes (SNCC, en sus siglas en inglés) trabajó al lado de grupos más antiguos como la NAACP.

Un grupo importante fue el Congreso de Igualdad Racial, o CORE, en sus siglas en inglés. Creó el **recorrido de la libertad.** Los recorridos de la libertad eran viajes en autobús para probar los derechos de los americanos africanos. Los tribunales federales habían fallado que

Algunos blancos vacían azúcar, salsa de tomate y mostaza sobre las cabezas de manifestantes sentados en un comedor de Jackson, Mississippi.

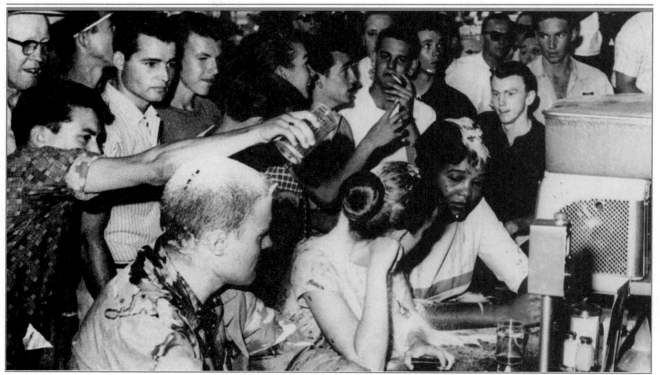

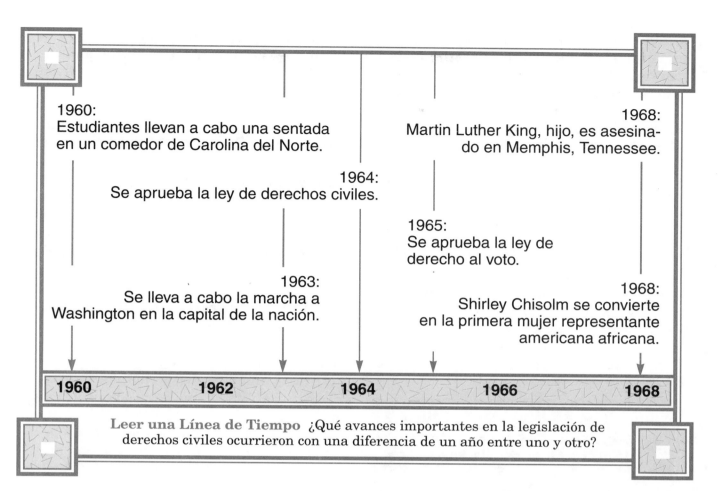

1960:
Estudiantes llevan a cabo una sentada en un comedor de Carolina del Norte.

1964:
Se aprueba la ley de derechos civiles.

1963:
Se lleva a cabo la marcha a Washington en la capital de la nación.

1968:
Martin Luther King, hijo, es asesinado en Memphis, Tennessee.

1965:
Se aprueba la ley de derecho al voto.

1968:
Shirley Chisolm se convierte en la primera mujer representante americana africana.

| 1960 | 1962 | 1964 | 1966 | 1968 |

Leer una Línea de Tiempo ¿Qué avances importantes en la legislación de derechos civiles ocurrieron con una diferencia de un año entre uno y otro?

los autobuses que viajaban entre estados debían estar abiertos por igual a todas las razas. Los recorridos de la libertad llevaran esas sentencias a la práctica.

A partir de 1961, los americanos africanos compraban boletos de autobús. Viajaban de ciudad en ciudad a través del sur. En cada parada, entraban a la estación de autobuses. Pedían comidas. Bebían de bebederos de agua para "blancos". Utilizaban los baños para "blancos".

Pandillas de blancos atacaron a los viajeros de la libertad. La policía local observaba en silencio. Algunas veces, inclusive la policía arrestaba a los viajeros de la libertad. Finalmente, el gobierno federal envió alguaciles para proteger a los viajeros.

Muchos blancos del sur oponían resistencia al movimiento por los derechos civiles. La mayoría lo hacía pacíficamente. Pero unos cuantos fueron más lejos. Asesinaron a trabajadores de los derechos civiles. Pusieron bombas en las iglesias americanas africanas. En 1963, una de esas bombas mató a cuatro niñas pequeñas en Birmingham, Alabama.

Problemas en Birmingham
Martin Luther King, hijo, encabezó marchas de protesta por todo Birmingham. La policía arrestó a quienes protestaban. King fue arrestado, pero las protestas continuaron. En un día, las autoridades de Birmingham arrestaron a más de 900 estudiantes.

Los americanos vieron las protestas a

través de la televisión. Los telespectadores vieron los perros de policía atacando a los niños. Vieron a los policías pegando con sus garrotes a los que protestaban. Muchas personas sintieron compasión por los que protestaban. Estos episodios enojaron al presidente Kennedy, quien preparó un proyecto de ley de derechos civiles para proteger los derechos de los americanos africanos.

La Marcha a Washington Para conseguir apoyo para la propuesta de ley, los líderes de los derechos civiles prepararon una **marcha a Washington**.

Leer una Gráfica ¿Qué tendencia en el registro de votantes americanos africanos ocurrió en todos los estados de 1960 a 1966?

EMPADRONAMIENTO AMERICANO AFRICANO ANTES Y DESPUÉS DE LA LEY DE DERECHO AL VOTO DE 1965			
	Años		Incremento Porcentual
Estado	1960	1966	
Alabama	66,000	250,000	278.8
Arkansas	73,000	115,000	57.5
Carolina del N.	210,000	282,000	34.3
Carolina del S.	58,000	191,000	229.3
Florida	183,000	303,000	65.6
Georgia	180,000	300,000	66.7
Luisiana	159,000	243,000	52.8
Mississippi	22,000	175,000	695.4
Tennessee	185,000	225,000	21.6
Texas	227,000	400,000	76.2
Virginia	100,000	205,000	105.0

El 28 de agosto de 1963, más de 250,000 personas formaron parte de la marcha Muchos blancos marcharon junto a los americanos africanos.

Martin Luther King, hijo, pronunció un brillante discurso. "Yo tengo un sueño," dijo. En su sueño, la raza ya no importaba. Iban juntos a la escuela. Juntos eran "¡Libres al fin!"

Victorias y más retos La propuesta de derechos civiles de Kennedy se convirtió en la ley de derechos civiles de 1964. Prohibía la discriminación en lugares como los restaurantes y hoteles. También declaró ilícita la discriminación en el trabajo.

En 1964, 1,000 voluntarios fueron al sur. Empadronaron a miles de nuevos votantes americanos africanos, pero el Ku Klux Klan asesinó a tres voluntarios en Mississippi.

En 1965, los esfuerzos de los derechos civiles se concentraron en Selma, Alabama. Martin Luther King, hijo, anunció una marcha de 50 millas, que comenzó en Selma. La policía montada atacó a los integrantes de la marcha.

El presidente Johnson envió tropas federales a proteger a los miembros de la marcha. Presentó un nuevo proyecto de ley de derechos civiles. La ley de derecho al voto de 1965 envió agentes federales empadronar a votantes en el sur.

1. ¿Cómo respondieron a los ataques la mayoría de los que protestaban?
2. ¿Cómo generó apoyo la televisión para el movimiento por los derechos civiles?

Martin Luther King, hijo, y otros líderes de los derechos civiles encabezan a más de 125,000 personas en un desfile en oposición a la guerra de Vietnam, parada que terminó en el edificio de las Naciones Unidas en Nueva York.

2 Los Americanos Africanos Exploran Nuevos Caminos Hacia la Igualdad.

¿Cómo cambió el nacionalismo negro al movimiento por los derechos civiles?

Algunos americanos africanos pensaban que el movimiento por los derechos civiles no avanzaba con la suficiente velocidad. A fines de los años 1960, se dividió el movimiento por los derechos civiles.

¿Es suficiente la no violencia? Martin Luther King, hijo, insistió en la no violencia. Pero sus críticos decían que sus tácticas no daban resultado. Resaltaron los asesinatos de los trabajadores de derechos civiles. Los críticos también decían que muchos problemas de la vida de los americanos africanos

no habían cambiado. La mayoría de los americanos africanos aún vivían en viviendas segregadas y deterioradas. Los americanos africanos ganaban sólo la mitad del dinero que se pagaba a los blancos.

Malcolm X Una de las voces más poderosas era la de Malcom X. Expresaba la ira que muchos americanos africanos sentían contra los blancos. Malcolm X era un vocero de la Nación del Islam. Los miembros de este grupo religioso eran conocidos como los **musulmanes negros**. Creían que los americanos africanos debían separarse de los blancos. Debían controlar sus propias vidas.

En 1964, después de un viaje a la Meca y a Africa, Malcolm X se separó de los musulmanes negros. Abandonó la idea de una separación total. Se concen-

Después de que Malcolm X abandonó los musulmanes negros, instó a los americanos africanos a defenderse a sí mismos en la lucha por los derechos civiles.

tró en ganar poder político para los americanos africanos. Pero aún creía que debía haber una revolución en la sociedad de EE.UU.

En febrero de 1965, Malcolm X pronunciaba un discurso en una reunión en Harlem. De pronto, tres pistoleros americanos africanos lo mataron. Su muerte hizo evidente el conflicto que estaba desgarrando y separando al movimiento por los derechos civiles.

Poder Negro   El grito de "poder negro" resonó a través de las ciudades americanas. Para muchos americanos africanos, el **poder negro** era una idea excitante. Pero la frase de "poder negro" preocupaba a muchos líderes de los

derechos civiles. Se necesitaba el apoyo blanco para lograr que los proyectos de ley de derechos civiles fueran aprobados por el Congreso. Instaron a los militantes a que dejaran de usar la frase.

En California, los americanos africanos fundaron un nuevo partido político. Se llamaron a sí mismos **Panteras Negras**. Su objetivo era que los americanos africanos manejaran sus propias comunidades. Estaban dispuestos a utilizar la violencia si era necesario.

Los Panteras demandaban que el gobierno reconstruyera los barrios de los americanos africanos. Argumentaban que eso compensaría a los americanos africanos por la esclavitud.

Sin embargo, muchos líderes americanos africanos hicieron declaraciones contra los Panteras Negras. Los Panteras atemorizaron a muchos blancos. Un resultado de ello fue el contragolpe blanco.

Tumultos en las ciudades   La furia de los americanos africanos con frecuencia explotaba en las calles de las ciudades. De 1964 a 1967, varios disturbios estallaron en ciudad tras ciudad. Los disturbios surgieron de la furia que los americanos africanos tenían contra el racismo.

El presidente Johnson creó un grupo para determinar las causas de los disturbios. En 1968, ese grupo, la comisión Kerner, llegó a una conclusión desalentadora. "Nuestra nación se está encaminando hacia dos sociedades, una negra y otra blanca: separadas y desiguales." La comisión instó a los americanos a quitar las barreras y dar paso a la igualdad.

Algunos de los disturbios más sangrientos ocurrieron justo algunas semanas después de que la comisión Kerner hiciera su informe. El 4 de abril de 1968, un hombre blanco mató a Martin

Luther King, hijo, en Memphis, Tennessee. Surgieron tumultos en 125 ciudades. Cuarenta y cinco personas perdieron la vida.

---

1. ¿Cómo cambiaron los movimientos de protesta de los americanos africanos después de 1965?
2. ¿Cómo respondieron los americanos blancos a esos cambios?

3 Los Americanos Africanos Luchan Contra Actitudes Cambiantes Hacia los Derechos Civiles.

¿Cómo cambiaron las condiciones para los americanos africanos después de la década de 1960?

Para 1970, el movimiento de los derechos civiles estaba perdiendo impulso. Los americanos africanos estaban divididos. Entretanto, el contragolpe blanco hizo que muchos líderes se interesaran menos en el movimiento. El Congreso se mostró menos partidario de redactar nuevas leyes de derechos civiles. Lo mismo hicieron los presidentes. La nación enfocaba su atención hacia otros asuntos, como la guerra de Vietnam.

Durante las décadas de 1970 y 1980, el ánimo de la nación se volvió conservador, y algunos programas de la gran sociedad fueron eliminados. Otros sufrieron recortes.

Competir para presidente Los americanos africanos continuaron promoviendo el cambio social. Dos americanos africanos compitieron para la presidencia. Fueron Shirley Chisolm y Jesse Jackson.

En 1968, Chisolm se convirtió en la primera mujer africana americana electa al Congreso. Fue pre-candidata a presidente en 1972. Llegó lejos, hasta la primera votación de la Convención Demócrata.

Jackson es un ministro bautista. Trabajó junto a Martin Luther King, hijo. Jackson compitió en las elecciones primarias demócratas de 1984 y 1988. Tuvo muchos seguidores entusiastas. Jackson llamó a sus seguidores la **Coalición Arcoiris**. Jackson se volvió una figura prominente dentro del partido Demócrata, pero no fue postulado.

En 1993, marchistas se reúnen en Washington, D.C., para el trigésimo aniversario de la marcha a Washington de 1963.

Acción afirmativa   El presidente Johnson creó la **acción afirmativa**. Era una política para corregir la discriminación al aumentar las oportunidades para ciertos grupos. La acción afirmativa ayudó a los americanos africanos a conseguir empleos y a ingresar a las escuelas.

Mucha gente pensaba que la acción afirmativa era injusta. La llamaba "discriminación a la inversa". En los primeros tiempos, los temas de derechos civiles parecían muy claros. Pero la acción afirmativa fue más compleja. La gente no podía ponerse de acuerdo sobre esos temas. Algunos pensaban que la acción afirmativa era justa. Otros que no. El debate continuó hasta los años 1990.

Resumen   El movimiento por los derechos civiles tuvo victorias y derrotas. Las barreras para votar fueron derribadas. Ahora los políticos debían escuchar las preocupaciones de los americanos africanos.

Los americanos africanos también obtuvieron mejor nivel educativo. Para la década de 1990, el 12 por ciento de los americanos africanos y el 22 por ciento de los blancos de 25 años de edad o mayores tenían títulos universitarios. La brecha se estaba estrechando.

Pero la igualdad para los americanos africanos aún no se ha logrado. En 1992, se produjeron tumultos que arrasaron sectores de Los Angeles. Muchas personas pensaron que esos disturbios eran causados por las mismas condiciones que ocasionaron los de los años 1960. Mucho ha cambiado en la sociedad de EE.UU., pero mucho queda aún por cambiar.

1. ¿En qué se volvieron más complejas las cuestiones de derechos civiles después de la década de 1960?
2. Describe los avances de los americanos africanos en la política.

CAPÍTULO 22
IDEAS CLAVE

- Al principio de la década de 1960, el movimiento por los derechos civiles utilizó protestas pacíficas. Ello trajo como resultado la ley de derechos civiles de 1964 y la ley de derechos al voto de 1965.

- A fines de los años de 1960, algunos americanos africanos se volcaron hacia grupos más militantes.

- De la década de 1970 a la década de 1990, se lograron avances en política, educación y economía. Sin embargo, los americanos africanos continúan trabajando por la igualdad total.

I. Repasar el Vocabulario

Une cada palabra o palabras de la izquierda con la definición correcta.

1. sentada
2. acción afirmativa
3. táctica
4. recorrido de la libertad

a. política para corregir la discriminación al aumentar las oportunidades para ciertos grupos
b. protesta en la cual la gente se sienta y se rehúsa a irse de un lugar
c. viaje en autobús para probar los derechos de los americanos africanos
d. forma de alcanzar un objetivo

II. Entender el Capítulo

1. ¿Qué tácticas usaron los americanos africanos para lograr más derechos?
2. ¿A qué tipo de resistencia se enfrentaron quienes protestaban por los derechos civiles?
3. ¿Cuáles fueron los logros de Martin Luther King, hijo?
4. ¿En qué aspectos tuvo éxito el movimiento por los derechos civiles en los años 1990?

III. Desarrollo de Habilidades: Leer una Gráfica

Utiliza la gráfica de la página 188 para contestar las siguientes preguntas:

1. ¿Qué estado tenía el mayor número de votantes americanos africanos en 1966?
2. ¿Qué estado tuvo el mayor incremento porcentual de 1960 a 1966?

IV. Escribir Acerca de la Historia

¿Qué hubieras hecho? Si fueras un magistrado de la Corte Suprema, ¿apoyarías la acción afirmativa? Explica.

V. Trabajar Juntos

Del Pasado al Presente Muchos americanos participaron en protestas por primera vez en la década de 1960. Con un grupo, discutan de qué protesta podrían formar parte.

AMERICANOS AFRICANOS LOGRAN EXITOS EN VARIOS CAMPOS (1950-1990)

¿Cómo han contribuido los americanos africanos a moldear la cultura de EE.UU. en años recientes?

El General Colin Powell posa con miembros de una unidad de la policía militar que presta servicio en Arabia Saudita durante la guerra del golfo Pérsico.

Buscando los Términos Clave

- *Caucus* Negro

Buscando las Palabras Clave

- **empresario:** persona que administra un negocio
- *caucus*: grupo que trabaja en conjunto para conseguir objetivos políticos en común
- **asamblea:** grupo que hace leyes

SUGERENCIA DE

Elabora un listado en orden alfabético de las personas sobre las que se habla en este capítulo. Anota qué ha hecho cada uno.

ESTUDIO

"Dilo en voz alta, soy negro y estoy orgulloso." Esas palabras de una canción de James Brown de los años 1960 indican la nueva confianza de los americanos africanos. La canción de James Brown refleja cómo los americanos africanos se estaban ubicando en el centro de la vida americana.

1 Los Americanos Africanos Contribuyen a los Deportes y a las Artes.

¿Cómo han ayudado los americanos africanos a moldear la cultura popular de EE.UU.?

Los nombres de escritores americanos africanos se han vuelto familiares para el público americano. En las décadas de 1950 y 1960, Ralph Ellison, Lorraine Hansberry y James Baldwin lograron fama. En 1976, Alex Haley publicó su libro *Raíces*. Comenzaba con la captura de un joven africano por comerciantes de esclavos. La historia continuaba hasta los años 1900. *Raíces* cuenta la búsqueda que Haley hizo de sus ancestros.

Libros escritos por escritores y poetas americanos africanos se colocaron en la listas de libros más vendidos. La novela de Alice Walker, *El Color Púrpura*, se convirtió en una película popular. También obtuvo con ella un Premio Pulitzer en 1983. Entonces, en 1993 Toni Morrison se convirtió en el primer americano africano en ricibir el Premio Novel de literatura.

Los americanos africanos también revolucionaron la escena musical de EE.UU. Pioneros del jazz como Dizzy Gillespie y Charlie Parker se volvieron famosos. Mahalia Jackson fue una de las principales cantantes de música religiosa. En los años 1960, los adolescentes de todas las razas se mecieron al compás de las melodías de Little Richard,

Aretha Franklin, Tina Turner, James Brown, Stevie Wonder y muchos más.

De la misma forma, los bailarines americanos africanos han atraído a numerosos espectadores. Katherine Dunham y Pearl Primus fueron pioneras de la danza moderna. El Teatro de Danza Americana de Alvin Ailey ha dejado una huella importante en el ballet.

Televisión, cine y deportes Los americanos africanos han dejado un gran legado en la televisión y el cine. De 1984 hasta la década de 1990, "El Show de Bill Cosby" presentó a una familia americana africana, los Huxtable. Tuvo los mayores niveles de audiencia de la televisión americana.

Actores americanos africanos han protagonizado películas. Sidney Poitier fue uno de los primeros en este campo y ganó un Oscar en 1963 como mejor actor en un papel dramático. Para los años 1990, estrellas como Whoopi Goldberg, Eddie Murphy y Denzel Washington habían conseguido fama. Directores americanos africanos también han causado revuelo. La película rodada en 1992, *Malcolm X*, de Spike Lee, presentó al nacionalista negro a una nueva generación.

Antes de la década de 1940, los deportes de EE.UU. no estaban integrados. El primer americano africano en entrar a las grandes ligas del béisbol fue Jackie Robinson. Empezó a jugar para los Dodgers de Brooklyn en 1947.

No era fácil ser el primero. Los jugadores y los aficionados algunas veces trataban de mala forma a Robinson. Sin embargo, Robinson no les respondió. Continuó manteniéndose tranquilo. Robinson obtuvo el premio del "Novato del Año" de la Liga Nacional en 1947.

Después de Robinson, más americanos africanos se han convertido en astros del deporte. En 1951, Althea Gibson fue la primera africana americana en jugar tenis en Wimbledon.

Jim Brown fue llamado el mejor corredor en la historia del fútbol americano. Entre las primeras figuras del baloncesto se pueden incluir a Oscar Robertson y Elgin Baylor. Para los años 1980, Magic Johnson, Kareem Abdul-Jabbar y Michael Jordan tenían fama mundial.

Aun antes del movimiento por los derechos civiles, los americanos africanos habían logrado fama como boxeadores. El boxeador Muhammad Ali (Cassius Clay) causó revuelo. Ali se convirtió en un héroe para muchos jóvenes.

El Teatro de Danza de Harlem fue la primera compañía de danza clásica americana africana.

A Alí le retiraron su título en 1967, pero no fue derrotado en el cuadrilátero. Se había rehusado a combatir en Vietnam. A la larga, la Corte Suprema estuvo de acuerdo con Alí. Continuó boxeando hasta ganar el título de peso completo dos veces más.

1. ¿Qué terrenos han sido marcados por los artistas y actores americanos africanos?
2. ¿Quién fue Jackie Robinson?

2 Los Americanos Africanos Realizan Avances Económicos.

¿Qué clase de progreso económico han hecho los americanos africanos desde 1950?

En 1973, la revista *Black Enterprise* publicó su primer informe anual. Contenía una lista de las 100 empresas africanas americanas más importantes. La Johnson Publishing Company (JPC) era la segunda en la lista. JPC es un ejemplo del progreso económico que los americanos africanos han hecho desde 1950.

Negocios   Los americanos africanos se convirtieron en **empresarios** desde antes de 1950. Un empresario es una persona que administra un negocio. John H. Johnson fundó la JPC en Chicago en 1942.

Pero después del movimiento por los derechos civiles, muchos americanos africanos establecieron negocios. En 1969, existían más de 163,000 de estas compañías. Algunas tuvieron mucho éxito. Muchas eran agencias de automóviles. Otras eran compañías de

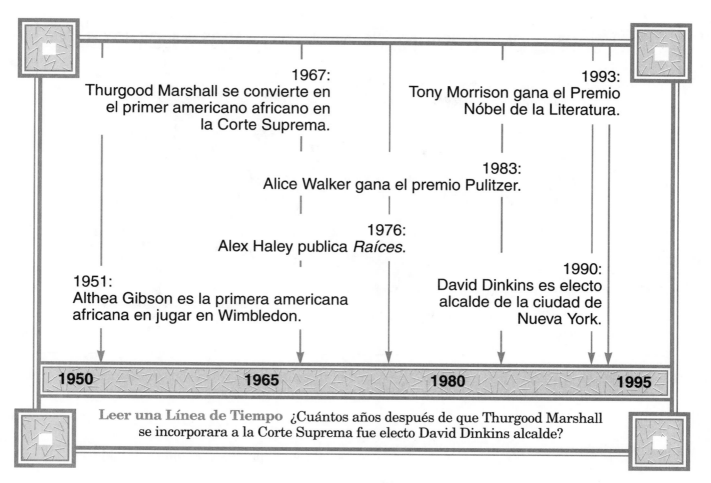

1967:
Thurgood Marshall se convierte en el primer americano africano en la Corte Suprema.

1993:
Tony Morrison gana el Premio Nóbel de la Literatura.

1983:
Alice Walker gana el premio Pulitzer.

1976:
Alex Haley publica *Raíces*.

1951:
Althea Gibson es la primera americana africana en jugar en Wimbledon.

1990:
David Dinkins es electo alcalde de la ciudad de Nueva York.

1950　　1965　　1980　　1995

Leer una Línea de Tiempo ¿Cuántos años después de que Thurgood Marshall se incorporara a la Corte Suprema fue electo David Dinkins alcalde?

alimentos y bebidas. Los bancos y las compañías de seguros americanas africanas también fueron importantes.

Muchos negocios de los americanos africanos crecieron, y algunos dos veces más rápido que el resto de la economía de EE.UU. Para los años 1900s, sus ventas habían súbido a casi 8 billones de dólares. Hoy en día, la mayoría de los negocios de propiedad de americanos africanos son pequeños. Sin embargo, nuevas compañías continúan creciendo rápidamente. Las más grandes son ahora enormes. Hoy en día, la JPC tiene más de 2,710 empleados. Se ha expandi-

do hacia la transmisión y producción de televisión, los cosméticos y productos para el cuidado del cabello.

Estos negocios ayudaron a incrementar los ingresos de los americanos africanos. Los americanos africanos han obtenido evidentes progresos económicos. En 1960, el 10 por ciento de las familias americanas africanas tenían ingresos que los clasificaban como "clase media". Para la década de 1980, habían aumentado aun 25 por ciento. Muchos americanos africanos se convirtieron en gerentes o profesionales. En los años 1990, más del 16 por ciento de los ame-

POBLACIÓN AMERICANA AFRICANA EN LOS ESTADOS UNIDOS HOY EN DÍA

Población americana africana:
- Más de 1,000,000
- 100,000 a 1,000,000
- Menos de 100,000

Ciudades con más americanos africanos (en millones)

- Nueva York
- Chicago
- Detroit
- Filadelfia
- Los Angeles
- Houston
- Baltimore
- Washington
- Memphis
- Nueva Orleáns

Leer un Mapa De acuerdo con el mapa, ¿qué ciudad tiene la mayor población de americanos africanos? ¿Qué región tiene la menor población de americanos africanos?

ricanos africanos eran gerentes o profesionales.

Sin embargo, los americanos africanos saben que su progreso podría no durar. Durante las recesiones, las tasas de desempleo de los americanos africanos aumentaron abruptamente. Las familias americanas africanas aún tenían menores ingresos que otras familias. Quedó en claro que el progreso económico de los americanos africanos debía continuar.

1. ¿Cómo ha cambiado la Johnson Publishing Company desde 1973?
2. ¿A qué problemas económicos se enfrentan todavía los americanos africanos?

3 Los Americanos Africanos Ocupan Puestos Políticos.

¿Qué mejorías obtuvieron los americanos africanos en ocupar puestos políticos?

En el mundo de la política, los americanos africanos también lograron progresos. Los mayores progresos se dieron en el nivel local y estatal. Pero también a nivel nacional, los americanos africanos progresaron.

Miembros del Congreso Durante muchos años, los americanos africanos habían emigrado hacia las grandes ciudades. Esto creó áreas de influencia de voto de los americanos africanos. Tres americanos africanos obtuvieron bancas en el Congreso en 1954. Fue la primera vez que esto ocurría en el siglo 20.

Durante la década de 1960, los derechos al voto se extendieron a estados del sur. En 1968, 10 americanos africanos ganaron sillas en el Congreso. No les había ido tan bien desde la Reconstrucción.

Los congresistas americanos africanos crearon un **Caucus** Negro. Un *caucus* es un grupo que trabaja en conjunto para conseguir objetivos políticos en común. Para los años 1990, el *Caucus* Negro tenía 40 miembros.

Otros puestos nacionales Los presidentes comenzaron a nombrar a americanos africanos en puestos en el gobierno. El primer americano africano en un gabinete presidencial fue Robert C. Weaver. Se convirtió en titular del Departamento de Vivienda y Desarrollo Urbano en 1966.

En 1967, Thurgood Marshall fue el primer americano africano en la Corte Suprema. Marshall había sido el principal abogado de la NAACP. Interpuso muchas demandas que terminaron con la segregación. Como magistrado de la Corte Suprema, Marshall hizo presión por la igualdad. A menudo se opuso a la mayoría conservadora de la Corte. Después que Marshall se jubiló en 1991, el presidente Bush nombró a otro americano africano, Clarence Thomas, para reemplazarlo.

Los progresos de los americanos africanos se sucedieron rápidamente en los niveles locales y estatales. Para 1973, había americanos africanos que se habían convertido en alcaldes en grandes ciudades como Detroit, Los

Joycelyn Elders (izquierda) fue Médico General en el gobierno de presidente Bill Clinton. En la foto aparece con la senadora Carol Moseley-Braun de Illinois.

Angeles, Newark, Cleveland y Washington, D.C. En el sur, Nueva Orleáns tuvo un alcalde americano africano . Los americanos africanos también ganaron posiciones en los niveles estatales. Para 1973, había más de 200 americanos africanos en 37 **asambleas** estatales. Una asamblea es un grupo que hace leyes. En los años 1990, había aproximadamente 500 americanos africanos en asambleas estatales. En 1990, L. Douglas Wilder asumió como gobernador de Virginia. Fue el primer americano africano en ser electo gobernador de un estado.

El número de americanos africanos electos en cargos públicos continúa en aumento. En 1964, los americanos africanos habían sido electos para menos de 300 puestos. Hoy en día, hay más de 8,000.

Aumento de influencia El movimiento por los derechos civiles que impulsó el derecho al voto logró que más americanos africanos disfrutaran de ese derecho. Esto aumentó la influencia política de los americanos africanos. Hoy en día, todo político sabe que "el voto americano africano" puede representar una gran diferencia. Los americanos africanos no siempre votan por candidatos de su propia raza, no más de lo que otros americanos lo hacen. Respaldan a los candidatos cuyas políticas les gustan. Los dos partidos mayoritarios diseñan políticas para atraer los votos de los americanos africanos.

1. ¿En qué se concentra el *Caucus* Negro?
2. ¿Qué ayudó a dar a los americanos africanos más influencia política?

CAPÍTULO 23
IDEAS CLAVE

- Los americanos africanos han tenido un gran impacto sobre la literatura, la música, la danza, la televisión y el cine de EE.UU.
- El número de negocios de propiedad de americanos africanos ha crecido. Esto ha traído prosperidad a algunos americanos africanos. Sin embargo, el progreso económico de los americanos africanos debe continuar.
- Un número creciente de americanos africanos ha ocupado puestos políticos. Sus votos se han vuelto más importantes para todos los políticos.

I. Repasar el Vocabulario

Une cada palabra o palabras de la izquierda con la definición correcta.

1. *caucus*
2. asamblea
3. *Caucus* Negro
4. empresario

a. persona que administra un negocio
b. grupo que trabaja en el Congreso para conseguir los objetivos de los americanos africanos
c. grupo que trabaja en conjunto para conseguir objetivos políticos en común
d. grupo que hace leyes

II. Entender el Capítulo

1. ¿Cómo han contribuido los americanos africanos a las artes en EE.UU.?
2. ¿Por qué es importante Jackie Robinson?
3. ¿Cómo ha mejorado el estatus económico de los americanos africanos?
4. ¿Qué mejorías políticas han obtenido los americanos africanos desde 1950?

III. Desarrollo de Habilidades: Emitir Juicios

Explica si estás de acuerdo o en desacuerdo con las siguientes declaraciones.

1. El prejuicio racial ya no es un problema para los atletas americanos africanos.
2. El desempleo es el principal problema económico de los americanos africanos.
3. Participar en política es la mejor manera en que los americanos africanos pueden mejorar sus condiciones económicas.

IV. Escribir Acerca de la Historia

1. **¿Qué hubieras hecho?** Ponte en el lugar de Jackie Robinson en 1947. Otros jugadores y aficionados te están tratando mal. ¿Les contestarías? Explica.
2. Escribe un párrafo sobre un actor o escritor americano africano que te guste especialmente. Di por qué piensas que esa persona es importante.

V. Trabajar Juntos

Del Pasado al Presente El libro *Raíces* de Alex Haley inspiró a muchas personas a buscar sus propias raíces. En grupo, comenten lo que saben sobre la historia de sus familias. ¿Pueden ver cómo las raíces de cada persona encajan en la historia de EE.UU.?

LAS MUJERES LUCHAN POR SUS DERECHOS (1950-1990)

¿Cómo buscaron las mujeres mayor igualdad en la vida americana?

En 1981, las mujeres protestaron frente al monumento a Lincoln, en apoyo a la enmienda para la Igualdad de Derechos.

Buscando los Términos Clave

- Organización Nacional de Mujeres (NOW)
- liberación de la mujer • Enmienda para la Igualdad de Derechos (ERA)

Buscando las Palabras Clave

- **feminismo:** movimiento para obtener igualdad en los derechos políticos, económicos y sociales de las mujeres

- **liberación:** obtener la libertad

SUGERENCIA DE

Escribe en una frase la idea principal de cada sección del capítulo. Después de la discusión en clase, aumenta detalles de apoyo a cada frase.

ESTUDIO

En 1959, Ruth Bader Ginsburg se graduó en leyes en la Universidad de Columbia. Empató el primer lugar de su promoción. Ginsburg solicitó trabajo en varias firmas de abogados, pero fue rechazada por todas. Fue rechazada porque era mujer y madre. Finalmente encontró trabajo, pero nunca olvidó esa experiencia. Como abogada, Ginsburg llevó a la justica casos de discriminación contra mujeres. En 1994, se convirtió en magistrada de la Corte Suprema de EE.UU.

1 Las Mujeres Ante a un Trato No Equitativo.

¿Por qué estaban descontentas muchas mujeres con su papel en la sociedad, en las décadas de 1950 y 1960?

En los años 1950, el papel de la mujer estaba claro. Debían ser esposas y madres. Sin embargo, la sociedad de EE.UU. estaba cambiando. Muchas mujeres trabajaban fuera de su hogar y comenzaron a cuestionar la forma en que la sociedad las veía.

Para 1950, el número de mujeres trabajadoras aumentó de nuevo. Las mujeres en los años de la post guerra estaban mejor educadas que nunca. Para 1966, la mitad de todas las mujeres terminaban la escuela secundaria. Para los años 1990, el 80 por ciento se graduaba de la escuela secundaria. La cifra era igual al porcentaje de hombres que se graduaban.

Más mujeres iban a la universidad. Para 1970, cerca del 8 por ciento lo hacía. Para la década 1990, casi el 20 por ciento terminaba la universidad.

Conforme tenían más educación, las mujeres buscaban mejores trabajos. En el pasado, la mayoría de las mujeres que tenían un empleo provenían de la clase trabajadora. Ahora, más y más mujeres de la clase media tenían empleo.

Algunas hacían trabajos que habían sido desempeñados por hombres. Pero a las mujeres usualmente se les pagaba menos que a los hombres. En conjunto, las mujeres ganaban 60 dólares por cada 100 dólares ganados por los hombres. Algunas mujeres comenzaron a cuestionar esas diferencias.

Muchas restricciones Las mujeres también tenían a muchas restricciones. Tenían problemas al pedir dinero prestado para comprar automóviles o casas y problemas para conseguir tarjetas de crédito. Generalmente, la primera pregunta que les hacían era: "¿Cuánto gana su esposo?"

Incluso en lo jurídico, las mujeres no eran iguales. Las esposas a menudo necesitaban el permiso de su esposo para firmar un contrato o para comprar una propiedad. En algunos estados, las mujeres no podían integrar un jurado.

"¿Es esto todo?" Con el crecimiento de los suburbios, la vida de muchas mujeres cambió. En el pasado, los parientes les habían ayudado a cuidar los niños. Ahora, muchas madres jóvenes estaban solas en los suburbios. Tenían que criar a los niños por sí solas.

Muchas mujeres comenzaron a cuestionar su papel. Algunas tenía niveles de educación altos. Otras habían trabajado durante la guerra, pero no pudieron seguir una carrera. Muchas se preguntaron a sí mismas: "¿Es esto todo?"

Entre las amas de casa que se hicieron esta pregunta estaba Betty Friedan. Aunque tenía título de psicóloga, había abandonado su carrera. Comenzó a pensar acerca del papel de la mujer.

Al final de los años 1950, Friedan realizó una encuesta. Preguntó a las

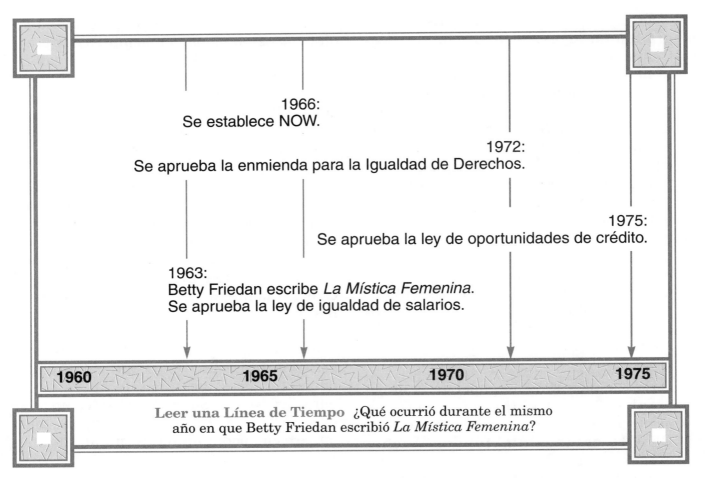

1966:
Se establece NOW.

1972:
Se aprueba la enmienda para la Igualdad de Derechos.

1975:
Se aprueba la ley de oportunidades de crédito.

1963:
Betty Friedan escribe *La Mística Femenina*.
Se aprueba la ley de igualdad de salarios.

| 1960 | 1965 | 1970 | 1975 |

Leer una Línea de Tiempo ¿Qué ocurrió durante el mismo año en que Betty Friedan escribió *La Mística Femenina*?

mujeres que se habían graduado en la universidad si eran felices. Encontró que muchas mujeres no lo eran. Friedan escribió luego un libro, *La Mística Femenina* (1963). Atacó la creencia de que las mujeres sólo podían encontrar la felicidad como esposas o amas de casa. Friedan instó a las mujeres a que ampliaran su papel en la sociedad.

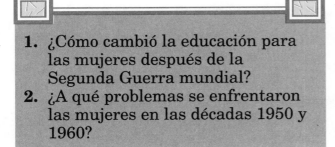

1. ¿Cómo cambió la educación para las mujeres después de la Segunda Guerra mundial?
2. ¿A qué problemas se enfrentaron las mujeres en las décadas 1950 y 1960?

2 Se Encamina el Movimiento por los Derechos de la Mujer.

¿Cómo se organizaron las mujeres para conseguir sus derechos?

El movimiento para obtener igualdad en los derechos políticos, económicos y sociales para las mujeres se llama **feminismo**. Muchas mujeres comenzaron a llamarse a sí mismas feministas. Las feministas se fijaron en el movimiento de los derechos civiles para encontrar formas de luchar contra la discriminación. Algunas ya habían estado involucradas en la lucha por los derechos civiles. Utilizaron su experiencia para comenzar a organizar a las mujeres.

Organización Nacional de Mujeres En 1966, Friedan y otras 300 mujeres fundaron la **Organización Nacional de Mujeres**, o **NOW**, en sus siglas en inglés. Friedan llamó a la NOW "un movimiento por los derechos civiles de las mujeres americanas". NOW fue ganando adeptos. Para el principio de los años 1990, NOW decía tener 280,000 miembros.

NOW trabajó para cambiar las leyes. Inició juicios contra compañías que discriminaban a las mujeres. NOW también pidió al Congreso nuevas leyes que ayudaran a las mujeres y a sus familias.

Cambiar las leyes Aun antes de que NOW fuera fundada, el Congreso había considerado las preocupaciones de las mujeres. Se dictaron muchas leyes nuevas.

La ley de igualdad de salario de 1963 y otras leyes requirieron que los patrones trataran a las mujeres con justicia. Los patrones ya no podían pagar a las mujeres menos que a los hombres por desempeñar el mismo trabajo.

Las mujeres también obtuvieron nuevos derechos económicos. Una ley de 1975 prohibió a los prestamistas discriminar contra las mujeres. Otras leyes

Una ama de casa presume su nueva lavadora de platos en esta publicidad típica de 1950. Los periódicos, las revistas y la televisión estaban llenas de imágenes de mujeres en papeles tradicionales.

Algunas mujeres argumentaban que el solo cambio de las leyes que las discriminaban no era suficiente. Esta marcha fue realizada en 1978 para promover la igualdad total de derechos para las mujeres.

hicieron más fácil que las mujeres alquilasen o comprasen un lugar para vivir.

Pero algunas mujeres argumentaron que cambiar las leyes no era suficiente. En lugar de sólo derechos civiles, deseaban la **liberación de la mujer**. La liberación es el obtener la libertad.

El movimiento de liberación de la mujer intentó cambiar las creencias de las personas. Las feministas demandaban que trabajos "masculinos" como el de oficial de policía fueran abiertos a las mujeres. Afirmaban que las mujeres podían desempeñar trabajos de tiempo completo y aun así ser buenas madres.

Al igual que el movimiento por los derechos civiles, el movimiento de las mujeres se dividió en muchas partes. Las feministas estaban en desacuerdo sobre cómo alcanzar los objetivos de su movimiento.

Muchas de ellas pensaban que el movimiento de las mujeres no las representaba. Las mujeres de clase trabajadora a menudo no se sentían incluidas. El objetivo de abrirse paso a más trabajos no se aplicaba a ellas. Muchas ya tenían trabajo. En lugar de eso, querían mejorar sus condiciones.

Muchas americanas africanas, latinas, americanas nativas y otras, sentían que habían sido dejadas fuera. Algunas líderes del movimiento de las mujeres eran de estos grupos, pero la vasta mayoría era blanca.

Muchas mujeres se oponían a los objetivos del movimiento de las mujeres. Argumentaban que su papel como esposas y madres era muy importante.

Pensaban que no había nada más importante que brindar hogares seguros y llenos de cariño para sus hijos. Decían que el movimiento de las mujeres desdeñaba la maternidad. Muchas decían que las diferencias entre los hombres y las mujeres debían ser respetadas.

En 1972, el Congreso propuso la **enmienda para la Igualdad de Derechos** (**ERA** en sus siglas en Inglés). La ERA hacía un llamado a la igualdad total para los hombres y las mujeres ante la ley. Muchos estados la ratificaron rápidamente, pero surgió una fuerte oposición a la ERA. Los críticos, en los que se incluían muchas mujeres, temían que la ERA perjudicaría en vez de ayudar a muchas mujeres. Los opositores bloquearon la posibilidad de aprobar la enmienda. Sólo 35 de los 38 estados necesarios la habían ratificado cuando venció el plazo. En consecuencia, la ERA murió.

Los temas referentes a la mujer continuaron levantando revuelo en los debates. Tal vez el tema más controversial es el aborto. Muchos grupos de mujeres apoyan "la libertad de elegir". Es el derecho de las mujeres a someterse a un aborto. En 1972, la Corte Suprema estuvo de acuerdo con ese derecho. Los opositores a esa posición dicen que el aborto es un asesinato. Un movimiento "pro-vida" comenzó a luchar contra el aborto.

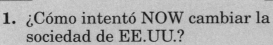

1. ¿Cómo intentó NOW cambiar la sociedad de EE.UU.?
2. ¿Que fue ERA?

3 Las Mujeres Logran Papeles Más Importantes en la Sociedad.

¿Qué papeles tienen las mujeres en la sociedad de EE.UU. hoy en día?

La generación de abogados como Ruth Bader Ginsburg en 1950 llegaba a un total de más de 500 personas. Esa generación incluía a menos de 10 mujeres. Hoy en día, pocas escuelas de leyes tienen una matrícula de mujeres menor al 40 por ciento. Eso demuestra los grandes cambios que se han producido en menos de 50 años. Ahora las mujeres

Leer una Gráfica ¿Cuántas mujeres más trabajaban fuera de su hogar en 1990 que en 1960?

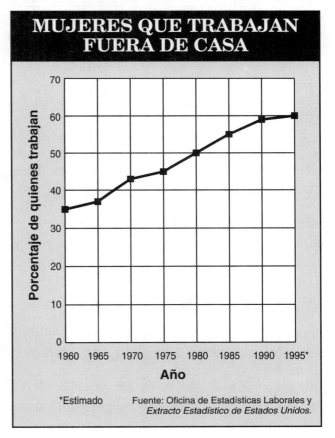

Ruth Bader Ginsburg, la segunda mujer en ser designada magistrada de la Corte Suprema, aparece aquí con las senadoras Dianne Feinstein y Carol Mosely-Braun.

contribuyen a todas las facetas de la vida de EE.UU.

Más mujeres trabajan ahora fuera del hogar. Más de la mitad de las mujeres tienen empleo. Estos trabajos se han vuelto más variados. Uno de los objetivos clave del movimiento por la liberación de la mujer era terminar con la diferencia entre el "trabajo femenino" y el "trabajo masculino". Por ley, hoy en día los trabajos están abiertos a cualquier persona capacitada.

Un número creciente de mujeres han ocupado trabajos profesionales. En el pasado, era poco usual ver una mujer abogada o gerente. Pero ya no. Las mujeres tienen ahora el 48 por ciento de los trabajos profesionales o gerenciales.

Las mujeres también se han incorporado a otros trabajos que alguna vez fueron considerados "trabajos de hombres". Algunas trabajan en fundiciones de acero. Otras se han convertido en detectives de policía o en bomberos. Las mujeres se han vuelto prominentes comentaristas de noticias de televisión. En los años 1990, Connie Chung se convirtió en una de las locutoras mejor pagadas en las cadenas de televisión.

Al principio de la década 1990, la fuerza aérea y la marina permitieron por primera vez a las mujeres ocupar puestos de combate. Una mujer instructora de vuelo se maravilló con los cambios. "Cuando me incorporé en 1974," dijo, "las mujeres ni siquiera trabajaban en los aviones. El ser piloto era una opción que ni siquiera se me ocurrió. Son notables los cambios que he visto."

Mujeres en puestos públicos   Las mujeres también se han vuelto importantes en la política. Por primera vez, en 1984, uno de los dos partidos mayoritarios postuló a una mujer para vicepresidente. Fue Geraldine Ferraro, una demócrata, pero los demócratas perdieron la elección.

El Congreso de 1993-1994 tuvo un número récord de mujeres: 48 en la Cámara de Representantes y 7 en el Senado. Ambos senadores por California eran mujeres: Bárbara Boxer y Dianne Feinstein. La senadora Carol Moseley-Braun, de Illinois, fue la única americana africana en el Senado.

Las mujeres también están siendo nombradas para ocupar puestos públicos de mayor nivel. En 1981, Sandra Day O'Connor se convirtió en la primera magistrada de la Corte Suprema. Una década después, Ginsburg se integró a la Corte. Jeane Kirkpatrick y Madeleine Albright fueron embajadoras de EE.UU. ante las Naciones Unidas.

Diferencias que persisten Sin embargo, a pesar de todos los cambios, los hombres y las mujeres aún no son iguales. Los sueldos de las mujeres aún están más abajo que los de los hombres. Pero la brecha se está haciendo más pequeña. Para 1992, los ingresos de las mujeres aumentaron a 75 dólares por cada 100 dólares que los hombres ganan.

Dejando a un lado los niveles de sueldo, las mujeres tienen mayores dificultades en progresar dentro una empresa. Muchas suben hasta cierto nivel y luego quedan estancadas. La mayoría de las compañías están controladas por hombres en el nivel más alto.

Las mujeres aún tienen dificultades para reconciliar sus carreras y sus niños. Los padres a menudo hoy en día comparten el cuidar a los niños. Pero las madres divorciadas o solteras tienen menos alternativas. Algunos patrones ofrecen ahora guarderías cerca del lugar de trabajo.

1. ¿Cómo han cambiado los papeles de la mujer en la política?
2. ¿A qué problemas se enfrentan las mujeres hoy en día?

CAPÍTULO 24
IDEAS CLAVE

- En las décadas de 1950 y 1960, muchas mujeres comenzaron a cuestionar su papel en la sociedad de EE.UU.

- En los años 1960, las mujeres comenzaron a organizarse para luchar por la igualdad de derechos.

- Hoy en día, las mujeres tienen papeles más importantes. Sin embargo, las mujeres todavía no ganan tanto como los hombres.

I. Repasar el Vocabulario

Une cada palabra o palabras de la izquierda con la definición correcta.

1. ERA
2. liberación
3. NOW
4. feminismo

a. obtener la libertad
b. movimiento para obtener igualdad en los derechos políticos, económicos y sociales de las mujeres
c. enmienda propuesta para la igualdad total entre los hombres y las mujeres
d. organización que lucha por la igualdad de derechos de las mujeres

II. Entender el Capítulo

1. ¿Cómo ha cambiado el papel de la mujer en la fuerza laboral desde la Segunda Guerra mundial?

2. ¿Por qué cuestionaron su papel en la sociedad algunas mujeres en las décadas de 1950 y 1960?

3. ¿Qué le ocurrió a la enmienda para la Igualdad de Derechos?

4. ¿Cúan exitosas han sido las mujeres en obtener igualdad en sueldos?

III. Desarrollo de Habilidades: Hechos versus Opiniones

Marca cuáles de los siguientes enunciados son hechos y cuáles opiniones.

1. Las mujeres y los hombres que desempeñan el mismo trabajo deben tener el mismo ingreso.

2. En general, los hombres ganan más dinero que las mujeres.

3. Una mayor proporción de mujeres tiene trabajo ahora que en los años 1950.

4. Las leyes existentes otorgan a las mujeres toda la protección que necesitan.

IV. Escribir Acerca de la Historia

1. ¿Qué hubieras hecho? Si hubieras sido un miembro de la legislatura de tu estado en 1975, ¿hubieras votado para ratificar la ERA? Explica.

2. Entrevista a una mujer adulta acerca del movimiento de liberación de las mujeres. ¿Cómo afectó el movimiento a su vida personal? ¿Lo apoyó o se opuso? Escribe un reportaje de periódico sobre la entrevista. Usa citas directas cuando sea posible.

V. Trabajar Juntos

Del Pasado al Presente Estudia la gráfica de la página 207. Con un grupo comenten cómo piensan que se verá la gráfica en el año 2150. Elaboren una gráfica para el grupo que muestre sus predicciones.

Los Americanos Mexicanos Luchan por Igualdad. (1950-PRESENTE)

¿Qué hicieron los americanos mexicanos para obtener mejores derechos?

César Chávez luchó por los derechos de los trabajadores agrícolas migratorios hasta su muerte en 1993.

Buscando los Términos Clave

- La Causa • El Movimiento • Ley de control y reforma de la inmigración de 1986 • TLC (NAFTA)

Buscando las Palabras Clave

- **trabajador migratorio:** una persona que recoge cosechas en diferentes lugares
- **reconocer:** estar de acuerdo en que un sindicato puede representar a los trabajadores en una compañía
- **chicana o chicano:** americano de ascendencia mexicana
- **bilingüe:** en dos idiomas

SUGERENCIA DE

Relee la pregunta al principio del capítulo. Luego, enumera por lo menos tres formas en que puede contestarse esa pregunta.

ESTUDIO

En 1962, César y Helen Chávez y sus ocho niños se establecieron en Delano, California. Ese pueblo estaba en el corazón de una rica zona agrícola. Gran parte del trabajo en las granjas del valle lo llevaban a cabo trabajadores mexicanos y americanos mexicanos. César y Helen Chávez también trabajaron en una de las granjas del valle. Los Chávez también tenían otro trabajo. Querían que los trabajadores de las granjas formaran un sindicato.

1 Los Trabajadores Agrícolas Forman un Sindicato.

¿Cómo obtuvieron los trabajadores migratorios agrícolas mejores derechos en la década de 1960?

En los años 1960, los trabajadores agrícolas americanos mexicanos trabajaban en los campos de 14 a 16 horas al día. Por este trabajo, les pagaban sólo 5 dólares. Con este dinero, tenían que comprar comida y pagar el alquiler de viejas chozas.

Muchos americanos mexicanos eran **trabajadores migratorios**. Un trabajador migratorio viaja de un lugar a otro en época de cosecha. Con frecuencia, familias enteras trabajaban juntas en los campos. Debido a que se mudaban con tanta frecuencia, pocos niños de trabajadores migratorios permanecían en una escuela por mucho tiempo. César Chávez, por ejemplo, había ido a 30 escuelas antes de abandonar sus estudios al final del octavo grado.

Estas condiciones dejaban a los americanos mexicanos más pobres que la

En un mitin en 1988, Dolores Huerta, una de las fundadoras de los Trabajadores Agrícolas Unidos, encabezó una demostración para protestar contra peligrosos pesticidas utilizados en el cultivo de la uva.

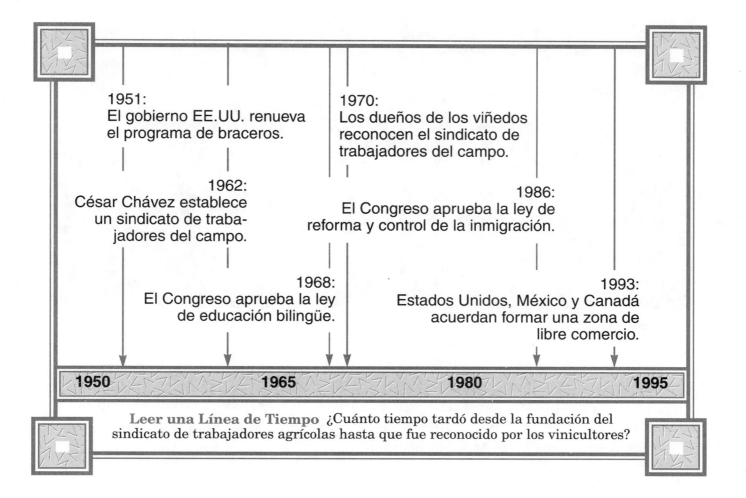

1951:
El gobierno EE.UU. renueva el programa de braceros.

1962:
César Chávez establece un sindicato de trabajadores del campo.

1968:
El Congreso aprueba la ley de educación bilingüe.

1970:
Los dueños de los viñedos reconocen el sindicato de trabajadores del campo.

1986:
El Congreso aprueba la ley de reforma y control de la inmigración.

1993:
Estados Unidos, México y Canadá acuerdan formar una zona de libre comercio.

1950 1965 1980 1995

Leer una Línea de Tiempo ¿Cuánto tiempo tardó desde la fundación del sindicato de trabajadores agrícolas hasta que fue reconocido por los vinicultores?

mayoría de los ciudadanos de EE.UU. En 1960, las familias americanas mexicanas ganaban sólo dos tercios de lo que ganaban las familias anglosajonas.

Un sindicato que surje Estos eran algunos de los problemas que César Chávez pensaba que resolvería un sindicato de trabajadores agrícolas. En 1962, fundó ese sindicato. Otra líder importante era Dolores Huerta, una ex trabajadora migratoria y maestra.

El sindicato creció lentamente. Muchos trabajadores depositaron sus esperanzas de lograr una mejor vida en el sindicato. Lo llamaron **"La Causa"**.

Los propietarios de granjas no estaban de acuerdo con el sindicato. Rehusaron **reconocerlo** como tal. Ello significaba que no aceptarían que el sindicato defendiera a los trabajadores de sus granjas.

"¡Viva la huelga!" En septiembre de 1965, un grupo de cosechadores filipinos de uva fue a huelga cerca de Delano. Preguntaron a Chávez si el sindicato los apoyaría. Chávez consultó a los miembros del sindicato en un mitin. Le contestaron: "¡Viva la huelga!".

Poco tiempo después la huelga se amplió a otras granjas. Sin embargo, los propietarios no reconocían al sindicato.

En 1979, César Chávez encabezó una reunión de miembros de los Trabajadores Agrícolas Unidos y llamó a un boicot a la cosecha de lechuga hecha por trabajadores agrícolas no sindicalizados.

Chávez se propuso que La Causa se convirtiera en un tema nacional. Organizó marchas y grandes mitines. Pidió a la gente en toda la nación que no comprara uvas cosechadas por trabajadores no sindicalizados.

En 1970, los propietarios de viñedos finalmente reconocieron al sindicato. Chávez, Huerta y el sindicato comenzaron nuevas luchas. La Causa había empezado una lucha para obtener todos los derechos civiles para los latinos en todo el país.

1. ¿Cómo eran las condiciones para los trabajadores americanos mexicanos en los años 1960?
2. ¿Qué era La Causa?

2 Los Americanos Mexicanos Amplían el Movimiento de los Derechos Civiles.

¿Cómo lucharon los americanos mexicanos por sus derechos civiles?

César Chávez había comenzado la presión por los derechos totales para los latinos. Otros americanos mexicanos se unieron a la lucha. Llamaron a su campaña por los derechos **"El movimiento"**.

Muchos americanos mexicanos de los años 1960 sentían un nuevo orgullo de su herencia. Algunos empezaron a llamarse **chicanos** o **chicanas**. Los jóvenes latinos usaron esos términos para expresar su orgullo.

Organizarse Los americanos mexicanos siguieron diferentes caminos para mejorar la vida de su gente. En Texas, José Angel Gutiérrez generó el cambio a través del voto. Fundó un nuevo partido político. En poco tiempo, el partido tenía candidatos en los sufragios estatales y municipales en el sudoeste.

Para los años 1970, más y más latinos ocupaban cargos nacionales y estatales. Entre ellos había gobernadores como Jerry Apodaca en Nuevo México, Raúl Castro en Arizona y el senador nacional Joseph Montoya de Nuevo México.

Otros logros El movimiento incrementó el respeto por la cultura latina en EE.UU. También ayudó a abrir nuevas puertas para los latinos en los negocios y en la educación. Por ejemplo, en 1968 el Congreso aprobó una ley para ayudar a los estudiantes que no leían o hablaban el inglés correctamente. Con esa ley, los distritos escolares establecieron clases **bilingües**. Es decir, las clases serían impartidas tanto en inglés como en el idioma nativo de los estudiantes.

1. ¿Cómo trató José Angel Gutiérrez de mejorar las condiciones de los americanos mexicanos?
2. ¿Cuál fue un indicio de la creciente influencia latina en la década de 1970?

José Gutiérrez estableció La Raza Unida, un partido político chicano en Texas que ayudó a obtener poder político para los americanos mexicanos en ese estado.

3 Los Americanos Mexicanos Enfrentan Nuevos Retos.

¿Qué problemas afectaban a los americanos mexicanos al acercarse el nuevo siglo?

Los americanos mexicanos construyeron sobre los adelantos de El Movimiento después de los años 1970. Además, había mucha más gente de ascendencia mexicana en EE.UU. Hoy en día, hay más de 13 millones de personas con ascendencia mexicana en este país. Son el sexto grupo étnico de la nación.

Una creciente influencia Hoy en día la influencia americana mexicana está presente en todas partes de Estados Unidos. Su participación en la política ha crecido. Muchos fueron electos para cargos políticos. Otros americanos mexicanos han sido nombrados en puestos clave en el gobierno. En 1993, el presidente Bill Clinton nombró a dos mexicanos americanos en su Gabinete. Henry Cisneros de Texas fue designado secretario de Vivienda y Desarrollo Urbano. Federico Peña de Texas tomó posesión como secretario de Transporte.

La influencia de los americanos mexicanos puede verse y escucharse en todas partes. Actores de ese origen como Edward James Olmos y los hermanos Emilio Estévez y Charlie Sheen actúan en la televisión y en el cine.

Inmigración Aun cuando los americanos mexicanos eran más aceptados en la actividad nacional, seguían teniendo preocupaciones especiales. Una de ellas era la inmigración.

Por mucho tiempo los mexicanos se habían mudado al norte cruzando la frontera de Estados Unidos. Venían buscando trabajo y vidas mejores. Algunos de estos inmigrantes mexicanos entraron al país ilegalmente.

Muchos ciudadanos de EE.UU. se preocupaban por la inmigración ilegal. Temían que los recién llegados desplazaran de sus trabajos a los ciudadanos americanos, y que mantendrían bajos los salarios.

En 1986 el Congreso aprobó la **ley de control y reforma de la inmigración**. Esta ley perdonó a muchos inmigrantes ilegales; sin embargo, estableció fuertes multas para las empresas que utilizaran trabajadores ilegales.

Nuevas políticas de comercio. Estados Unidos y México trataron de establecer nuevas maneras de hacer negocios entre sí. El gobierno de Estados Unidos estimó que si se creaban más empleos en México, menos mexicanos vendrían a este país ilegalmente. También calculó que los trabajadores

En 1993, el secretario de Transporte de EE.UU., Federico Peña, y la supervisora del condado de Los Angeles, Yvonne Burke, muestran una propuesta para una ruta de tránsito masivo.

mexicanos con mejores empleos comprarían más artículos de EE.UU. Eso ayudaría a la economía de este país.

Conforme un plan, compañías de EE.UU. construyeron plantas de ensamble en México, y enviaban productos no terminados a las plantas. Los trabajadores mexicanos terminaban los productos, los cuales eran enviados de regreso a Estados Unidos para su venta.

Las primeras plantas abrieron en 1965. Para 1990, había más de mil fábricas, con más de 450,000 trabajadores.

En 1993 Estados Unidos y México elaboraron un nuevo plan para ayudar al crecimiento del comercio. Ambos países y el Canadá firmaron el Tratado de Libre Comercio de América del Norte (NAFTA por sus siglas en inglés, TLC en español). Con este tratado, los productos pueden pasar de un país a otro sin impuestos ni aranceles. Así, los precios de los artículos son más bajos. Este tratado también permite a las empresas establecer fábricas en otros países miembros.

No toda la gente estuvo de acuerdo con el TLC. Algunos trabajadores de EE.UU. se han mostrado preocupados por sus empleos. Existía temor de que las empresas mudaran sus fábricas a México. Algunos mexicanos pobres también estaban preocupados.

No está claro aún qué resultados dará el TLC. Lo que es seguro es que México y los americanos mexicanos tendrán un papel más importante en los asuntos de EE.UU. en el siglo XXI.

1. ¿En qué formas se manifiesta hoy en día la influencia de los americanos mexicanos en la vida de EE.UU.?
2. ¿Por qué se opusieron al TLC (NAFTA) algunos trabajadores de EE.UU.?

CAPÍTULO 25
IDEAS CLAVE

- Americanos mexicanos como César Chávez y Dolores Huerta trabajaron durante años para construir un sindicato para trabajadores agrícolas migratorios.

- A fines de los años 1960, creció el movimiento de los derechos civiles de los americanos mexicanos. Chicanos y chicanas tomaron parte más activa en la política.

- La influencia de los americanos mexicanos en la vida de EE.UU. ha seguido creciendo durante los últimos años.

I. Repasar el Vocabulario

Une cada palabra o palabras de la izquierda con la definición correcta.

1. trabajador migratorio
2. chicano
3. La Causa
4. bilingüe

a. americano de ascendencia mexicana
b. la lucha para formar un sindicato de trabajadores agrícolas
c. en dos idiomas
d. persona que cosecha en diferentes lugares

II. Entender el Capítulo

1. ¿Cómo trató de forzar César Chávez a los dueños de las granjas a negociar con el sindicato de los trabajadores agrícolas?
2. ¿En qué formas fue El Movimiento semejante al movimiento por los derechos civiles de los americanos africanos?
3. ¿Qué hizo la ley de control y reforma de la inmigración de 1986?
4. ¿Cómo se beneficiarían EE.UU. y México si las condiciones económicas mejoraran en México?

III. Desarrollo de Habilidades: Hacer Secuencias

Escribe de nuevo los siguientes acontecimientos en el orden cronológico en que ocurrieron.

Los propietarios de viñedos reconocieron al sindicato de trabajadores agrícolas. Canadá, México y EE.UU. forman una zona de libre comercio. César Chávez comienza a organizar a los trabajadores agrícolas en California.

IV. Escribir Acerca de la Historia

1. **¿Qué hubieras hecho?** Imagina que eres un trabajador agrícola migratorio en California en 1965. Tu jefe dijo que cualquiera de sus trabajadores que se afiliara al sindicato sería despedido. Un día, un miembro del sindicato pregunta si te unirías a éste. ¿Qué dirías? Explica tu decisión.
2. Escribe una propuesta para un programa para despertar el orgullo por la cultura latina.

V. Trabajar Juntos

Del Pasado al Presente Los sindicatos como La Causa fueron establecidos para que sus afiliados pudieran trabajar para mejorar su situación. Con un grupo, discutan qué sindicato establecerían actualmente. ¿Por qué cambios lucharían?

LA PRESENCIA CUBANA CRECE EN EE.UU. (1959-PRESENTE)

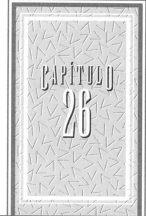
¿Cómo construyeron nuevas vidas en EE.UU. los cubanos que huían del comunismo?

En 1950 muchos cubanos, como éstos en Brooklyn, protestaron contra la ayuda de EE.UU. al dictador cubano Batista.

Buscando los Términos Clave

- La Pequeña Habana

Buscando las Palabras Clave

- **exiliado político:** persona que abandona un país por razones políticas
- **boat lift:** operación para rescatar refugiados por mar

- **embargo:** orden que prohíbe el comercio con otra nación
- **multinacional:** una compañía que tiene sucursales en más de un país

SUGERENCIA DE

Elabora una lista de los nombres de los lugares de este capítulo. Después de cada nombre, escribe una oración explicando por qué fue importante para los cubanos y los americanos cubanos.

ESTUDIO

El día de Año Nuevo de 1959, los cubanos llenaron las calles de La Habana. Cantaron, bailaron y dieron vivas. Una revolución acababa de derrocar al dictador Fulgencio Batista.

1 Muchos Cubanos Huyen del Comunismo en su Patria.

¿Por qué llegaron a EE.UU. miles de cubanos después de 1959?

Fidel Castro encabezó la revolución que derrocó a Batista. Después de la revolución, Castro se convirtió en el líder de Cuba. Castro hizo grandes cambios en Cuba. Al principio, algunos de estos cambios fueron positivos. Más de 300,000 personas formaron grupos de enseñanza. Enseñaron a las personas en el campo a leer y escribir.

Sin embargo, los programas de Castro pronto dividieron al pueblo cubano. Castro quería que el gobierno controlara la economía de Cuba. El gobierno se apoderó de muchas empresas privadas. Muchos cubanos que no tenían relación con Batista perdieron sus negocios.

Muchos cubanos esperaban que la revolución fomentara la democracia. No querían el comunismo. Pero Castro tenía ideas comunistas. Metió a la cárcel a muchos que se oponían a sus ideas. Pronto murieron las esperanzas de una nueva democracia.

Abandonan Cuba A mediados de 1959, algunos cubanos empezaron a abandonar su patria. Se convirtieron en **exiliados políticos**, gente que deja su

Leer un Mapa En los años 1960 y 1970, EE.UU. estaba activamente involucrado en la Cuba de Castro. ¿Qué países del Caribe estaban involucrados con la invasión de bahía de Cochinos?

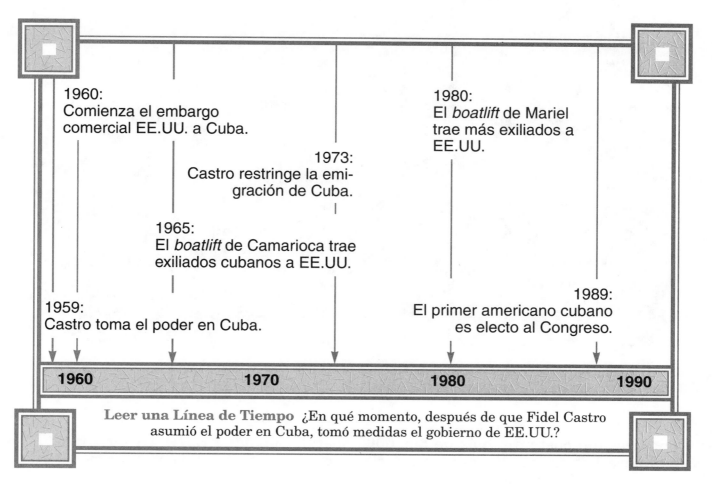

1960:
Comienza el embargo comercial EE.UU. a Cuba.

1980:
El *boatlift* de Mariel trae más exiliados a EE.UU.

1973:
Castro restringe la emigración de Cuba.

1965:
El *boatlift* de Camarioca trae exiliados cubanos a EE.UU.

1959:
Castro toma el poder en Cuba.

1989:
El primer americano cubano es electo al Congreso.

| 1960 | 1970 | 1980 | 1990 |

Leer una Línea de Tiempo ¿En qué momento, después de que Fidel Castro asumió el poder en Cuba, tomó medidas el gobierno de EE.UU.?

país por razones políticas. Muchos de ellos querían arrebatarle Cuba a Castro. Algunos tomaron parte en la invasión de la bahía de Cochinos. Otros juntaron fondos y procuraron otras formas de deshacerse de Castro.

Después de la crisis de los cohetes, Castro cambió su política. La huida de tantos cubanos hacía quedar mal a su gobierno. Trató de detener a la gente que escapaba de la isla. Sólo 30,000 huyeron en los tres años siguientes.

Nuevas olas de exiliados La política de Castro cambió varias veces. En 1965, Cuba y EE.UU. hicieron un acuerdo. Castro dejaría salir a los cubanos con parientes en EE.UU., pero sólo si estos parientes venían a la isla a buscarlos.

La respuesta sorprendió a todos. Cientos de embarcaciones salieron de la Florida para Cuba. Miles de cubanos dejaron la isla en este ***boat lift***. Un *boat lift* es una operación para rescatar por mar a refugiados.

Poco después del *boat lift*, se estableció un vuelo regular entre Cuba y EE.UU. Alrededor de 2,800 vuelos llevaron exiliados a una nueva vida fuera de Cuba. En 1973, la pérdida de los exiliados resultó demasiado para la economía de la isla. Castro de nuevo detuvo el éxodo de los cubanos de la isla. Para

En 1980, miles de refugiados cubanos partieron por el puerto de Mariel hacia EE.UU. Este barco transportó cerca de 850 refugiados hacia la libertad, cerca de Cayo Hueso, en la Florida.

entonces, no obstante, más de 500,000 exiliados habían salido. ¡Era una décima parte de la población cubana!

La gente seguía saliendo de Cuba, pero en menores cantidades. Con frecuencia, arriesgaba su vida en pequeños embarcaciones o balsas. No fue sino hasta 1980 que Castro permitió de nuevo que grandes cantidades de cubanos abandonaran la isla.

Como el número de personas con esperanzas de exiliararse crecía, Castro hizo otro anuncio. Los cubanos de EE.UU. podían llegar al puerto de Mariel a recoger a los parientes que querían salir.

Otra vez, miles de pequeñas embarcaciones recorrieron las 90 millas que se-paran Cuba de EE.UU. De nuevo, miles de cubanos subieron a embarcaciones en busca de nuevas vidas.

Como los exiliados anteriores, la mayoría se estableció en la Florida. Muchos de ellos construyeron sus hogares en o cerca de Miami.

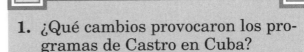

1. ¿Qué cambios provocaron los programas de Castro en Cuba?
2. Describe los primeros exiliados que abandonaron Cuba.

2 Exiliados Cubanos Forman Nuevos Hogares en EE.UU.

¿Dónde se establecieron los exiliados cubanos en EE.UU.?

Los primeros exiliados cubanos se establecieron en Miami, Florida, debido a una razón primordial. Era la ciudad más grande cercana a Cuba. Sólo 200 millas separaban a los exiliados de su tierra natal. Muy pronto, muchos exiliados se unieron a los que habían llegado antes a Miami. Para 1973, más de 300,000 cubanos tenían su hogar en Miami.

La mayoría de los cubanos se establecieron en un barrio de Miami llamado **La Pequeña Habana.** La Pequeña Habana se convirtió en el centro de la vida cubana en Estados Unidos.

La calle Ocho era el corazón de La Pequeña Habana. Ahí los restaurantes cubanos servían comidas típicas de la isla. La gente jugaba dominó en el parque. Otros saboreaban tazas de café cubano fuerte y espeso. Los puestos de periódicos vendían diarios y revistas escritas en español. Lemas contra Castro en español fueron pintados en las paredes de muchos edificios.

Una ciudad cambiante   Muchos de los primeros cubanos exiliados tenían preparación y educación. Se sirvieron de esto para vivir mejor en Estados Unidos. Muchos de ellos iniciaron empresas que daban servicio a otros cubanos. Algunas de estas firmas se expandieron para hacer negocios con otras partes de Latinoamérica.

A medida que estas empresas crecieron, Miami se volvió una floreciente ciudad latinoamericana. Hoy, más de 250 multinacionales tienen sus oficinas principales en la ciudad. Estas son empresas con negocios en más de un país. Las empresas líderes de Latinoamérica actualmente invierten más de mil millones de dólares al año en la ciudad.

Hoy en día más de 600,000 americanos cubanos viven cerca de Miami. Esto es más de la mitad de todos los americanos cubanos de la nación. Muchos exiliados cubanos son ahora ciudadanos de EE.UU. En años recientes, han mostrado su creciente poder político. En 1985, por ejemplo, contribuyeron sustancialmente a la elección de Xavier Suárez como alcalde de Miami. Fue el primer alcalde americano cubano de una ciudad importante de EE.UU. En 1989 los votantes en el condado de Dade eligieron a Ileana Ros-Lehtinen a la Cámara de Representantes de EE.UU. Se convirtió en la primera americana cubana y la primera latina en el Congreso.

Los americanos cubanos en la actualidad   Hoy en día, hay más de un millón de americanos cubanos en EE.UU. Forman el tercer grupo de hispanohablantes de la nación.

No todos los americanos cubanos viven en Miami. Algunos se mudaron al oeste o al norte. La mayoría, sin embargo, escogieron vivir en las ciudades. Actualmente, muchos americanos cubanos viven en Nueva York, Chicago y Los Angeles.

El centro más grande de americanos cubanos fuera de Miami está en Union City, Nueva Jersey. Más de 100,000

Una sección de Miami conocida como La Pequeña Habana es el centro de la comunidad cubana en Estados Unidos.

cubanos americanos se establecieron allí. Han contribuido a dar nueva vida a las calles de esa vieja ciudad.

Los americanos cubanos hoy en día desempeñan muchos y diferentes trabajos. Aproximadamente tres de cada diez son abogados, médicos, profesores y gente de negocios. Otros tienen empleos como mecánicos, empleados de servicio y artesanos. Los nexos entre los americanos cubanos son fuertes. Muchos americanos cubanos trabajan para empresas de propiedad de o dirigidas por americanos cubanos.

Entre los grupos latinos los americanos cubanos tienen el más alto ingreso promedio. Más del 83 por ciento de los americanos cubanos entre 25 y 34 años se han graduado de la escuela secundaria. Casi la cuarta parte de ellos ha completado cuatro o más años de universidad.

Un mundo cambiante   ¿Qué les depara el futuro a los americanos cubanos? Mucho depende de lo que suceda en Cuba.

Castro permanece en el poder. Los cubanos siguen huyendo de su dictadura. Algunos salen en vuelos especiales hacia Estados Unidos. Otros siguen arriesgando sus vidas para escapar. Algunos de estos últimos roban aviones y huyen a la Florida. Otros se embarcan en balsas hechas con cámaras de neumáticos y troncos de árboles.

¿Por qué está dispuesta a arriesgar tanto la gente? La vida es muy dura en Cuba. Estados Unidos mantiene un **embargo** sobre Cuba que se inició en 1960. Esto significa que los ciudadanos y las empresas de EE.UU. no pueden vender a ni comprar productos de Cuba. Antes de la revolución de Castro, Estados Unidos era el principal socio comercial de Cuba. La pérdida de esos negocios ha afectado tremendamente la economía cubana.

Después de que se aplicó el embargo, la Unión Soviética se convirtió en el principal respaldo económico de Cuba. Sin embargo, la Unión Soviética se desintegró en 1991. Cuba perdió ese importante apoyo. Las condiciones económicas empeoraron en la isla. Actualmente, hay escasez de todo, desde alimentos hasta ropa y gasolina.

Castro tiene casi 70 años. Mucha gente se pregunta cuánto tiempo más mantendrá el poder. Si muere o es derrocado, muchos exiliados desean regresar a Cuba. Desean construir una democracia en su país. "El próximo año en La Habana" dicen muchos de estos exiliados.

Pero muchos cubanos ya no se ven a sí mismos como exiliados. Muchos de ellos no están seguros si regresarían a Cuba. Esto es particularmente cierto para los que se criaron en EE.UU. En un sondeo, sólo el 40 por ciento de aquellos de 34 años de edad o más jóvenes dijeron que regresarían a Cuba. Están ahora orgullosos de ser americanos cubanos. Han construido hogares y vidas que mezclan costumbres cubanas y americanas.

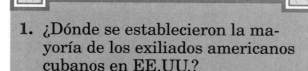

1. ¿Dónde se establecieron la mayoría de los exiliados americanos cubanos en EE.UU.?
2. ¿Qué clase de trabajos desempeñan la mayoría de los americanos cubanos hoy en día?

AMERICANOS CUBANOS EN LA FUERZA LABORAL, 1991

- Hombres desempleados 8.6%
- Mujeres desempleadas 7.7%
- Cultivo, maderería y pesca (1.4%)
- Operadores y obreros 15.6%
- Producción de precisión, artesanía y reparación 12.8%
- Servicios 12.0%
- Gerencial y profesional 25.1%
- Téc. ventas y apoyo admin. 33.1%

Fuente: Informe de Población Actuales, *La Población Hispana de Estados Unidos*

Leer una Gráfica ¿En qué campos la mayoría de los cubanos se gana su sustento ? ¿Qué porcentaje tiene trabajo en industrias de servicio?

CAPÍTULO 26
IDEAS CLAVE

- Después que Fidel Castro asumió el poder en Cuba estableció un régimen comunista. Miles de cubanos escaparon hacia EE.UU.

- Muchos cubanos se establecieron en la Florida, en la ciudad de Miami. Hicieron de la zona un centro de cultura latina.

- Muchos americanos cubanos crearon negocios o empresas y trabajaron en sus profesiones. Como grupo, han ganado más que cualquier otro grupo latino en EE.UU.

I. Repasar el Vocabulario

Une cada palabra o palabras de la izquierda con la definición correcta.

1. embargo

2. *boat lift*

3. Pequeña Habana

4. exiliado político

a. operación para rescatar refugiados por mar

b. el hogar de muchos americanos cubanos

c. persona que abandona un país por razones políticas

d. orden que prohíbe el comercio con otra nación

II. Entender el Capítulo

1. ¿Por qué estaban a disgusto muchos cubanos con la revolución de Castro?

2. ¿Por qué trató Castro de parar la emigración de Cuba en varios momentos?

3. ¿Cómo cambió la ciudad a la llegada de los exiliados cubanos a Miami?

4. ¿Qué factores han empeorado los problemas económicos de Cuba desde la revolución de 1959?

III. Desarrollo de Habilidades: Leer un Mapa

Estudia el mapa en página 220. Luego contesta las siguientes preguntas:

1. ¿Qué ciudad de EE.UU. es la más cercana a Cuba?

2. ¿A qué distancia está Miami de La Habana?

3. ¿Qué parte de Cuba está bajo el control de EE.UU.?

4. ¿De qué puertos en el mapa salieron los *boat lifts* desde Cuba?

IV. Escribir Acerca de la Historia

¿Qué hubieras hecho? Imagina que eres un estudiante de secundaria en Cuba en 1960. Tu padre es médico y tu madre es abogada. Las empresas propiedad de varias amistades de tus padres han sido expropiadas por el gobierno. Tus amigos van a abandonar Cuba rumbo a EE.UU. Tu madre y tu padre se preguntan si deberían o no ir. ¿Qué dirías? Explica tu respuesta.

V. Trabajar Juntos

Del Pasado al Presente El embargo EE.UU. al comercio con Cuba aún está vigente. Con un grupo, discutan el embargo. ¿Creen que es la mejor opción? Enumeren las razones que sustentan la opinión de su grupo. Después presenten la lista a la clase.

LOS PUERTORRIQUEÑOS Y DOMINICANOS LUCHAN POR EL EXITO. (1950-1990)

¿Cómo iniciaron una nueva vida los puertorriqueños y dominicanos?

La Asociación de Comerciantes de Puerto Rico trató promover los negocios de los puertorriqueños que viven en Nueva York.

Buscando los Términos Clave

- Operación "Bootstrap"
- Washington Heights

Buscando las Palabras Clave

- **autonomismo:** autogobierno

- ***commonwealth*** **(Estado Libre Asociado):** estado con un gobierno propio y fuertes lazos políticos y economicos con otra nación

SUGERENCIA DE

Enumera todas las razones por las cuales hubo un éxodo de Puerto Rico y de la República Dominicana hacia EE.UU. Subraya las razones similares de ambos grupos.

ESTUDIO

El 25 de julio de 1952, dos banderas ondeaban sobre la histórica fortaleza de El Morro en Puerto Rico. Eran las banderas de EE.UU. y Puerto Rico. Pero, por primera vez en 54 años, la bandera de EE.UU. no estaba más alta que la de Puerto Rico. Las dos banderas estaban izadas a la misma altura. La posición mostraba un cambio en la relación entre Puerto Rico y EE.UU.

1 La Vida Cambia en Puerto Rico.

¿Qué cambios se produjeron en Puerto Rico después de la Segunda Guerra mundial?

Después de la Segunda Guerra mundial, Luis Muñoz Marín inició la lucha para el autogobierno. Su padre, Luis Muñoz Rivera, había luchado para poner fin al dominio español. Ahora, el hijo contribuia a trazar un plan que limitaría el dominio de EE.UU.

En 1947, el Congreso de EE.UU. otorgó a los puertorriqueños el derecho a elegir su propio gobernador. Los votantes eligieron a Muñoz Marín. Por primera vez en 400 años, la gente de la isla había elegido su propio líder.

El gobernador Muñoz Marín empezó a trabajar rápidamente en el plan del **autonomismo**, o autogobierno. El plan entró en vigor en 1952. Con él, Puerto Rico se volvió un *commonwealth*, o estado libre asociado. Esto significaba que era un estado autogobernable. Sin embargo, éste aún tenía grandes lazos con EE.UU.

Los puertorriqueños podían ahora elegir sus propios funcionarios. Los puertorriqueños siguieron siendo ciudadanos de EE.UU. Podían ser reclutados para las fuerzas militares, pero no pagaban impuestos federales a los réditos.

Un nuevo plan económico Muñoz Marín pensaba que a Puerto Rico le había perjudicado ser colonia. Muñoz Marín creó un programa para mejorar la economía. Llamó a su programa **Operación "Bootstrap"**.

Con este plan, invitó a compañías de EE.UU. que construyeran fábricas en Puerto Rico. Ese plan cambió a Puerto Rico. En 1952, había sólo 82 fábricas en la isla. Para 1970, había más de 1,000. El cambio se produjo en forma de nuevas carreteras, viviendas y escuelas.

La gran migración Con el plan, los salarios en Puerto Rico aumentaron. Pero aún había empleos y salarios más altos en la parte continental de EE.UU. Muchos puertorriqueños decidieron tratar de llevar allí una vida mejor.

El gran movimiento hacia EE.UU. comenzó después de la Segunda Guerra mundial. Las bajas tarifas de los vuelos hacían que los viajes fueran más rápidos y baratos que en barco. En las décadas de 1950 y 1960, aproximadamente 50,000 puertorriqueños llegaban a EE.UU. cada año. Para 1980, 1.4 millón de personas había tomado parte en esta "gran migración".

La mayoría de los recién llegados se establecieron en la ciudad de Nueva York. Para 1970, vivían allí 820,000 puertorriqueños. Esto era el doble de la población de San Juan, la ciudad más grande de la isla. Algunas personas hasta llamaban a la ciudad de Nueva York "la capital puertorriqueña del mundo".

Pero los puertorriqueños no sólo fueron a Nueva York. También vivían en barrios de Filadelfia, Newark y otras ciudades. La comunidad más grande fuera de Nueva York surgió en Chicago, Illinois. Hoy en día, más de 200,000 puertorriqueños viven allí.

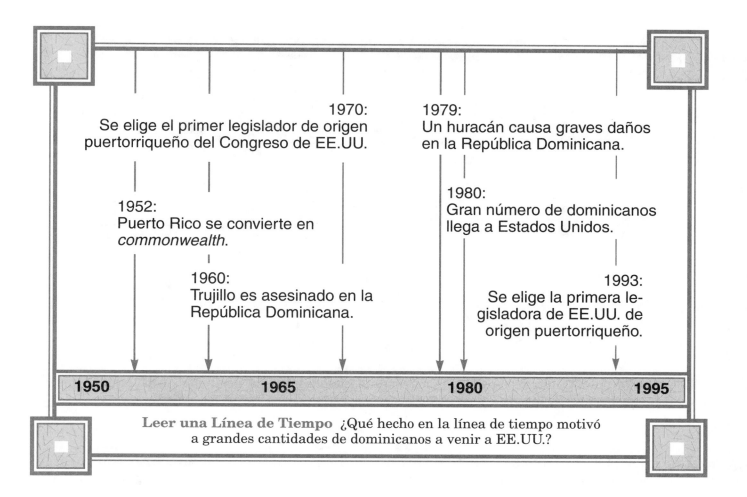

1970:
Se elige el primer legislador de origen puertorriqueño del Congreso de EE.UU.

1979:
Un huracán causa graves daños en la República Dominicana.

1952:
Puerto Rico se convierte en *commonwealth*.

1980:
Gran número de dominicanos llega a Estados Unidos.

1960:
Trujillo es asesinado en la República Dominicana.

1993:
Se elige la primera legisladora de EE.UU. de origen puertorriqueño.

| 1950 | 1965 | 1980 | 1995 |

Leer una Línea de Tiempo ¿Qué hecho en la línea de tiempo motivó a grandes cantidades de dominicanos a venir a EE.UU.?

---

1. ¿Qué factores llevaron a la "gran migración" después de la Segunda Guerra mundial?
2. ¿Dónde se estableció la mayoría de los puertorriqueños en EE.UU.?

2 Los Puertorriqueños Enfrentan Nuevos Retos.

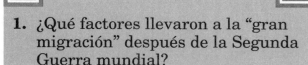

¿Qué patrones de vida se establecieron en EE.UU.?

Los puertorriqueños que se mudaron a EE.UU. esperaban mejores condi-ciones de vida, pero tenían que empezar desde el principio de la carrera económica. Ganaban salarios bajos, pero encontraron muchas formas de mejorar su situacíon

Organizaciones ofrecen ayuda
El gobierno de Puerto Rico mismo ofreció ayuda. Actuó como oficina de empleo, de traducción y de guía para los servicios de la ciudad. También elaboró leyes para ayudar a los trabajadores puertorriqueños en EE.UU.

Los puertorriqueños establecieron otras organizaciones para mejorar sus vidas. El Foro Puertorriqueño trató de encontrar la solución para eliminar la pobreza entre los isleños en las ciudades de EE.UU. Una organización llamada

POBLACIÓN LATINA ACTUAL EN ESTADOS UNIDOS

Población latina:
- Más de 1,000,000
- 100,000 a 1,000,000
- Menos de 100,000

Ciudades con el mayor número de latinos (en millones)
- Nueva York
- Los Ángeles
- Chicago
- San Antonio
- Houston
- El Paso
- San Diego
- Miami
- Dallas
- San José

Leer un Mapa Nombra los estados con mayor población latina. ¿Por qué tienen estos estados cantidades tan grandes de latinos?

ASPIRA ("Esperanza") se fundó en 1969. Su propósito era mejorar las oportunidades de educación para los latinos.

Los puertorriqueños en EE.UU. tenían que luchar contra otro problema. Muchos eran de ascendencia africana o americana nativa. Con frecuencia, eran víctimas de discriminación.

Los puertorriqueños hoy en día

Los puertorriqueños forman parte del segundo grupo latino en la nación. Son el 11 por ciento de todos los latinos. Los puertorriqueños se han diseminado por toda la nación. En los años 1950, más del 80 por ciento de los puertorriqueños de EE.UU. vivían en Nueva York. Hoy, menos del 50 por ciento viven allí.

Los puertorriqueños han obtenido grandes logros. Hoy en día, casi el 15 por ciento de los puertorriqueños de EE.UU. tienen trabajos profesionales o especializados. Aproximadamente el 55 por ciento de los puertorriqueños entre los 25 y 34 años son graduados de escuela secundaria. El número de graduados de universidad sigue en aumento.

Los puertorriqueños de EE.UU. han ganado poder político. En 1970, Herman Badillo fue el primer puertorriqueño electo como legislador con voto en el Congreso. Recientemente José Serrano de Nueva York y Luis Gutiérrez de Chicago ocuparon bancas en la Cámara de Representantes. En 1993, Nydia Velázquez fue la primera legisladora puertorriqueña en el Congreso.

Velázquez nació en Yabucoa. Es hija de un trabajador de caña de azúcar. En los años 1970, Velázquez se mudó al distrito de la ciudad de Nueva York que ahora representa. Enseñó y trabajó para organizaciones que ayudaban a la comunidad puertorriqueña. En el Congreso, Velázquez luchó para terminar con la pobreza en su distrito y en otros.

Los problemas en la isla El estatus de Puerto Rico sigue siendo un asunto importante. ¿Debería la isla permanecer como *commonwealth*? ¿Debería ser estado de la Unión? ¿Debería ser indepen-diente? En 1993, los puertorriqueños votaron para mantenar la isla como un *commonwealth*.

Los puertorriqueños en EE.UU. continúan interesados en los problemas de la isla. Están orgullosos de su isla y sus tradiciones. También están orgullosos de lo que han aportado a la cultura de EE.UU.

1. ¿Cuál era el propósito de ASPIRA?
2. ¿Cómo ha cambiado la colonia puertorriqueña en EE.UU. en años recientes?

3 Los Dominicanos Buscan Nuevos Hogares en Estados Unidos.

¿Dónde se estableció la mayoría de los dominicanos en EE.UU.?

Los puertorriqueños no fueron los únicos caribeños en llegar a EE.UU. En la década de 1960, grandes cantidades de personas de la República Dominicana empezaron a llegar a EE.UU.

Tiempos de incertidumbre De 1930 a 1961, la República Dominicana fue controlada por un solo hombre, Rafael Trujillo. Gobernó como dictador. Trujillo usaba la economía de la nación para enriquecer a sus amigos y a sí mismo. Castigaba a los que se oponían a él. Metió a algunos en prisión, otros fueron torturados hasta morir.

Todo comenzó a cambiar en 1961. En mayo de ese año, un pistolero desconocido mató a Trujillo. Siguió una época de inestabilidad política. En 1965, el presi-

En un desfile del Día de Puerto Rico, esta mujer reta a otros a votar, con la palabra "atrévete".

Estos dominicanos celebran una fiesta en Queens, Nueva York. Los dominicanos mantienen fuertes lazos con su tierra natal.

dente de EE.UU., Lyndon Johnson, mandó los infantes de marina para terminar con una revolución.

La escena política se calmó a fines de la década de 1960. En 1979, un gran huracán azotó la isla. Causó más de mil millones de dólares en daños.

Los años de inestabilidad y desastres afectaron la economía de la isla. Para los años 1980, la nación debía 4,000 millones de dólares a otros países. Los precios subieron abruptamente. La cuarta parte de los dominicanos no tenía trabajo.

Llegan a Nueva York   Los problemas llevaron a muchos dominicanos a abandonar la isla. Poco después de la muerte de Trujillo, por lo menos 20,000 personas al año abandonaban la isla.

La mayoría de los dominicanos que llegaron a Estados Unidos se establecieron en **Washington Heights**,

en la ciudad de Nueva York. Es un barrio en la parte superior de Manhattan. Allí las bodegas, o tiendas de abarrotes, venden especialidades dominicanas. Los restaurantes sirven el sancocho, un rico estofado dominicano.

Se establecieron grupos dominicanos para proveer ayuda a los recién llegados. Por ejemplo, la Coalición del norte de Manhattan para los derechos de los Inmigrantes se encarga de los problemas con los gobiernos de la ciudad, el estado y la nación. La Asociación Dominicana de la Pequeña Empresa ayuda a los dominicanos que han establecido sus propios negocios.

Hoy en día los dominicanos siguen llegando a EE.UU. en grandes cantidades. Para la década de 1990 habían llegado a ser uno de los grupos de inmigrantes de mayor crecimiento en la nación. Son el grupo de personas nacidas en el extranjero más grande en Nueva York.

Actualmente más de 700,000 viven sólo en el área de Nueva York.

Los dominicanos en EE.UU. mantienen fuertes lazos con su tierra natal. Hace pocos años mandaron aproximadamente 800 millones de dólares a sus familias en la isla. Pero para muchos, los lazos con EE.UU. son cada día más fuertes. Más y más dominicanos se convierten en ciudadanos de EE.UU. Se llaman orgullosamente americanos dominicanos.

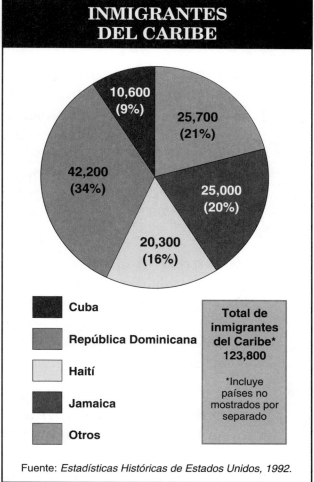

INMIGRANTES DEL CARIBE

10,600 (9%)
25,700 (21%)
42,200 (34%)
25,000 (20%)
20,300 (16%)

Cuba

República Dominicana

Haití

Jamaica

Otros

Total de inmigrantes del Caribe* 123,800

*Incluye países no mostrados por separado

Fuente: *Estadísticas Históricas de Estados Unidos, 1992.*

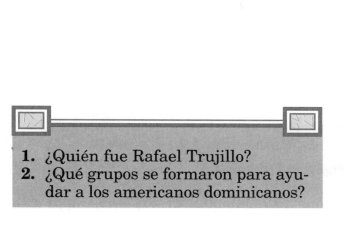

1. ¿Quién fue Rafael Trujillo?
2. ¿Qué grupos se formaron para ayudar a los americanos dominicanos?

Leer una Gráfica ¿Qué país ha mandado la mayor cantidad de inmigrantes a EE.UU.?

Capítulo 27
IDEAS CLAVE

- Después de la Segunda Guerra mundial, Puerto Rico se convirtió en un *commonwealth* con fuertes lazos con EE.UU.

- Después de la guerra, dos millones de puertorriqueños llegaron a EE.UU.

- Los puertorriqueños son el segundo grupo latino de EE.UU. hoy en día.

- Actualmente, los dominicanos son uno de los grupos de inmigrantes de mayor crecimiento en la nación.

I. Repasar el Vocabulario

Une cada palabra o palabras de la izquierda con la definición correcta.

1. *commonwealth*
2. Washington Heights
3. Operación "Bootstrap"
4. autonomismo

a. autogobierno

b. barrio en la parte norte de Manhattan donde se establecieron muchos dominicanos

c. estado con gobierno propio y fuertes lazos con otra nación

d. plan para mejorar la economía de Puerto Rico

II. Entender el Capítulo

1. ¿Cómo cambió la relación entre Estados Unidos y Puerto Rico después de la Segunda Guerra mundial?
2. ¿Cómo trató el gobernador Muñoz Marín de mejorar la economía de Puerto Rico?
3. ¿Cuál es un tema que los puertorriqueños debaten hoy en día?
4. ¿Por qué salieron de su patria muchos dominicanos después de 1960?

III. Desarrollo de Habilidades: Leer una Gráfica

Estudia la gráfica en la página 233. Luego contesta las siguientes preguntas:

1. ¿De cuáles grupos da información la gráfica?
2. ¿Cuál es el porcentaje de dominicanos dentro del total del grupo inmigrante del Caribe?
3. ¿Qué inmigrantes forman el 16% del total de la población total de inmigrantes del Caribe?

IV. Escribir Acerca de la Historia

1. **¿Qué hubieras hecho?** Imagina que eres un miembro de la legislatura de Puerto Rico en los años 1990. Debes votar sobre el tema de si se hablará inglés y español o sólo español en las escuelas de la isla. ¿Cómo votarías? Explica tu decisión.
2. Escribe una carta que hubiera podido escribir un inmigrante dominicano en EE.UU. en 1980 a un amigo explicando por qué decidió abandonar la isla.

V. Trabajar Juntos

Del Pasado al Presente Los puertorriqueños todavía debaten si deben convertirse en un estado de EE.UU., ser *commonwealth* o independientes. Con un grupo, decidan que debería pasar con Puerto Rico. Después presenten la decisión del grupo y las cinco mejores razones a la clase.

Los Americanos Nativos Luchan por Sus Derechos. (1950-presente)

¿Cómo afectaron las vidas de los americanos nativos las políticas cambiantes del gobierno?

En los años 1960, aumentó el espíritu de protesta contra las injusticias entre los americanos nativos.

Buscando los Términos Clave
- Poder Rojo • Movimiento Indígena Americano

Buscando las Palabras Clave
- **terminación:** llevar algo a su conclusión

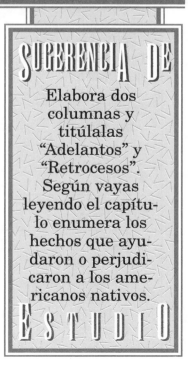

SUGERENCIA DE

Elabora dos columnas y titúlalas "Adelantos" y "Retrocesos". Según vayas leyendo el capítulo enumera los hechos que ayudaron o perjudicaron a los americanos nativos.

ESTUDIO

En 1961, un grupo de americanos nativos jóvenes y educados iniciaron algo nuevo. Era el Consejo Nacional de la Juventud Indígena (NIYU por sus siglas en inglés). Sus miembros hicieron un llamado al **Poder Rojo**. Significaba el poder de los americanos nativos de hacerse cargo de sus propias vidas. Durante los años 1960 los americanos nativos renovaron su larga lucha por el pleno ejercicio de sus derechos.

1 Los Americanos Nativos Enfrentaron Más Cambios en la Política del Gobierno.

¿Por qué renovaron los americanos nativos su lucha por la igualdad de derechos?

Durante la Segunda Guerra mundial EE.UU. no podía abastecerse de petróleo y recursos naturales de otros países. Al final de la década de 1940, el gobierno

Leer una Gráfica ¿Cómo se compara el desempleo de los americanos nativos con el desempleo de los otros ciudadanos americanos?

CALIDAD DE VIDA DE LOS AMERICANOS NATIVOS COMPARADA CON OTROS CIUDADANOS DE EE.UU.		
	Americanos Nativos/ Esquimales/Aleut	**Otros Ciudadanos de EE.UU.**
Tasa de Natalidad	28.8 nacimientos/por 1,000	15.9 nacimientos/por 1,000
Tasa de Mortalidad	11.0 muertes de infantes/por cada 1,000 nacidos vivos	10.0 muertes de infantes/por cada 1,000 nacidos vivos
Expectativa de vida	71.5 años	75 años
Población	1,959,234 (.8% población)	248,710,000 (población)
Ingreso familiar promedio	$19,865 (familia promedio)	$21,800 (ingreso)
Desempleo *(varones)* *(hembras)*	15.4% 13.1%	6.4% 5.7%

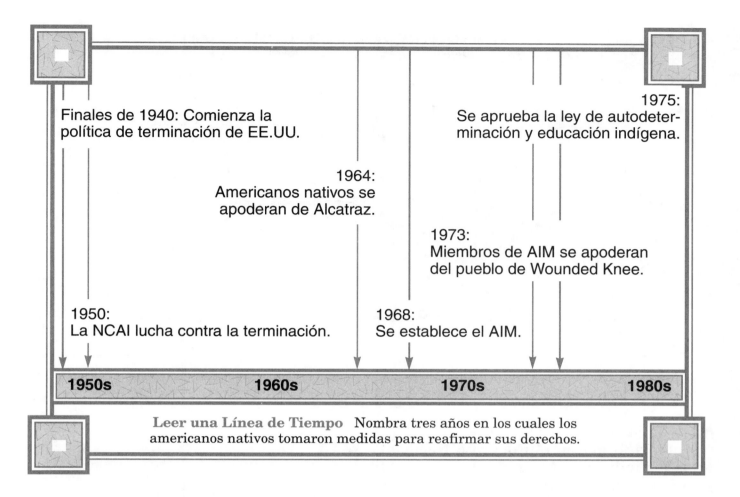

Finales de 1940: Comienza la política de terminación de EE.UU.

1964:
Americanos nativos se apoderan de Alcatraz.

1975:
Se aprueba la ley de autodeterminación y educación indígena.

1973:
Miembros de AIM se apoderan del pueblo de Wounded Knee.

1950:
La NCAI lucha contra la terminación.

1968:
Se establece el AIM.

| 1950s | 1960s | 1970s | 1980s |

Leer una Línea de Tiempo Nombra tres años en los cuales los americanos nativos tomaron medidas para reafirmar sus derechos.

de EE.UU. inició una nueva política hacia los americanos nativos. El gobierno de EE.UU. llamó a la política **terminación**. "Terminación" significa "finalizar". Esa política ayudaría a EE.UU. a obtener abastecimiento de recursos naturales y a recortar gastos.

La nueva política tenía como propósito acabar con los programas federales para los americanos nativos. Se canalizaron a los estados.

Los efectos de la terminación
Con la terminación, los americanos nativos una vez más perdieron el control de gran parte de sus tierras. Algunas empresas compraron derechos para extraer petróleo, carbón de mina o madera cortada de las propiedades de los americanos nativos. A menudo estas empresas arruinaban la tierra. A cambio de eso, los americanos nativos recibían pequeños pagos o absolutamente nada.

El gobierno de EE.UU. esperaba que los americanos nativos salieran de sus reservaciones. Quería que los americanos nativos buscaran empleo en las ciudades. Muchos americanos nativos se mudaron. Para fines de los años 1960, más de la mitad de los americanos nativos habían abandonado las reservaciones. Muchos encontraron empleo en la ciudad. Otros encontraron pobreza y discriminación.

Reacción La mayoría de los americanos nativos se opusieron fuertemente a la terminación. En 1944, representantes de muchos pueblos americanos

POBLACIÓN AMERICANA NATIVA ACTUAL EN LOS ESTADOS UNIDOS

Población americana nativa (Censo de 1990)
- Más de 100,000
- 50,000 a 100,000
- Menos de 50,000
- Reservaciones con el mayor número de americanos nativos

Ciudades con el mayor número de americanos nativos (en miles)
- Nueva York
- Ciudad Oklahoma
- Phoenix
- Los Ángeles
- Tulsa
- Anchorage
- Minneapolis
- Albuquerque
- Chicago
- Seattle

Leer un Mapa Nombra tres estados que tengan las reservaciones más grandes. ¿Cuáles son las dos ciudades que tienen el mayor número de americanos nativos?

nativos formaron el Congreso Nacional de los Indígenas Americanos. Ese fue el primer grupo nacional auténtico de americanos nativos. Ese Congreso luchó duramente contra la terminación.

Para la década de 1960, finalmente se les escuchó en sus protestas. Durante las presidencias de Kennedy y Johnson se puso fin al programa de terminación.

Un nuevo comisionado de Asuntos Indígenas de EE.UU., Philleo Nash, asumió el cargo. Respaldó nuevas medidas para fortalecer las naciones americanas nativas.

No todo cambió. Había empresas que todavía controlaban muchas tierras americanas nativas. Sin embargo, el gobierno dispuso que las compañías pagaran más a los americanos nativos.

1. ¿Cuáles eran los objetivos de la política gubernamental de terminación?
2. ¿Cómo se sentían los americanos nativos con la política de terminación?

2 Los Americanos Nativos Toman Medidas Directas.

¿Cómo lucharon los americanos nativos por sus derechos?

Para la década de 1960, los programas gubernamentales habían empeorado las condiciones de muchos americanos nativos. Estados Unidos era la nación más rica y poderosa sobre la tierra. Sin embargo, las reservas indígenas parecían tan pobres como en los países subdesarrollados.

La pobreza era común en las reservaciones. Los americanos nativos ganaban un 75 por ciento menos que los demás americanos. Había pocos empleos. El desempleo era entre ellos diez veces más alto que en el resto de la nación. Muchas personas en las reservaciones vivían en casas en mal estado o en chozas. Sus hogares por lo general no tenían agua o instalaciones internas de plomería.

La pobreza afectó gravemente a los americanos nativos. La tasa de mortalidad entre los americanos nativos era mucho mayor que entre los demás americanos. Comparados con el promedio nacional, tres veces más bebés americanos nativos morían antes de cumplir su primer año de vida.

Los comienzos de la protesta

Condiciones como éstas pedían un cambio. En 1961, unos 500 americanos nativos se juntaron en Chicago. Eran miembros de 67 naciones americanas nativas. La junta redactó "La declaración de propósitos indígenas". Este documento decía que los americanos nativos tenían que tener papeles en todas las políticas gubernamentales que tuvieran que ver con sus vidas.

No obstante, la reunión dejó algunos jóvenes americanos nativos descontentos. Sentían que se necesitaba tomar medidas más fuertes. Pronto pidieron Poder Rojo.

Acción directa

Al poco tiempo, los grupos americanos nativos a lo largo de la nación tomaron medidas para afirmar sus derechos. En 1964, los americanos nativos tomaron posesión por breve tiempo de la vieja prisión federal de la isla de Alcatraz, en la bahía de San Francisco. Decían que los tratados habían prometido que el gobierno de EE.UU. les iba a dar tierra inutilizada a los americanos nativos.

En 1968, se formó un nuevo grupo de americanos nativos. Era el **Movimiento Indígena Americano** (AIM por sus siglas en inglés). AIM pronto se convirtió en la voz más fuerte de los americanos nativos.

En 1973, los miembros de la AIM ocuparon el pueblo de Wounded Knee en la reservación de Pine Ridge, en Dakota del Sur. El lugar tenía un significado especial para los americanos nativos. En 1890, tropas de EE.UU. habían matado a más de 250 sioux en Wounded Knee.

Los miembros de AIM buscaban mayor participación en el manejo de la reserva. Miembros de 64 naciones de americanos nativos se unieron al AIM en Wounded Knee. Al poco tiempo, funcionarios federales y tropas rodearon el pueblo. Más de 300 funcionarios federales cercaron el lugar. Por diez semanas, los miembros de AIM resistieron. Al final se rindieron. Obtuvieron pocas de sus peticiones.

Cambiar las leyes

Las protestas de los americanos nativos causaron algunos cambios. En 1968, por ejemplo, el Congreso aprobó una ley que otorgaba a los americanos nativos todos los derechos civiles. En 1975, una ley otorgó a los americanos nativos un papel importante en la elaboración de programas de vivienda, educación y capacitación para el trabajo en las reservaciones.

Los presidentes Nixon y Carter también trataron de corregir los errores de la política de terminación. Respaldaron nuevos programas para ayudar al desarrollo económico en las reservaciones.

Progreso en la justicia

Los americanos nativos también utilizaron los tribunales para mejorar sus condiciones. Argumentaban que el gobierno federal o los estados no habían cumplido con tratados preexistentes.

Algunas veces pedían que se les devolvieran ciertas tierras. Otras veces pedían dinero como indemnización.

Los americanos nativos obtuvieron algunas grandes victorias ante la justicia. En Maine, los indígenas penobscot obtuvieron la devolución de 300,000 acres de tierra. También obtuvieron un fondo de 27 millones de dólares. Los penobscot utilizaron el dinero para construir una fábrica que producía audiocasetes. La planta genera ingresos por 11 millones de dólares al año.

La manifestación de Wounded Knee, en Dakota del Sur, atrajo la atención en 1973 a las necesidades de los americanos nativos.

En Taos, Nuevo México, los americanos nativos habían notado que el lago Azul estaba siendo contaminado con botellas, latas y basura. Para ellos, era como si se hubieran puesto pilas de basura en una iglesia. Decidieron luchar para obtener de nuevo el control del lago Azul. Tardaron años en lograrlo. Pero en 1971, los americanos nativos en Taos obtuvieron la administración del lago. Otros grupos ganaron casos en California, Arizona, Washington, Alaska y Wisconsin.

En los años 1980 y 1990, los americanos nativos han tenido nuevos problemas. Durante el gobierno del presidente Reagan, los programas para los americanos nativos de EE.UU. sufrieron profundos cortes.

Los americanos nativos hoy en día Hay más de 2 millones de americanos nativos viviendo en EE.UU. actualmente. Aproximadamente una tercera parte de ellos viven en reservaciones. Muchos de los americanos nativos han encontrado nuevas formas de mejorar sus vidas. Los choctaw de Mississippi, por ejemplo, producen aparatos eléctricos y repuestos para autos. Los passamaquoddy de Maine producen fertilizantes. Los zuñi de Nuevo México producen artesanías y joyería de plata con piedras turquesas.

Algunos americanos nativos han decidido dar a conocer sus tierras a los turistas. Los apaches mescalero de Arizona manejan canchas de esquí. Otros pueblos en muchos estados han abierto casinos. Estos casinos por lo general atraen a mucha gente. Producen millones de dólares.

Los americanos nativos aún discuten cuál es el mejor camino. Algunos piensan que los americanos nativos deberían mezclarse por completo con el resto de la sociedad de EE.UU. Deberían convertirse en médicos, maestros y empresarios.

Otros piensan que los americanos nativos tienen que hacer grandes esfuerzos para mantener su forma de vida. Sienten que estas formas de vida tienen valor, no sólo para los americanos nativos, sino también para la nación.

Cualquiera sea la forma de vida que los americanos nativos decidan adoptar, tienen una creencia común: que tienen derecho a escoger su propia forma de vida.

1. ¿Qué grupos de americanos nativos se organizaron para buscar reformas en las políticas gubernamentales?
2. ¿Cómo se han ayudado los diferentes grupos de americanos nativos en los últimos años?

Mary Ross, una cherokee, es ingeniera en sistemas. Las mujeres son miembros valiosos de la sociedad cherokee.

CAPÍTULO 28
IDEAS CLAVE

- Después de la Segunda Guerra mundial, el gobierno de EE.UU. comenzó una política llamada terminación, con el propósito de acabar con los programas federales para americanos nativos.

- En la década de 1960, grupos como AIM se formaron para impulsar activamente las reformas. Los americanos nativos querían tener un mayor control sobre las políticas federales.

- En años recientes, diferentes grupos de americanos nativos han inciado muchos proyectos para mejorar sus condiciones económicas.

I. Repasar el Vocabulario

Une cada palabra o palabras de la izquierda con la definición correcta.

1. AIM
2. terminación
3. Consejo Nacional de la Juventud Indígena

a. política federal para los americanos nativos desde fines de los años 1940 hasta los años 1960
b. nuevo grupo que se convirtió en la voz más fuerte de los americanos nativos
c. grupo que buscaba el poder rojo

II. Entender el Capítulo

1. ¿Por qué comenzó el gobierno de EE.UU. una política de terminación a fines de la década de 1940?

2. ¿Qué tipo de cambios buscaba los grupos como AIM?

3. ¿Qué diferencias existen entre los americanos nativos acerca de la forma de vida que deben seguir en el futuro?

III. Desarrollo de Habilidades: Hechos versus Opiniones

Rotula cada frase con una "H" si es un hecho o una "O" si es una opinión.

1. Los americanos nativos perdieron el control de algunas de las reservaciones durante la política de terminación.

2. Para vivir más felices, los americanos nativos deberían volver a su antigua forma de vida.

3. Actualmente, alrededor de una tercera parte de los americanos nativos de la nación vive en reservaciones.

IV. Escribir Acerca de la Historia

1. ¿Qué hubieras hecho? Imagina que eres un delegado americano nativo a la reunión de Chicago en 1961. La reunión es para redactar "la declaración de propósitos Indígenas". Escribe tres cosas que pienses que deben estar contenidas en la declaración. Incluye tus razones para pensar que estas cosas son importantes.

2. Diseña un cartel que podría haber sido usado en una de las protestas de poder rojo. Crea un lema que apoye tu idea.

V. Trabajar Juntos

Del Pasado al Presente Con un grupo, discutan los métodos que los americanos nativos utilizaron para mejorar sus condiciones. Piensen en algo en su escuela o comunidad que les gustaría mejorar. Creen un plan de acción.

AMERICANOS ASIÁTICOS JUEGAN UN PAPEL CRECIENTE (1940-PRESENTE)

¿Qué ha contribuido al reciente crecimiento de la inmigración procedente de Asia?

Americanos asiáticos, como estos coreanos en un día de campo, pertenecen al grupo de mayor crecimiento de EE.UU.

Buscando los Términos Clave

- Ley McCarran-Walter • Ley de inmigración de 1965
- Ley de libertades civiles de 1988

Buscando las Palabras Clave

- **naturalizar:** convertir a un nativo de un país en ciudadano de otro país
- **proporción:** parte en relación al total

SUGERENCIA DE

Mientras lees cada sección de este capítulo, escribe tus respuestas a las preguntas planteadas al inicio del capítulo y de cada sección en una hoja separada.

ESTUDIO

Los perjuicios contra los asiáticos tenían raíces muy profundas en EE.UU. En 1882, una ley de EE.UU. prohibió la inmigración procedente de China. Leyes posteriores prohibieron la inmigración procedente de Corea, las Filipinas y la India. Después, durante la Segunda Guerra mundial y la guerra fría, las cosas empezaron a cambiar. Actualmente, los americanos asiáticos pertenecen al grupo cultural de más rápido crecimiento en EE.UU.

1 Los Cambios de Política de EE.UU. Fomentan la Inmigración Procedente de Asia.

¿Por qué cambiaron las políticas de EE.UU. hacia la inmigración procedente de Asia?

Durante la guerra fría, las leyes que demostraban prejuicios contra los asiáticos resultaban vergonzosas para el gobierno de EE.UU. La presión popular creció para que se cambiaran esas leyes.

En 1946, el Congreso votó a favor de que los inmigrantes de la India entraran a EE.UU. La ley también decía que se podían convertir en ciudadanos **naturalizados**. En 1952, el Congreso aprobó la **ley McCarran-Walter**. Esta ley permitía la inmigración procedente de la mayoría de Asia. Sin embargo, el Congreso mantuvo limitaciones estrictas en este aspecto.

Un nuevo tratado de inmigración Años después el Congreso aprobó la **ley de inmigración de 1965**. Esta ley acabó con las grandes diferencias entre

Leer una Gráfica Entre 1961 y 1970, ¿qué nación mandó más inmigrantes a EE.UU.?

INMIGRACIÓN ASIÁTICA A ESTADOS UNIDOS, 1961-1990 (EN MILES)			
País	**1961–1970**	**1971–1980**	**1981–1990**
Camboya	1.2	8.4	116.6
China (República Popular)	96.7 (incluyendo Taiwán)	202.5	373.6
Taiwán			15.2
Hong Kong	25.6	47.5	63.0
India	31.2	176.8	261.9
Filipinas	101.5	360.2	495.3
Tailandia	5.0	44.1	64.4
Vietnam	4.6	179.7	401.4
Japón	38.5	47.9	43.2
Laos	0.1	22.6	145.6
Corea	35.8	272.0	338.8

Fuente: *Exacto Estadístico de Estados Unidos, 1992*

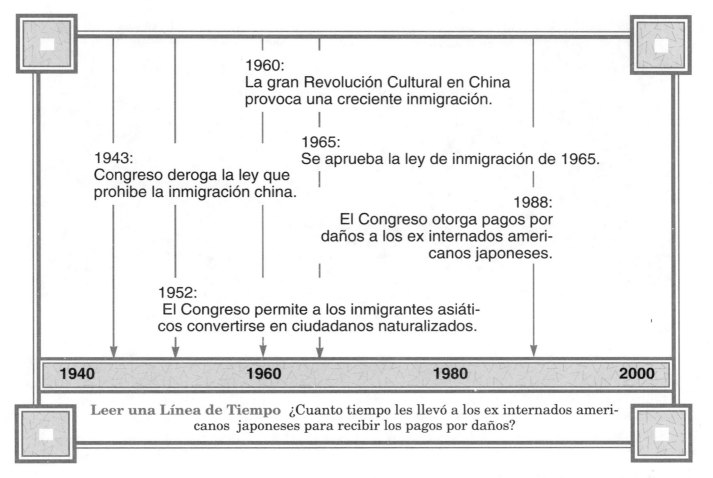

1960:
La gran Revolución Cultural en China provoca una creciente inmigración.

1965:
Se aprueba la ley de inmigración de 1965.

1943:
Congreso deroga la ley que prohibe la inmigración china.

1988:
El Congreso otorga pagos por daños a los ex internados americanos japoneses.

1952:
El Congreso permite a los inmigrantes asiáticos convertirse en ciudadanos naturalizados.

| 1940 | 1960 | 1980 | 2000 |

Leer una Línea de Tiempo ¿Cuanto tiempo les llevó a los ex internados americanos japoneses para recibir los pagos por daños?

las cantidades de inmigrantes europeos y asiáticos que podían entrar en EE.UU.

La inmigración procedente de Asia comenzó a aumentar. Antes del tratado, los americanos asiáticos conformaban menos del uno por ciento de la población. Para 1990, formaban un 3 por ciento. Para el año 2050, esta **proporción** será mucho mayor. Proporción quiere decir una parte en relación con el total. Los americanos asiáticos formarán el 10 por ciento de la población americana.

Ahora los inmigrantes llegan de muchos países de Asia. En 1960, el 97% de los inmigrantes procedentes de Asia venían de tres países en especial: el Japón, China y las Filipinas. Para 1990, grandes cantidades de inmigrantes procedentes de Vietnam, Corea, la India y Camboya habían llegado a EE.UU.

1. ¿Cómo afectó a los inmigrantes en EE.UU. la ley McCarran-Walter?
2. ¿Qué llevó a un gran aumento en la inmigración asiática a EE.UU.?

La americana china Maya Lin diseñó el monumento a los veteranos de Vietnam en Washington, D.C. El monumento contiene los nombres de los 58,000 americanos que murieron en la guerra.

2 Muchos Chinos Vienen a EE.UU.

¿Dónde se han establecido la mayoría de los recientes inmigrantes de China?

Los chinos fueron de los primeros asiáticos que inmigraron a EE.UU. Han contribuido de muchas maneras a la vida y cultura americana.

En los años 1800, los chinos ayudaron a construir las vías del ferrocarril al oeste de EE.UU. También tuvieron papeles importantes en la agricultura en California (ver capítulo 2). Pero el prejuicio contra los chinos aumentó.

Aun después de la Segunda Guerra mundial, el número de inmigrantes chinos era bajo. Una nueva ley estableció un límite de 100 inmigrantes chinos al año. En el mismo año, 6,524 inmigrantes de Polonia entraron a EE.UU. Finalmente llegó el cambio. Se aflojaron las tensiones de la guerra fría. La ley de 1965 abrió la puerta a la inmigración procedente de China.

Nuevas vidas en EE.UU. Los nuevos inmigrantes trajeron consigo grandes cambios a la comunidad china en EE.UU. En 1960, el 60 por ciento de los chinos en EE.UU. habían nacido allí. Veinte años después, más del 60 por ciento había nacido en Asia.

La mayoría de los nuevos inmigrantes se establecieron en las antiguas comunidades chinas. Más del 60 porciento vivía en California y Nueva York. Le dieron nueva vida a los viejos barrios chinos de Nueva York, San Francisco y Los Angeles. Se empezaron a formar algunas nuevas comunidades. Flushing, en la ciudad de Nueva York, y Monterey Park a las afueras de Los Angeles, son dos lugares que tienen gigantescas poblaciones americanas chinas.

Con frecuencia, los nuevos inmigrantes chinos enfrentaron condiciones difíciles. Las viviendas frecuentemente estaban mal mantenidas, además de ser muy caras y estar atiborradas. La mayoría de los chinos no hablaban bien el inglés. Acabaron por buscar trabajos en, o cerca de los barrios chinos. Sin embargo la competencia por trabajos hizo que los salarios fueran bajos.

Aun así, los lazos entre las familias americanas chinas se mantienen fuertes. Muchos padres inmigrantes les explican a sus hijos la importancia de salir bien en la escuela. Ven la educación como un medio para que sus hijos mejoren sus vidas y puedan aprovechar las oportunidades que EE.UU. les ofrece.

1. ¿Por qué se mantuvo baja la inmigración procedente de China durante los años 1950?
2. ¿Por qué aumentó la inmigración procedente de China en la década de 1960?

3 Muchos Cambios Afectan las Vidas de los Americanos Japoneses.

¿Cómo les fue a los americanos japoneses después del internamiento que sufrieron durante la Segunda Guerra mundial?

Como los chinos, los japoneses en EE.UU. por mucho tiempo habían sido discriminados. Los americanos japoneses tuvieron que sufrir la internación en campos durante la Segunda Guerra mundial (ver el Capítulo 16). Después que el internamiento acabó en 1945, los americanos japoneses tuvieron que rehacer sus vidas.

La internación enojó a los americanos japoneses. Algunos perdieron la fe en este país y decidieron regresar al Japón. De los 120,000 que habían sido internados, aproximadamente 4,700 regresaron al Japón después de la guerra. Algunos

encontraron una vida difícil en el Japón. Muchos entonces regresaron a EE.UU.

Defenderse Muchos americanos japoneses escogieron quedarse en EE.UU. Muchos lucharon para corregir los errores. Procuraron poner fin a las leyes estatales que limitaban su derecho a poseer tierras. Poco a poco, los estados derogaron esas leyes.

También lucharon para que los indemnizaran por las pérdidas durante la guerra. En 1948, obtuvieron una victoria parcial. El gobierno de EE.UU. les pagó 38 millones de dólares por las pérdidas. Pero eso era sólo una décima parte de lo que los americanos japoneses pedían.

Corregir una injusticia Muchos americanos japoneses no estaban satisfechos. Querían que el gobierno de EE.UU. admitiera que el internamiento había sido un error. En 1976, el presidente Gerald Ford canceló oficialmente la orden de internamiento de la época de la guerra. Afirmó que la internación había sido una injusticia.

Fue entonces que el Congreso formó un comité para estudiar la internación. En 1983, el comité publicó un informe. Decía que la internación había sido "una grave injusticia". El comité sugirió un pago de 20,000 dólares para cada internado sobreviviente.

En 1988, el Congreso actuó sobre la base del informe. Aprobó la **ley de libertades civiles de 1988**. Esa ley aprobó los pagos para los internados. Para la mayoría de los americanos japoneses la cantidad no era importante. Lo que era importante era que se admitiera que "los americanos japoneses eran y son americanos leales". Habían sufrido una terrible injusticia.

Inmigración decreciente Después de la guerra, EE.UU. y el Japón se con-

Esta ceremonia de naturalización se llevó a cabo en la isla Angel de San Francisco. La isla Angel fue el punto de entrada de casi un millón de inmigrantes asiáticos entre 1910 y 1940.

1. ¿Qué pérdidas financieras sufrieron los americanos japoneses internados durante la Segunda Guerra mundial?
2. ¿Qué hizo la ley de libertades civiles de 1988?

virtieron en aliados. Pero la inmigración del Japón nunca fue excesiva. Después de que el Japón se recuperó de los daños de la Segunda Guerra mundial, su economía mejoró. Las empresas tenían muchas plazas abiertas para trabajadores japoneses.

Hoy en día, los inmigrantes del Japón constituyen menos de un 2 por ciento de los inmigrantes asiáticos que llegan a EE.UU. Muchos japoneses que vienen a EE.UU. son gente de negocios que trabajan para compañías japonesas en EE.UU.

4 Los Inmigrantes Coreanos y Filipinos Inician una Nueva Vida en EE.UU.

¿Por qué han inmigrado a EE.UU. muchos coreanos y filipinos en los últimos años?

La primera ola de inmigrantes coreanos llegó a EE.UU. a principios de los años 1900. Aproximadamente 8,000 fueron a Hawaii. Allí trabajaron en plantaciones de azúcar. Para los años 1920, un cambio de condiciones en Corea y un cambio en las leyes de inmigración de EE.UU. hicieron que esto se acabara. Pasarían más de 40 años antes de que un segundo grupo de inmigrantes coreanos llegara a EE.UU.

Corea en el proceso de cambio
Después de la Segunda Guerra mundial, Corea se había dividido en dos países. Una parte, Corea del Norte, era

gobernada por los comunistas. La otra, Corea del Sur, tenía libre comercio. Los dos países habían librado una lucha sangrienta a principios de los años 1950.

Corea del Sur era uno de los países más poblados del mundo. No había suficiente trabajo para toda su gente. Además, los empleos no eran bien pagados. Después de la ley de inmigración de 1965, muchos coreanos se mudaron a EE.UU.

Coreanos en EE.UU.   En menos de 15 años, la población coreana en EE.UU. aumentó de menos de 10,000 a más de medio millón. La mayoría de estos inmigrantes se establecieron en Los Angeles y en la ciudad de Nueva York.

La mayoría de los coreanos que han venido a EE.UU. han tenido una buena educación. Más de la mitad tienen diplomas universitarios. Muchos son médicos, ingenieros o profesionales en su país. La mayoría no encontró trabajos similares en EE.UU. No hablaban inglés lo suficiente como para continuar sus estudios aquí.

Sin embargo, muchos de estos inmigrantes llegaron a EE.UU. con poco dinero. Utilizaron este dinero para abrir negocios. Muchos de estos negocios sirven a la creciente comunidad coreana.

A menudo, familias completas trabajan en esos negocios. Esperan poder mandar a sus hijos a la universidad. Algunos de esos niños de ayer se han convertido hoy en médicos, ingenieros o profesionales en EE.UU. Las familias coreanas han luchado para convertir esos sueños en realidad.

Los inmigrantes filipinos progresan   Los filipinos son los habitantes de las islas Filipinas. Los filipinos forman el grupo más grande de inmigrantes

Leer un Mapa   ¿Qué estados tienen la población más grande de americanos asiáticos? ¿Por qué viven tantos americanos asiáticos en estos estados?

asiáticos recientes. Desde 1965 más de un millón de filipinos han entrado a EE.UU.

En los años 1970 y 1980, razones políticas fueron la causa de que los filipinos inmigraran a EE.UU. El gobierno de Ferdinand Marcos encarceló a muchos de sus oponentes. En años recientes, muchos filipinos han venido a EE.UU. por razones económicas. Un funcionario del gobierno dice: "Hay un gran número de personas educadas en las Filipinas. No pueden encontrar trabajo aquí. Las oportunidades de trabajo son mucho mejores en EE.UU".

En general, los filipinos no han desarrollado sus propios barrios en zonas viejas de las ciudades. En general, tienden a mezclarse entre ciudades y suburbios.

La mayoría de los inmigrantes filipinos recientes tienen sus raíces en ciudades grandes. Entre ellos hay muchos profesionales. Muchos son ingenieros, maestros y abogados. Un gran número de ellos trabajan en servicios de salud. Muchos médicos y enfermeras en todo EE.UU. tienen raíces filipinas. Por ejemplo, hay doctores de planta filipinos en cada hospital importante en el norte de Nueva Jersey y Nueva York.

1. ¿Dónde han escogido vivir la mayoría de los recientes inmigrantes coreanos?
2. ¿Por qué han llegado muchos filipinos a EE.UU. en los últimos años?

CAPÍTULO 29

IDEAS CLAVE

- La ley de inmigración de 1965 abrió las puertas a muchos más inmigrantes asiáticos.
- Después de un larga lucha, los americanos japoneses internados durante la Segunda Guerra mundial obtuvieron disculpas y el pago de indemnización por parte del gobierno de EE.UU.
- Grandes cantidades de coreanos y filipinos han llegado a EE.UU. desde 1965.

REPASO DEL CAPÍTULO 29

I. Repasar el Vocabulario

Une cada palabra o palabras de la izquierda con la definición correcta

1. proporción
2. ley McCarran-Walter
3. naturalizar
4. ley de inmigración de 1965

a. ley que permitió que los inmigrantes asiáticos se convirtieran en ciudadanos

b. ley que aumentó la inmigración procedente de los países asiáticos

c. la parte en relación con el total

d. convertir a un nativo de un país en ciudadano de otro país

II. Entender el Capítulo

1. ¿Qué efecto tuvo la guerra fría en las políticas de EE.UU. con respecto a la inmigración procedente de Asia?
2. ¿Por qué se han quedado con trabajos de bajos salarios muchos de los recientes inmigrantes chinos?
3. ¿Por qué ha permanecido baja la inmigración procedente del Japón en los últimos años comparada con la de otros países asiáticos?
4. ¿Cómo han hecho su vida en EE.UU. muchos de los recientes inmigrantes coreanos?

III. Desarrollo de Habilidades: Leer una Gráfica

Estudia la gráfica en la página 244 y responde a las siguientes preguntas.

1. ¿Qué muestra la gráfica?
2. ¿Cómo cambió la inmigración de China durante este período?
3. ¿De qué país provino el menor aumento de inmigración hacia EE.UU.?

IV. Escribir Acerca de la Historia

¿Qué hubieras hecho?   Imagina que eres un americano japonés que estuvo internado durante la Segunda Guerra mundial. Después de la guerra, tú y un grupo de internados piden al gobierno de EE.UU. que admita que cometió un error al internar a los americanos japoneses. Escribe una carta a tu representante en el Congreso explicando por qué ella o él debe apoyar las demandas de tu grupo.

V. Trabajar Juntos

Del Pasado al Presente   Con un grupo investiguen acerca de otros inmigrantes asiáticos que hayan venido a EE.UU. a fines de los años 1900. Elaboren un mapa de Asia que muestre los países de donde provienen los inmigrantes.

CAPÍTULO 30

INMIGRANTES DE EUROPA Y EL MEDIO ORIENTE INICIAN NUEVA VIDA EN ESTADOS UNIDOS. (1945-PRESENTE)

¿Cómo cambió la inmigración procedente de Europa y el Medio Oriente después de la Segunda?

Los desfiles del día de San Patricio muestran cómo grupos étnicos como estos americanos irlandeses honran su tradición.

Buscando los Términos Clave

- Ley de personas desplazadas de 1948

Buscando las Palabras Clave

- **personas desplazadas:** gente que por la guerra se vio obligado a abandonar su tierra natal.

- **mezquita:** templo islámico

SUGERENCIA DE ESTUDIO

Haz una lista con estos títulos: "Inmigración en los años 1920", "Inmigración después de la Segunda Guerra mundial", y "La caída del comunismo". Explica cómo estos períodos afectaron la inmigración de Europa y el Medio Oriente.

La Segunda Guerra mundial dejó la mayor parte de Europa en ruinas. Millones murieron en la guerra. Otros perdieron sus hogares y sus trabajos. Los viejos gobiernos desaparecieron. Nuevos gobiernos tomaron posesión. Muchos de éstos eran manejados por los comunistas. Fue un tiempo de gran inquietud.

1 Continúa la Inmigración de Europa.

¿Por qué disminuyó la inmigración de Europa después de la Segunda Guerra mundial?

La gente que había sido forzada por la guerra a dejar sus tierras y hogares era conocida como **personas despla-zadas**. Muchas de ellas querían mudarse a EE.UU. Esperaban iniciar aquí una nueva vida.

Sin embargo, EE.UU. en ese tiempo tenía estrictas leyes de inmigración. Estas leyes habían limitado la inmigración del este y sur de Europa. Establecían cuotas o limitaciones estrictas en el número de inmigrantes procedente de esas áreas.

Estos problemas preocuparon a muchos americanos. **La ley de personas desplazadas** de 1948 dejó entrar a 100,000 personas por año a EE.UU. Entre 1948 y 1952, alrededor de 450,000 personas desplazadas entraron al país. Alrededor del 30 por ciento eran judíos sobrevivientes del holocausto nazi.

Los años de la guerra fría Justo después de la Segunda Guerra mundial, EE.UU. y la Unión Soviética comenzaron una lucha conocida como la guerra fría. EE.UU. aceptó a personas que escapaban del comunismo. Entre 1953 y 1956, EE.UU. recibió a más de 200,000 refugiados de Europa oriental.

La guerra fría trajo grandes cambios a la inmigración. Finalmente, el Congreso derogó el viejo sistema de cuotas. El Congreso pasó la ley de Inmigracion de 1965. Esta ley atrajo muchos nuevos inmigrantos de asia y Latinamerica. Los legisladores creyeron que la nueva Pey traería un auge en la emigración de Europa. Sin embargo, la inmigración procedente de Europa no aumentó. Existía un buen número de razones para ese descenso. Una de las razones principales era que los gobiernos comunistas generalmente se rehusaban a permitir que sus ciudadanos abandonaran el país.

Otra razón era la recuperación de la economía europea. Los negocios prosperaron en muchas naciones. Antes los trabajadores europeos habían emigrado a EE.UU. porque no podían encontrar trabajo en sus países. Ahora las fábricas en Europa tenían cada vez más éxito. Había más empleos que trabajadores.

La caída del comunismo Los cambios en años recientes afectaron la inmigración a EE.UU. A fines de los años 1980, cayeron los gobiernos comunistas en Europa del este. La Unión Soviética se derrumbó. Las condiciones económicas no eran buenas. Mucha gente intentó ir a EE.UU. Los rusos, por ejemplo, están creando nuevas comunidades en la sección de Brighton Beach, en la ciudad de Nueva York. Otra creciente comunidad rusa está en Hollywood, California.

¿Continuará decreciendo la inmigración procedente de Europa? ¿O empezará a crecer de nuevo? Esto es incierto. Si las antiguas naciones comunistas prosperan, hay buenas probabilidades de que el nivel de inmigración se

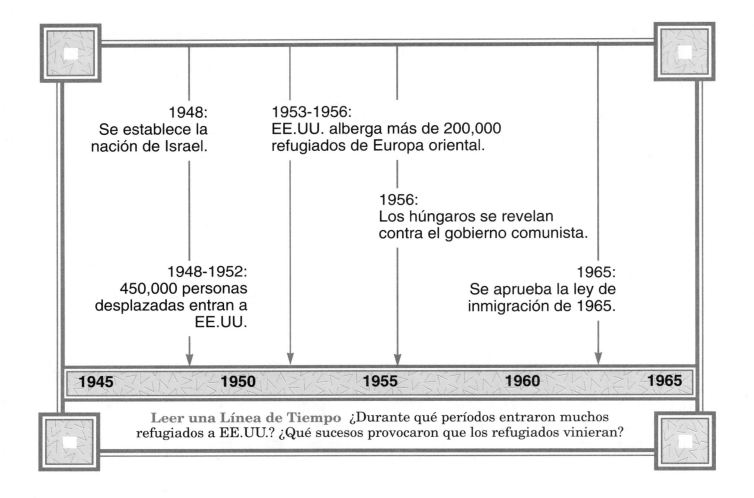

1948:
Se establece la nación de Israel.

1953-1956:
EE.UU. alberga más de 200,000 refugiados de Europa oriental.

1956:
Los húngaros se revelan contra el gobierno comunista.

1948-1952:
450,000 personas desplazadas entran a EE.UU.

1965:
Se aprueba la ley de inmigración de 1965.

| 1945 | 1950 | 1955 | 1960 | 1965 |

Leer una Línea de Tiempo ¿Durante qué períodos entraron muchos refugiados a EE.UU.? ¿Qué sucesos provocaron que los refugiados vinieran?

mantenga bajo. Sin embargo, si los tiempos duros continúan, los inmigrantes europeos probablemente volverán a intentar mejorar sus vidas en EE.UU.

Recordando sus raíces Cuando los inmigrantes recientes vieron las experiencias de los anteriores inmigrantes, tuvieron muchas esperanzas. Muchos de los inmigrantes anteriores habían logrado construir mejores vidas.

Los antiguos inmigrantes habían sufrido discriminación. Muchos trataron de aprender inglés mientras luchaban para ganarse la vida. A menudo se veían forzados a tomar trabajos mal pagados.

Pero la mayoría de esos antiguos inmigrantes lograron mejorar sus vidas. Aprendieron inglés y consiguieron mejores trabajos. Muchos vieron a sus hijos graduarse de la escuela secundaria e ir a la universidad.

Los descendientes de estos antiguos inmigrantes todavía tienen fuertes lazos con sus raíces. Los americanos irlandeses siguen de cerca las noticias de su país. Los americanos polacos envían ayuda a Polonia mientras ésta intenta reformar su economía. Los americanos judíos están muy pendientes de los acontecimientos en Israel.

Los descendientes de los inmigrantes europeos han mantenido viva su cultura en EE.UU. Muchas ciudades aún tienen su Pequeña Italia. Las tiendas y los mercados en esos barrios venden comida y productos provenientes de la "madre patria". Los periódicos en polaco, ruso, alemán y húngaro ofrecen noticias sobre los acontecimientos que ocurren en sus-países. Días festivos como el Día de la Raza ofrecen a los americanos italianos la oportunidad de celebrar sus raíces. Los americanos judíos recuerdan el horror del holocausto en el Museo del Holocausto, en Washington, D.C.

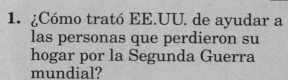

1. ¿Cómo trató EE.UU. de ayudar a las personas que perdieron su hogar por la Segunda Guerra mundial?
2. ¿Por qué descendió la inmigración procedente de Europa en las décadas de 1950 y 1960?

Sveta Kirlova, a la izquierda, es una inmigrante rusa reciente que trabaja en una fiambrería en Nueva York. Aún se preocupa por sus padres en San Petersburgo, Rusia.

Donna Shalala con Jesse Jackson. Es la primera mujer americana árabe que forma parte del gabinete en EE.UU.

2 Crecen las Comunidades Arabes Americanas
¿Cómo han dejado su huella los americanos árabes en Estados Unidos?

Los primeros inmigrantes procedentes del mundo árabe llegaron a EE.UU. mucho antes de la Segunda Guerra mundial. El primer gran grupo de inmigrantes árabes llegó entre 1880 y 1914. La mayoría de estos inmigrantes provenían del Líbano. Cerca de 100,000 árabes llegaron a EE.UU. en esos años.

Muchos de los árabes cristianos no trabajaron en las crecientes industrias de la nación. En lugar de ello, algunos viajaron de pueblo en pueblo como vendedores ambulantes. Otros se establecieron y abrieron tiendas. Algunas de estas pequeñas tiendas crecieron hasta formar grandes industrias del vestir. Las compañías Farah y Haggar son un ejemplo de esas industrias. Joseph Haggar llegó del Líbano a EE.UU. en 1908. Vendió ropa durante varios años. En 1926, se mudó a Dallas, compró máquinas de coser e inició un negocio que producía pantalones para trabajar. Haggar estableció una línea de ensamble para la producción de pantalones para hombre. Hoy en día, la compañía Haggar es la productora de pantalones para hombre más grande del mundo.

Muchos de los musulmanes árabes que llegaron a EE.UU. antes de la Segunda Guerra mundial encontraron trabajo en la creciente industria automovilística. Las comunidades de musulmanes árabes crecieron cerca de las plantas de automóviles. Ciudades como Toledo, Ohio y Dearborn, Michigan, fueron atractivas para muchos inmigrantes árabes.

La Primera Guerra mundial puso fin a la primera ola de inmigración. La inmigración procedente del Medio Oriente se mantuvo relativamente baja hasta después de la Segunda Guerra mundial. En 1948, el estado judío de Israel fue formado en la zona que los árabes llamaban Palestina. Israel y sus vecinos árabes libraron guerras en 1948, 1967 y 1973.

Muchos árabes abandonaron Israel cuando fue formado el estado judío. Algunos de estos vinieron después a EE.UU.

Los árabes hoy en día   Actualmente, el número de americanos con antecedentes árabes es de 3.5 a 6 millones. Los procedentes del Medio Oriente en la nueva ola de inmigración se han establecido en todo el territorio de Estados Unidos. La ciudad de Dearborn, en Michigan, sigue siendo el lugar favorito para los recién llegados.

Aproximadamente una de cada cinco personas en Dearborn tiene raíces árabes. Pero también han florecido otras comunidades importantes de americanos árabes en la ciudad de Nueva York, en Jersey City, Washington, D.C., y Glendale, California.

George Fawzi es propietario de dos tiendas de zapatos en el área de Detroit. Su primera tienda fue un local pequeño en la avenida Warren, en East Dearborn, Michigan. La avenida Warren es una calle ancha, con muchas tiendas pequeñas. Muchas de las tiendas son propiedad de americanos árabes.

George nació en Jordania. Se mudó a Dearborn con sus padres y dos hermanas en 1981.

Esta familia americana árabe vive en Brooklyn, Nueva York. A pesar de que los americanos árabes han asimilado mucho del medio americano, permanecen orgullosos de sus raíces.

"Casi no hablaba inglés cuando llegué aquí. Aprendí el inglés principalmente en la secundaria. Después logré financiarme la universidad vendiendo zapatos. Después de estudiar finanzas, decidí iniciar mi propio negocio".

La mayoría de los inmigrantes procedentes del Medio Oriente son musulmanes. Han construido **mezquitas**, templos islámicos, en muchas ciudades de EE.UU.

Los nuevos inmigrantes han creado un nuevo orgullo entre los americanos árabes. Están orgullosos de los logros de la gente como Donna Shalala. Es la secretaria de Salud y Asistencia Social en el gobierno del presidente Clinton. También están orgullosos de las muchas aportaciones que los ciudadanos del Medio Oriente han hecho al arte, la literatura y la ciencia.

Aún así, existen muchas inquietudes aunadas al orgullo. Las tensiones se mantienen en el Medio Oriente. Actos de terrorismo todavía sacuden la región.

Los americanos árabes temen que tales actos lleven a crear prejuicios contra ellos. Esa es la razón por la cual grupos de americanos árabes trabajan para recordar a los americanos las aportaciones que están haciendo a EE.UU.

1. ¿De qué manera se ganaron la vida la mayoría de los antiguos inmigrantes árabes en EE.UU.?
2. ¿De qué religión son la mayoría de los recién llegados de tierras árabes?

CAPÍTULO 30
IDEAS CLAVE

- Después de la Segunda Guerra mundial, Estados Unidos aprobó leyes especiales que permitían la entrada a inmigrantes europeos que huían del comunismo.

- Con la reconstrucción de las naciones europeas después de la Segunda Guerra mundial, la inmigración procedente de esas naciones hacia EE.UU. disminuyó.

- Problemas políticos en muchas naciones del Medio Oriente contribuyeron a que aumentara la inmigración de esa región después de la Segunda Guerra mundial.

REPASO DEL CAPÍTULO 30

I. Repasar el Vocabulario
Une cada palabra o palabras de la izquierda con la definición correcta.

1. persona desplazada
2. inmigrante
3. cuota
4. mezquita

a. templo islámico
b. alguien expulsado de su país natal por la Segunda Guerra mundial
c. una persona que se establece permanentemente en otro país
d. límite en el número de personas de un grupo determinado que puede entrar al país

II. Entender el Capítulo
1. ¿Cómo afectó la guerra fría la inmigración procedente de Europa a EE.UU.?
2. ¿Por qué comenzó a decrecer la inmigración precedente de Europa a EE.UU. después de los años 1950?
3. ¿Cuáles son algunos de los hechos que han contribuido a la inmigración árabe hacia EE.UU. desde la Segunda Guerra mundial?
4. ¿Cómo han afectado los actuales acontecimientos en el Medio Oriente las vidas de los americanos árabes?

III. Desarrollo de Habilidades: Apoyo de Enunciados
Enumera los hechos de este capítulo que apoyan cada una de las siguientes declaraciones.
1. La ley de personas desplazadas aumentó la inmigración a EE.UU.
2. Muchos judíos se establecieron en EE.UU. después de la Segunda Guerra mundial.
3. La ley de inmigración de 1965 no resultó exactamente como se esperaba.

IV. Escribir Acerca de la Historia
¿Qué hubieras hecho? ¿Si hubieras sido editor de periódico en 1952, hubieras apoyado o te hubieras opuesto a la ley de personas desplazadas? Recuerda que muchos de tus lectores son inmigrantes europeos o hijos de esos inmigrantes. Explica tu opinión.

V. Trabajar Juntos
Del Pasado al Presente El presidente Truman pensó que EE.UU. tenía una "responsabilidad" en aceptar a las personas desplazadas después de la Segunda Guerra mundial. Con un grupo, discutan si EE.UU. tiene la responsabilidad de aceptar inmigrantes de lugares destruidos por la guerra. Escriban un párrafo exponiendo su opinión.

Unidad 6
Enprentando un Mundo Cambiante

Capítulos

Nuevos Líderes Buscan Nuevas Soluciones. (1981-PRESENTE)

¿Cuáles son las diferencias entre las políticas de los presidentes recientes?

Ronald Reagan obtuvo grandes victorias en las elecciones presidenciales en 1980 y 1984.

Buscando los Términos Clave

- Cinturón del Sol

Buscando las Palabras Clave

- **programas sociales:** programas del gobierno que ayudan a grupos de personas necesitadas
- **conservadurismo:** teoría política que favorece la menor actividad gubernamental
- **déficit presupuestario:** deuda creada cuando el gobierno gasta más dinero del que recibe
- **recesión:** una fuerte baja en los negocios

SUGERENCIA DE

Hojea el capítulo para encontrar claves de la información que cada sección contendrá. Observa cada título y subtítulo y lee la pregunta. Responde pregunta smientras lees cada sección.

ESTUDIO

El final de los años 1970 fue un momento difícil para el país. La economía no andaba bien. La alta inflación trajo precios altos para la comida, la ropa y otros artículos. La inflación es un rápido aumento de los precios. El presidente Jimmy Carter no pudo mejorar la economía. Esto le costó la elección de 1980. El republicano Ronald Reagan se convirtió en el cuadragésimo presidente de Estados Unidos.

1 Los Estados Unidos se Vuelve Más Conservador.

¿Cómo lidió el presidente Reagan con los problemas de la nación?

Ronald Reagan, a la edad de 69 años, fue la persona más vieja que haya sido electa para presidente. Reagan era una persona con cierto encanto. Su carisma

Leer una Gráfica De 1985 a 1990, ¿cuál fue el único año en que el déficit disminuyó? ¿Cuál es el tema de esta gráfica?

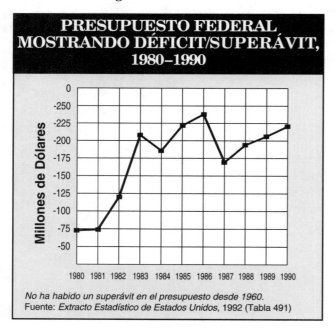

PRESUPUESTO FEDERAL MOSTRANDO DÉFICIT/SUPERÁVIT, 1980–1990

No ha habido un superávit en el presupuesto desde 1960.
Fuente: *Extracto Estadístico de Estados Unidos*, 1992 (Tabla 491)

se manifestaba tanto con los jóvenes como con los adultos americanos. Fue uno de los presidentes más populares de la época moderna.

Las ideas de Reagan acerca del gobierno también coincidían con el ánimo de la gente. En los años 1980, los ciudadanos de EE.UU. se interesaron menos en la justicia social. No estaban de acuerdo con tener que pagar altos impuestos para mantener los **programas sociales**. Estos son los programas del gobierno que ayudan a grupos de personas necesitadas. La construcción de viviendas públicas es un programa social. Ayudar a las personas sin trabajo es otro programa social.

Las ideas de Reagan eran parte de la nueva atmósfera de **conservadurismo** de la nación. La mayoría de los conservadores creen necesario reducir el tamaño del gobierno. También quieren dar más libertad a las empresas.

Reagan creía que su trabajo más importante era "quitarle el gobierno de encima a la gente". Reagan pensaba que los gobiernos estatales y locales deberían pagar muchos de los programas sociales. Hizo que el Congreso disminuyera el presupuesto de algunos programas y terminara con otros. Estos recortes al presupuesto afectaron a los pobres, entre ellos a muchos latinos y americanos africanos.

Más dinero para las fuerzas armadas Reagan pudo disminuir los impuestos. Estas disminuciones significaron menos ingresos para el gobierno. También disminuyó los gastos para los programas sociales. Sin embargo, Reagan no disminuyó el gasto para la defensa. Casi duplicó el presupuesto de la defensa entre 1981 y 1987. Pensaba que el país debía ser fuerte para enfrentar la amenaza de la Unión Soviética. Reagan llamó a ese país el "imperio del mal".

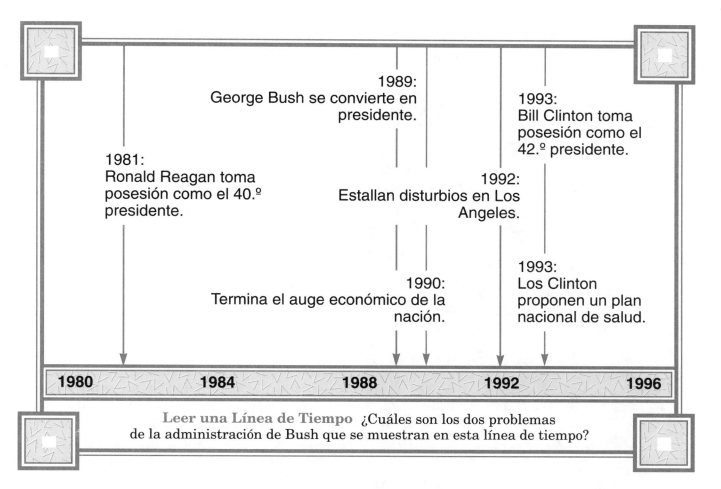

1989:
George Bush se convierte en presidente.

1981:
Ronald Reagan toma posesión como el 40.º presidente.

1993:
Bill Clinton toma posesión como el 42.º presidente.

1992:
Estallan disturbios en Los Angeles.

1993:
Los Clinton proponen un plan nacional de salud.

1990:
Termina el auge económico de la nación.

| 1980 | 1984 | 1988 | 1992 | 1996 |

Leer una Línea de Tiempo ¿Cuáles son los dos problemas de la administración de Bush que se muestran en esta línea de tiempo?

Este gasto obligó a EE.UU. a pedir prestado miles de millones de dólares para pagar sus cuentas. Eso creó un déficit en el presupuesto. Un **déficit presupuestario** se produce cuando un gobierno gasta más dinero del que recibe.

La economía en auge   Durante la presidencia de Reagan, el país tuvo un gran auge económico. La clase media y la clase alta vivían bien. Sin embargo, para los pobres no eran buenos tiempos. La mayoría de los latinos y americanos africanos no participaron en el auge económico. Muchos estuvieron desempleados; se encontraron encerrados en los barrios pobres de las ciudades. Otros fueron víctima de los altos índices de criminalidad.

El auge económico no se produjo de igual manera en todo el país. Fue especialmente fuerte en el **Cinturón del Sol**. El Cinturón del Sol es un término que se aplica a las partes sur y sudoeste de EE.UU. Al mismo tiempo, las ciudades más viejas del noreste y de la zona central comenzaron una larga recesíon. No podían competir con las plantas más modernas de otras regiones.

Nuevos rumbos   Reagan encontró otra manera de aplicar sus ideas conservadoras. Pudo nombrar tres nuevos magistrados a la Corte Suprema. Los tres eran conservadores. Uno de los tres fue Sandra Day O'Connor. Se convirtió en la primera magistrada de la Corte Suprema de Justicia.

Reagan también nombró a tres mujeres para ocupar puestos a nivel de gabinete. Ningún otro presidente había nombrado antes tantas mujeres en

Sandra Day O'Connor fue la primera mujer que ocupó un puesto en la Corte Suprema. Fue una conservadora que favoreció algunos aspectos de los derechos de la mujer.

puestos de gabinete.

Cuando Reagan dejó la presidencia en 1989, la economía de la nación estaba en auge. Sin embargo, el déficit presupuestario era enorme. Controlar ese déficit sería uno de los problemas que tendría que enfrentar el nuevo presidente, George Bush.

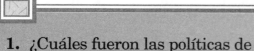

1. ¿Cuáles fueron las políticas de Reagan para las grandes empresas?
2. ¿Quién es Sandra Day O'Connor?

2 George Bush Trata de Ser "El Presidente de la Educación".

¿Cuáles eran los objetivos del presidente Bush para Estados Unidos?

George Bush llegó a la Casa Blanca tras una larga carrera en el servicio público. Era un heroe de la Segunda Guerra mundial. Luego se conuirtío en director de la Agencia Central de Inteligencia (CIA) De 1981 a 1989 fue el vicepresidente de Ronald Reagan.

El presidente Bush prometió seguir las políticas económicas de Reagan. Prometió reducir el déficit sin crear nuevos impuestos. También quería mejorar el sistema de educación de EE.UU. Se llamó a sí mismo "el presidente de la educación" y se reunió con educadores para mejorar las escuelas.

Bush realmente nunca llegó a ser "el presidente de la educación" en la mente de los americanos. Siempre pareció estar envuelto en otro tipo de problemas. Muchos americanos pensaban que estaba más interesado en los asuntos externos que en los de EE.UU. Se dio cuenta de que era necesario gastar mucho dinero para mejorar la educación. Dijo que el trabajo de mejorar las escuelas tendría que ser realizado en su mayoría por los gobiernos locales y estatales.

Una recesión En el último año de la presidencia de Bush, la nación entró en una grave **recesión**. Una recesión es una fuerte baja en los negocios.

El auge económico terminó en 1990. Más y más americanos estaban desempleados. Los opositores advirtieron que la falta de acción del gobierno para ayudar a los pobres estaba creando un descontento entre éstos.

Ese descontento explotó en violencia en Los Angeles, en abril de 1992. Cuatro oficiales de policía blancos fueron acusados de golpear a un hombre americano africano llamado Rodney King. Una cinta de video del momento en que fue golpeado convenció a muchas personas de que los policías eran culpables. Luego un jurado decidió que no eran culpables. Esto motivó días de violencia en Los Angeles. La violencia trajo como consecuencia nuevas propuestas para programas de ayuda a los pobres.

Mucha gente creyó que Bush no había cumplido sus promesas de mejorar la economía. Muchos americanos también pensaron que había roto su promesa cuando aprobó nuevos impuestos en 1989.

Bush se postuló para la elección de 1992, pero perdió. La gente quería un cambio. Eligió un presidente que prometió mejorar la economía y la vida de la gente.

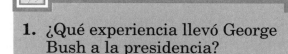

1. ¿Qué experiencia llevó George Bush a la presidencia?
2. ¿Cuál fue la posición de Bush con respecto a la educación?

George Bush, aquí en un centro de *Head Start*, trató de convertirse en "el presidente de la educación". Sin embargo, su plan no funcionó por el costo.

3 Bill Clinton Marca un Nuevo Rumbo Para los Americanos.

¿Qué hizo el presidente Clinton con respecto al déficit y la atención de la salud?

En 1963, cuando Bill Clinton tenía 17 años, fue a Washington con un grupo de jóvenes de Arkansas. Conoció y saludó al presidente John Kennedy. Este fue un momento decisivo para la vida del joven. Más tarde, Clinton dijo que fue cuando estrechó la mano del presidente cuando decidió ingresar al servicio público. Aún muestra orgullosamente la foto donde él y el presidente Kennedy estrechan sus manos.

Treinta años más tarde, Bill Clinton fue electo presidente. Como Kennedy, fue uno de los hombres más jóvenes que haya sido electo como presidente.

Como Reagan y Bush, Clinton también tuvo que enfrentar los problemas de la deuda nacional. El objetivo de Clinton era reducir la deuda. También quería dar impulso la economía de EE.UU. Clinton propuso un programa que reduciría los gastos en aproximadamente quinientos mil millones de dólares en cuatro años. Este plan requería más impuestos, especialmente

El presidente Bill Clinton procuró mejorar los problemas sociales. El presidente y el escritor Elie Wiesel prenden una llama eterna frente al Museo del Holocausto, en Washington, D.C.

para los americanos más ricos. Incluía un impuesto a la gasolina y otros combustibles. "Este plan económico no puede agradar a todos. Pero si se lo toma como un todo, nos puede beneficiar a todos", dijo Clinton.

Un plan nacional de salud
Clinton también quería que el gobierno federal se volviera más activo en los programas sociales. El cuidado de la salud estaba en primer lugar en su lista de preocupaciones. "Todos nuestros esfuerzos para mejorar la economía fracasarán a menos que demos pasos audaces para reformar nuestro sistema de atención de la salud", dijo Clinton.

El costo de la atención de la salud había aumentado uniformemente en los últimos 30 años. En 1965, EE.UU. gastó 42,000 millones de dólares en cuidado de la salud. ¡En 1992 gastó 820,000 millones de dólares! El seguro médico era

tan caro que 37 millones de americanos no tenían suficiente dinero para pagarlo en 1992. Sin seguro, estos americanos con frecuencia no tenían acceso a la atención médica que necesitaban.

La esposa de Clinton, Hillary Rodham Clinton, fue puesta a cargo del plan de atención de la salud. La Sra. Clinton era una conocida abogada en Arkansas antes de que su esposo se convirtiera en presidente. En su nuevo trabajo, Hillary Rodham Clinton viajó por todo el país para tratar de desarrollar el mejor plan posible.

En 1993, los Clinton propusieron un programa nacional de salud. El programa pedía que se le diera seguro médico a todos los americanos, incluyendo a los pobres. El programa sería pagado en parte con nuevos impuestos.

Algunas legisladores se opusieron al plan de Clinton. Pensaron que era demasiado costoso. Otros decían que le quitaba el derecho a los americanos para escoger a su propio médico. Aunque muchos americanos dudaban de ciertas partes del plan de Clinton, la mayoría estaba de acuerdo en que algo se tenía que hacer al respecto.

El presidente Clinton quería utilizar al gobierno para resolver problemas sociales. Si iba a ser posible o no nunca estuvo claro. Sólo una cosa era segura. Los problemas que enfrentaron los presidentes Carter, Reagan, Bush y Clinton no van a desaparecer tan fácilmente. Se

requerirá un gran esfuerzo y cooperación de todos los americanos para resolverlos.

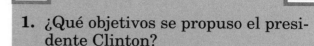

1. ¿Qué objetivos se propuso el presidente Clinton?
2. ¿Qué papel jugó Hillary Rodham Clinton en la administración Clinton?

CAPÍTULO 31
IDEAS CLAVE

- El presidente Ronald Reagan redujo el gasto del gobierno para programas sociales. Al mismo tiempo, aumentó el gasto para las fuerzas armadas.

- El presidente George Bush tuvo muchas de las ideas conservadoras de Reagan. Sin embargo, estaba más interesado en mejorar la educación.

- Bill Clinton fue uno de los presidentes más jóvenes de EE.UU. Convenció al Congreso de que aprobara un programa de reducción del déficit.

I. Repasar el Vocabulario

Une cada palabra o palabras de la izquierda con la definición correcta.

1. déficit presupuestario
2. Cinturón del Sol
3. programas sociales
4. inflación

   a. los estados del sur y del sudoeste
   b. un rápido aumento en los precios
   c. programas del gobierno que ayudan a grupos de gente necesitada
   d. la carestía que resulta cuando el gobierno gasta más dinero del que recibe

II. Entender el Capítulo

1. ¿Cómo redujo el presidente Reagan el papel del gobierno en Estados Unidos?
2. ¿Por qué piensan algunos críticos que las políticas económicas de Reagan eran injustas?
3. ¿Por qué no se pudo convertir el presidente Bush en el "presidente de la educación"?
4. ¿Cómo propuso el presidente Clinton que se redujera el creciente déficit nacional?

III. Desarrollo de Habilidades: Resumen

En una hoja aparte, escribe dos o tres frases que resuman cada uno de los siguientes tópicos:

1. Las razones por las cuales Ronald Reagan fue uno de los presidentes más populares.
2. Las dificultades que llevaron al presidente Bush a perder la presidencia después de tan sólo cuatro años.
3. Las formas en que el presidente Clinton trató de reducir el déficit y mejorar la vida de los americanos.

IV. Escribir Acerca de la Historia

1. **¿Qué hubieras hecho?** Imagina que hubieras sido electo presidente en 1980. ¿Cómo hubieras mejorado la economía? ¿Hubieras disminuido los programas sociales, recortado el presupuesto para las fuerzas militares, o hubieras hecho otra cosa? Explica tus razones.
2. Crea un cartel para la campaña presidencial ya sea de Bill Clinton o de George Bush en la elección de 1992. En tu cartel, explica por qué la gente debería votar por tu candidato.

V. Trabajar Juntos

Del Pasado al Presente Con un grupo discutan si la atención médica que los americanos reciben es buena o mala. Después escriban un pequeño párrafo para el periódico apoyando o criticando el plan de salud del presidente Clinton.

ESTADOS UNIDOS SE VE DESAFIADO POR LOS PROBLEMAS MUNDIALES (1980-PRESENTE)

¿Cómo respondió EE.UU. a los problemas mundiales en las décadas de 1980 y de 1990?

Un momento histórico aconteció cuando el líder israelí Yitzhak Rabin y el líder palestino Yasser Arafat firmaron un tratado en Washington, D.C.

Buscando los Términos Clave
- Operación Tormenta del Desierto • sandinistas
- contras • Irán-Contras

Buscando las Palabras Clave

- **economía de libre mercado:** una economía que tiene poco control del gobierno

- **zona de libre comercio:** un lugar donde no hay impuestos al comercio entre países

- **déficit comercial:** cuando un país gasta más en comprar bienes y servicios de otros países que lo que gana vendiéndole a esos países

SUGERENCIA DE

Observa la línea de tiempo que se muestra en este capítulo. En una hoja aparte escribe cómo están relacionados los hechos.

ESTUDIO

En 1985, Mijail Gorbachev llegó al poder en la Unión Soviética. El país estaba en problemas. El sistema comunista no daba resultado. Muchas personas no tenían suficiente comida o buenas condiciones de vivienda. Gorbachev sabía que tenía que mejorar la economía soviética y dar más libertad al pueblo soviético.

1 Estados Unidos Ve el Colapso de la Unión Soviética.

¿Qué fue el efecto del desmoronamiento de la Unión Soviética?

Gorbachev trató de hacer la Unión Soviética más parecida a una **economía de libre mercado.** En una economía de libre mercado, la gente hace y vende sus productos libremente. Estados Unidos, Europa occidental y la mayoría de los países latinoamericanos tienen una economía de libre mercado.

La Unión Soviética gastó una fortuna en armas militares. Esto dañó su economía. Para frenar la carrera armamentista, Gorbachev trató de crear mejores relaciones con Occidente. Se reunió con el presidente Reagan varias veces. En 1987, los dos líderes acordaron destruir muchos de sus cohetes. Entonces, Gorbachev redujo las fuerzas armadas soviéticas. Retiró tropas de Europa oriental.

Nuevas democracias   Sin el apoyo soviético, los gobiernos de la Europa

Leer un Mapa ¿Qué países comparten una frontera sur y sudoeste con Turkmenistán?

LA DISOLUCIÓN DE LA UNIÓN SOVIÉTICA, 1991

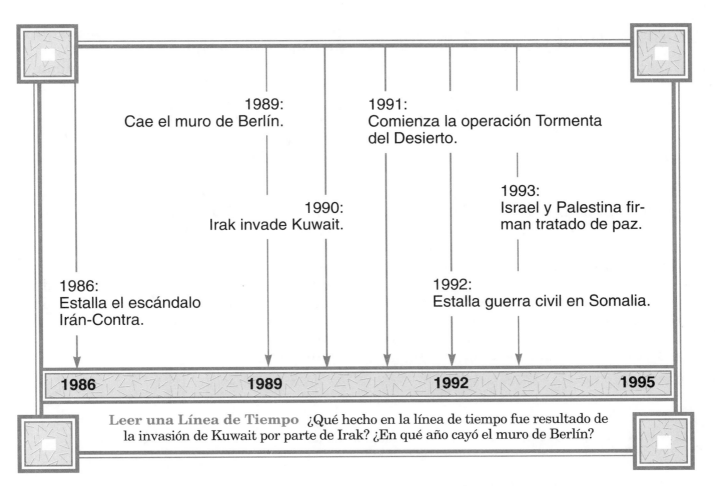

1989:
Cae el muro de Berlín.

1991:
Comienza la operación Tormenta del Desierto.

1990:
Irak invade Kuwait.

1993:
Israel y Palestina firman tratado de paz.

1986:
Estalla el escándalo Irán-Contra.

1992:
Estalla guerra civil en Somalia.

| 1986 | 1989 | 1992 | 1995 |

Leer una Línea de Tiempo ¿Qué hecho en la línea de tiempo fue resultado de la invasión de Kuwait por parte de Irak? ¿En qué año cayó el muro de Berlín?

oriental comenzaron a tambalearse. A lo largo de toda Europa oriental, la gente estaba disgustada con el comunismo. En 1989, Polonia se liberó, convirtiéndose en el primer país comunista en elegir un gobierno no presidido por comunistas. Otros países le siguieron.

A fines de 1989, el muro de Berlín fue derrumbado. Cayó el gobierno comunista de Alemania oriental. En el transcurso de un año, Alemania oriental y occidental fueron reunificadas.

La caída de la Unión Soviética
Los cambios de Gorbachev no pudieron salvar a la Unión Soviética. La economía empeoró. Surgieron conflictos entre los distintos grupos existentes en la Unión Soviética.

Los comunistas habían mantenido a la Unión Soviética unida por la fuerza. Sin esta fuerza, la gente en las repúblicas exigió su independencia. El día de Navidad de 1991, Gorbachev renunció. La Unión Soviética ya no existía. Las repúblicas se volvieron independientes. Estados Unidos era ahora la única super potencia en el mundo.

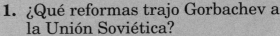

1. ¿Qué reformas trajo Gorbachev a la Unión Soviética?
2. ¿Por qué se desplomó la Unión Soviética?

2 El Medio Oriente y Africa Demandan Atención de EE.UU.

¿Por qué se involucró EE.UU. en los conflictos del Medio Oriente y Africa?

El Medio Oriente ha sido un punto de conflicto en el mundo durante muchos años. En agosto de 1990 comenzó otro conflicto. Saddam Hussein, dictador de Irak, invadió Kuwait, un país vecino pequeño y rico en petróleo. En cuestión de días, Irak controlaba todo Kuwait.

EE.UU. temía que a Saddam se le ocurriera invadir Arabia Saudita, uno de los más grandes productores de petróleo en el mundo. EE.UU. y la ONU mandaron alrededor de 500,000 tropas a Arabia Saudita. Le advirtieron a Irak que abandonara Kuwait.

El plazo pasó. Las tropas de Saddam continuaban en Kuwait. El ataque de la ONU comenzó. Se le llamó **Operación Tormenta del Desierto.** Las fuerzas de la ONU estaban encabezadas por americanos. Rápidamente vencieron a Irak. Aviones y cohetes atacaron objetivos en Irak. Las tropas de la ONU entraron a Kuwait. Después de unos días de combate, las fuerzas armadas de Irak fueron destruidas. Las tropas de la ONU liberaron Kuwait y tomaron control del sur de Irak. Aun cuando Saddam había sido derrotado, se mantenía en el poder. Continuó creando problemas en el Medio Oriente.

Leer un Mapa ¿Qué país sufrió de hambruna, haciendo que las fuerzas de la ONU distribuyeran comida? ¿Dónde empezaron las conversaciones de paz en el Medio Oriente en 1991?

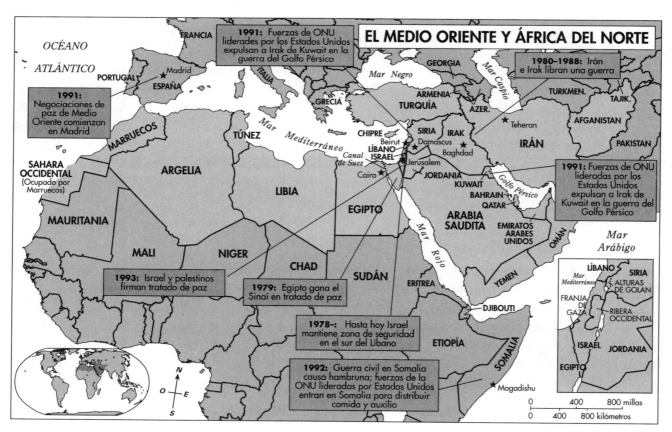

EL MEDIO ORIENTE Y ÁFRICA DEL NORTE

Paz en el Medio Oriente En otras partes del Medio Oriente, EE.UU. también actuó como un líder mundial. Por años, el presidente de EE.UU. trabajó por la paz entre Israel y las naciones árabes. Las negociaciones de paz entre Israel y los palestinos comenzaron a fines de los años 1980. Los palestinos eran árabes que habían vivido en el territorio que se convirtió en los territorios ocupados. La Organización para la Liberación de Palestina (OLP) encabezó la lucha contra Israel.

En agosto de 1993, Israel y la OLP lograron un acuerdo. Los palestinos tendrían autogobierno dentro de Israel. En septiembre de 1993, líderes israelíes y árabes viajaron a Washington, D.C., donde firmaron un acuerdo de paz en la Casa Blanca. El presidente Clinton sonrió mientras los viejos enemigos se daban la mano. Era un primer paso hacia la paz.

La hambruna en Somalia Un problema muy diferente surgió en una nación de Africa oriental, Somalia. Una guerra civil había llevado a la ruptura del gobierno en 1992. Hubo escasez de alimentos. La gente comenzó a morir de hambre. Muchos más somalíes estaban a punto de morir de hambre.

EE.UU. y la ONU mandaron tropas a Somalia. Su misión era ayudar a que llegaran provisiones a la gente que moría de hambre. Las tropas trataron de no luchar con los diferentes partidos, pero somalíes de un grupo mataron algunos soldados americanos.

Los americanos estaban perturbados por las muertes en Somalia. La opinión pública se volvió en contra de la misión. El gobierno de EE.UU. sacó todas sus tropas de Somalia.

1. ¿Qué ocasionó la Operación Tormenta del Desierto?
2. ¿Por qué mandó EE.UU. tropas a Somalia?

3 América Latina Desafía a EE.UU.

¿Cómo respondió EE.UU. a América Latina en las décadas de 1980 y 1990?

En los años 1980, estalló una guerra civil en Nicaragua. Terminó con la instalación de un nuevo gobierno. Los ganadores se llamaban a sí mismo **sandinistas.** Los sandinistas intentaron hacer grandes cambios en su país. También fueron poco amigables con EE.UU.

El presidente Reagan proporcionó armas y entrenamiento a los **contras** de Nicaragua. Los contras eran nicaragüenses que querían derrocar a los sandinistas.

El Congreso deliberó acerca de dar ayuda a los contras. Quienes se oponían a ello reclamaron que EE.UU. no tenía el derecho de ayudar a derrocar el gobierno de otro país. Los partidarios de la ayuda advirtieron que Nicaragua se convertiría en un epicentro del comunismo en América Central. Los oponentes ganaron. En 1988, se aprobó una ley que puso fin a la ayuda para los contras.

Los colaboradores del presidente Reagan no prestaron atención a esa ley. Se inició un complot en la Casa Blanca. Los americanos vendieron armas a Irán. El dinero que ganaron con la venta de las armas fue dado en secreto a los contras.

En 1991, un golpe de estado derrocó al primer presidente electo democráticamente en Haití. Cientos de haitianos huyeron a EE.UU.

A fines de 1989, Estados Unidos invadió a Panamá. Noriega fue capturado y llevado a juicio en Miami. Fue declarado culpable y se le mandó a prisión. EE.UU. dijo que esto había afectado el comercio de drogas. Pero muchos latinoamericanos estaban enojados. EE.UU. había utilizado de nuevo la fuerza.

Golpe de estado en Haití   Haití tiene lazos estrechos con EE.UU. Durante las décadas de 1980 y 1990, un gran número de haitianos vinieron a Estados Unidos. Han continuado preocupándose por los acontecimientos en Haití. Allí, el gobierno militar fue reemplazado en 1990. Los haitianos buscaban un gobierno democrático. Jean-Bertrand Aristide fue electo presidente de Haití. Poco después, los militares derrocaron a Aristide, quien huyó a EE.UU.

El presidente Clinton no sabía bien cómo actuar. Por un lado, quería que Aristide regresara al poder. Por otro, no quería utilizar la fuerza. Algunos americanos demandaban el regreso al poder de Aristide. Otros afirmaban que las tropas de EE.UU. no debían involucrarse. Querían que el gobierno de EE.UU. se concentrara en problemas domésticos. ¿Cómo actuaría EE.UU. siendo un líder mundial? Esta pregunta sería una de las mayores preocupaciones de EE.UU. en los años 1990.

Cuando se supo de estas negociaciones secretas, renunciaron varios colaboradores de Reagan. Otros fueron llevados a la justicia por violar la ley. El asunto se conoció como el **escándalo Iran-Contras.**

La invasión de Panamá   En los años de 1980, Panamá estaba gobernada por su ejército. Estados Unidos descubrió que su líder, el general Manuel Noriega, estaba involucrado con el comercio de drogas. En 1989, Noriega desconoció una elección democrática. Después se proclamó dictador. EE.UU. protestó, pero Noriega se negó a escuchar.

1. ¿A quién apoyó EE.UU. en Nicaragua?
2. ¿Por qué invadió EE.UU. a Panamá?

4 El Poder de EE.UU. en el Comercio se Ve Amenazado.

¿Cómo han desafiado otros países el liderazgo de EE.UU. en el comercio mundial?

Hace 30 años EE.UU. era el líder mundial en comercio. Actualmente Alemania, Taiwán y el Japón se han sumado a EE.UU. como líderes del comercio mundial. Para fines de los años 1980, el Japón vendía más del 25 por ciento de todos los automóviles en el mundo. También vendía el 90 por ciento de todos los televisores.

Al mismo tiempo, los americanos están comprando más productos extranjeros. Esto ha llevado a un **déficit comercial**. Un déficit comercial significa que un país gasta más en comprar bienes y servicios de otros países que lo que gana vendiéndole a esos países. En los inicios de la década de 1990 el déficit comercial era de más de 108,000 millones de dólares. El gobierno de EE.UU. trató de reducir este déficit. Temía que la economía sufriría si no lo reducía.

Libre comercio El Tratado de Libre Comercio de Norteamérica (NAFTA por sus siglas en inglés, TLC en español) fue un intento para reducir el déficit comercial. NAFTA hace de toda Norteamérica una **zona de libre comercio**. En una zona de libre comercio no existen impuestos al comercio entre países. En el pasado, los artículos de EE.UU. vendidos en México y el Canadá tenían impuestos agregados a su precio. A causa del impuesto, esos artículos generalmente eran demasiado caros.

NAFTA se convirtió en un asunto controversial en EE.UU. Sus partidarios decían que el tratado abriría un mercado más grande para los productos de EE.UU. Sus oponentes decían que los empleos de los americanos se irían a México. En noviembre de 1993, el Congreso aprobó el NAFTA por pocos votos. Tardará varios años ver los resultados del acuerdo.

1. ¿Qué es un déficit comercial?
2. ¿Cómo ha cambiado EE.UU. su posición con respecto al comercio exterior en los últimos 30 años?

CAPÍTULO 32
IDEAS CLAVE

- La Unión Soviética se derrumbó en 1991, acabando con la guerra fría.
- Durante finales de los años 1980 y principios de los 1990, EE.UU. utilizó fuerza en Panamá, Kuwait y Somalia.
- En los últimos años el comercio de EE.UU. se ha visto amenazado por países en Asia y Europa. El Congreso aprobó el NAFTA para tratar de resolver este problema.

I. Repasar el Vocabulario

Une cada palabra o palabras de la izquierda con la definición correcta.

1. contras

2. déficit comercial

3. economía de libre mercado

4. zona de libre comercio

a. rebeldes que querían derrocar el gobierno comunista de Nicaragua

b. economía en la cual hay poco control del gobierno

c. lugar donde no hay impuestos al comercio entre países

d. cuando un país gasta más en comprar bienes y servicios de otros países que lo que gana vendiéndole a esos países

II. Entender el Capítulo

1. ¿Qué hechos llevaron al derrumbe de la Unión Soviética y al fin del comunismo en Europa oriental?

2. ¿Cómo sacaron EE.UU. y la ONU a Irak de Kuwait?

3. ¿Por qué estaba inseguro el presidente Clinton de cómo actuar con respecto a Haití?

4. ¿Qué soluciones propuso el gobierno de EE.UU. para reducir el déficit comercial?

III. Desarrollo de Habilidades: Elaborar una Tabla

Utiliza información de esta tabla para completar la siguiente tabla.

COMPARANDO LAS CRISIS EN EL MUNDO

País	Crisis	Respuesta de EE.UU.

IV. Escribir Acerca de la Historia

1. ¿Piensas que EE.UU. debería usar la fuerza en su papel de líder mundial? Escribe una carta al presidente de EE.UU. explicando tu opinión.

2. **¿Qué hubieras hecho?** Si fueras senador cuando se votaba para el NAFTA, ¿lo hubieras apoyado o hubieras estado en contra? Explica.

V. Trabajar Juntos

Del Pasado al Presente Con un grupo, escojan una de las crisis discutidas en este capítulo. Busquen los hechos anteriores que pudieron causarla y las soluciones que se puedan encontrar.

Nuevos Inmigrantes Hacen de EE.UU. una Nación Más Diversa. (1970-presente)

¿Por qué llegaron grandes cantidades de inmigrantes de Asia y de Sudamérica a EE.UU.?

La familia de Duyen Baccam celebró su primer Día de Acción de Gracias con familiares y amigos en Iowa. La cena contenía platos regionales de Laos y EE.UU.

Buscando los Términos Clave

- Sendero Luminoso

Buscando las Palabras Clave

- **refugiado:** persona que se ve obligada a huir de su país

- **balseros:** inmigrantes que llegan a Estados Unidos en balsas

SUGERENCIA DE

En este capítulo, observa las fotos y sus títulos y enumera las ideas más importantes que pienses que estarán contenidas en el capítulo. Cuando acabes de leerlo re-escribe las ideas para completarlas.

ESTUDIO

En 1977, Dang Trinh Le y su familia abandonaron Vietnam en un pequeño bote. Dejaron en su país casi todas sus pertenencias. Sólo se llevaron una pequeña cantidad de dinero. Estaba escondido en un antiguo reloj de la familia. Permanecieron un tiempo en las Filipinas. Después pasaron dos años en Hawai. En 1988, Le, que ya tenía 14 años, se fue a vivir a Boston. Su padre había sido abogado en Vietnam. Ahora había decidido abrir un restaurante con su hermano en Boston. Le, sus padres, cuatro hermanas y dos hermanos habían llegado a Boston un frío día de febrero. Su futuro se veía tan mal como el clima. Tenían poco dinero. Excepto el padre, apenas entendían el inglés. Sabían muy poco acerca de la cultura.

Para 1994, su situación era muy diferente. El restaurante era un éxito. Los tres hijos mayores, incluyendo a Le, tenían diplomas universitarios. Todos tenían buenos empleos. Otros tres estaban en la universidad. La más joven cursaba su último año de escuela secundaria.

"Fue muy difícil al principio", dijo Le. "No tenía ningún amigo. No entendía ni a mi maestra ni a los demás compañeros de la escuela".

"Finalmente me di cuenta de que no me quedaba otra opción. EE.UU. era mi hogar. Casi después de un año y medio empecé a pensar que ya no era vietnamita sino americana".

Estos americanos vietnamitas venden pescado en un muelle de Nueva Orleáns.

1 Los Vietnamitas Escapan del Comunismo a EE.UU.

¿Cómo llegaron los refugiados vietnamitas a EE.UU.?

En los años 1980, más de siete millones de inmigrantes entraron a EE.UU. Casi la mitad de éstos venían de Latinoamérica. Otro 37 por ciento venía de Asia. Sólo uno de cada diez provenía de Europa.

Los vietnamitas en EE.UU. Para los vietnamitas, había sido una travesía muy difícil llegar a EE.UU. Para 1975, la guerra de Vietnam había terminado. (Ver capítulo 20.) Los comunistas tenían el control de todo Vietnam. Miles de sudvietnamitas salieron de su país escapando del comunismo. Muchos de estos **refugiados** encontraron un hogar en EE.UU. Los refugiados son gente que se ve obligada a abandonar su país y vivir en otro lugar.

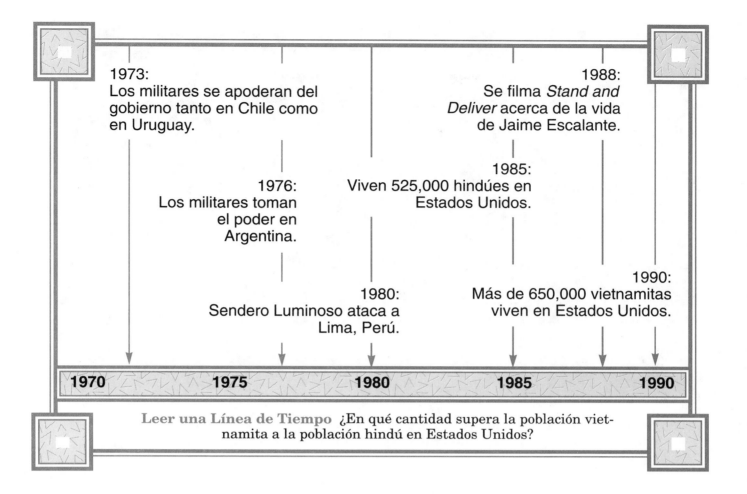

1973:
Los militares se apoderan del gobierno tanto en Chile como en Uruguay.

1988:
Se filma *Stand and Deliver* acerca de la vida de Jaime Escalante.

1976:
Los militares toman el poder en Argentina.

1985:
Viven 525,000 hindúes en Estados Unidos.

1990:
Más de 650,000 vietnamitas viven en Estados Unidos.

1980:
Sendero Luminoso ataca a Lima, Perú.

| 1970 | 1975 | 1980 | 1985 | 1990 |

Leer una Línea de Tiempo ¿En qué cantidad supera la población vietnamita a la población hindú en Estados Unidos?

Un poco antes de que entrara el comunismo, EE.UU. sacó a casi 100,000 vietnamitas de su país. Después el comunismo controló por completo Vietnam. Muchos vietnamitas aún querían escapar. Muchos de ellos escaparon en balsas. Por ello se les llamó **balseros.** Algunos eran recogidos en el agua por barcos americanos. Otros murieron cuando sus balsas zozobraron por las tormentas. Algunos fueron atacados por piratas. Una mujer que sobrevivió a un ataque de piratas recordó la travesía amargamente.

"Una persona fue asesinada después de haber sido golpeada con una barra de hierro. A otra le cortaron el dedo por que no se pudo quitar su anillo de matrimonio.

"Después de saquear todo, los piratas se apresuraron a retirarse. Dejaron libres a los hombres que habían trasladado a su barco, y los empujaron a nuestro bote. Algunos cayeron al agua y se ahogaron porque tenían las manos atadas."

Los vietnamitas sufrieron mucho para llegar a EE.UU. Una vez aquí, trabajaron arduamente para sobresalir en sus nuevas vidas. Los primeros vietnamitas que llegaron eran en su mayoría ciudadanos con buena educación. La

Este grupo de refugiados del sudeste de Asia asiste a una reunión de derechos humanos. Programas de autoayuda ayudan a los refugiados asiáticos a sentirse en casa.

mayoría sabía hablar inglés. Muchos se establecieron en California y empezaron a trabajar en ciencias de la computación.

"Deshágase de los vietnamitas"
Los inmigrantes vietnamitas que llegaron después tenían poca educación. Algunos eran pescadores. Muchos se establecieron en la costa del golfo de México. Ahí podían trabajar como pescadores y en barcos camaroneros.

A menudo los pescadores locales los rechazaban. Pensaban que los vietnamitas iban a quitarles sus trabajos. Algunos pusieron en sus coches letreros que decían: "Salve su industria camaronera, deshágase de los vietnamitas". Algunos vietnamitas fueron amenazados con la violencia. Sin embargo, en otros lugares, la gente local llegó a admirar a los pescadores vietnamitas, que eran honestos y trabajadores.

Para 1990 había más de 650,000 vietnamitas en EE.UU. Habían sobrepasado muchas barreras. Eran americanos respetados y exitosos.

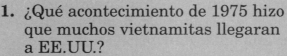

1. ¿Qué acontecimiento de 1975 hizo que muchos vietnamitas llegaran a EE.UU.?
2. ¿Cuál era la diferencia entre los primeros inmigrantes vietnamitas y los que llegaron después?

2 Los Hindúes Encuentran Oportunidades en Estados Unidos.

¿Por qué llegaron a EE.UU. muchos hindúes en los años 1970?

Los americanos de origen asiático no son iguales. Son un grupo diverso. "No existen los americanos asiáticos", dice Amy Lan, una productora de películas de Los Angeles. "Nosotros venimos de China, el Japón, India, Vietnam, Corea y las Filipinas. Somos tan diferentes como los rusos de los ingleses".

En 1965 había sólo 10,000 hindúes viviendo en Estados Unidos. Para 1985, había 525,000. En los años 1960, la India tenía una abundante clase media bien educada. Sin embargo, la economía hindú no creaba suficientes trabajos para ellos. Mucha gente educada no podía encontrar buen empleo en la India. Algunos de ellos vinieron a Estados Unidos a buscar nuevas oportunidades.

Encontrar nuevos trabajos Muchos inmigrantes hindúes no encontraron trabajo en su profesión. En vez de eso tuvieron que encontrar otros trabajos. Muchos abrieron agencias de viajes, cafeterías y tiendas de ropa. Hoy, los hindúes son dueños de 15,000 moteles en Estados Unidos.

Muchos hindúes están contentos con su nueva vida. Aprenden las costumbres de EE.UU. mientras mantienen vivas sus propias costumbres. Algunos sólo hablan su lengua natal en sus casas. Le enseñan costumbres hindúes a sus hijos. Utilizan vestimenta típica.

Otros inmigrantes se molestan con las diferencias que existen entre las culturas.

"Algunas veces me gustaría regresar a la India", dice una doctora hindú. "Me estoy haciendo vieja y me asusta pensar que mis hijos no estarán cerca de mí. En la India, los hijos cuidan a sus padres. Eso no sucede en este país".

1. ¿Qué habilidades trajeron consigo los hindúes a EE.UU.?
2. ¿En qué forma es diferente la sociedad americana de la hindú?

3 Recién Llegados de Sudamérica.

¿Por qué llegaron grandes cantidades de sudamericanos a EE.UU. en los años 1980 y 1990?

Habían pocos inmigrantes de Sudamérica en EE.UU. hasta la década de 1970. Las dificultades económicas hicieron que muchos sudamericanos llegaran a Estados Unidos. Los problemas políticos de la región aumentaron. En 1973, el ejército se apoderó de los gobiernos tanto de Uruguay como de

Americanos descendientes de hindúes celebran un festival hindú en Queens, una parte de la ciudad de Nueva York. Mientras se incorporan a la sociedad americana han logrado mantener vivas sus costumbres.

Chile. En 1976, el ejército tomó el poder en Argentina.

Los ciudadanos que estaban en desacuerdo con el gobierno de Argentina fueron arrestados. A muchos nunca más se les uio. Este episodio se vino a conocer como la "guerra sucia de Argentina." En Chile un gobierno brutal causó que mucha gente se mudara a EE.UU. Otros países de Sudamérica tenían diferentes problemas. En 1980, un grupo de terroristas llamados **Sendero Luminoso** atacaron a Lima, la capital de Perú. En los 13 años siquientes, 25,000 personas fueron asesinadas en Peru. En Colombia, los carteles de la droga pelearon con el gobierno. Muchos colombianos huyeron de la violencia.

Recientemente, los países sudamericanos han dado grandes pasos hacia la democracia. En 1989, por ejemplo, Chile tuvo su primera elección libre en más de diez años.

Aún así, inmigrantes de Sudamérica siguen viniendo a EE.UU. Generalmente vienen a EE.UU. a buscar mejores empleos. Los expertos piensan que habrá más de un millón de personas con raíces sudamericanas en EE.UU. para el año 2000.

Jaime Escalante   En 1964, un maestro de matemáticas boliviano llamado Jaime Escalante se estableció en el sur de California. Escalante no tenía diploma de una universidad americana.

Por lo tanto, no se le permitía dar clases en este país.

Pero Jaime Escalante no era una persona que se rendía fácilmente. Trabajó como cocinero y limpiador para pagar la escuela nocturna. Mientras trabajó, estudió inglés. Después obtuvo un diploma de ingeniero. Recibió buenas ofertas de trabajo. Pero Escalante se decidió por el trabajo que más le gustaba: dar clases.

En 1974, obtuvo un trabajo de maestro de matemáticas en una escuela secundaria en el este de Los Angeles. La ma-yoría de los estudiantes eran pobres y latinos. Escalante hizo que las matemáticas fueran divertidas y desafiantes. Sus estudiantes se sorprendieron al darse cuenta que querían aprender algo en su clase. Un año, 18 alumnos de Escalante pasaron un examen de cálculo de tipo avanzado. Escalante fue distinguido como uno de los mejores maestros de EE.UU. En 1988 se hizo la película *Stand and Deliver* basada en su vida.

Escalante les decía a sus estudiantes: "Alzen sus miras". Muchos sudamericanos han aceptado su desafío. Aproximadamente siete de cada diez sudamericanos se gradúan de escuela secundaria en EE.UU. Más de dos de cada diez se han graduado de la univererd. Los sudamericanos tienen una alta tasa de empleo.

Muchos inmigrantes sudamericanos viven en grandes ciudades. Los Angeles, Chicago, Nueva York y Miami tienen grandes poblaciones de sudamericanos.

Leer una Gráfica ¿De 1961 a 1981 qué país sudamericano tuvo el mayor aumento de emigración a EE.UU.? ¿Cuáles tres países tuvieron un descenso en emigración?

(EN MILES)		
INMIGRACION SUDAMERICANA A ESTADOS UNIDOS, 1961–1990		
País	**1961–1970**	**1971–1980**	**1981–1990**
Argentina	42.1	25.1	25.7
Brasil	20.5	13.7	23.7
Chile	11.5	17.6	23.4
Colombia	70.3	77.6	124.4
Ecuador	37.0	50.2	56.0
Guyana	7.1	47.5	95.4
Perú	18.6	29.1	64.4
Venezuela	8.5	7.1	17.9
Fuente: *Extracto Estadístico de Estados Unidos, 1992.* Tabla 8		

El grupo más grande de sudamericanos en EE.UU. vive en Jackson Heights, en Queens, Nueva York. Allí uno puede encontrar restaurantes, tiendas y agencias de viajes representando a casi todos los países de Sudamérica. Las calles están llenas de música latina. Cada grupo inmigrante habla español con un acento un poco diferente a los demás. Es un lugar excitante para vivir y trabajar.

Como otros nuevos inmigrantes, los sudamericanos han enriquecido a EE.UU. con su propia cultura. También han obtenido fuerza y apoyo de su país adoptivo.

Jaime Escalante motivó a sus estudiantes a "alzar sus miras". Y muchos lo hicieron pasando el examen de cálculo de tipo avanzado.

1. ¿Qué problemas tenían los sudamericanos en sus países cuando vinieron a EE.UU?
2. ¿Quién es Jaime Escalante?

CAPÍTULO 33

IDEAS CLAVE

- En 1965, el Congreso aprobó una nueva ley de inmigración. Esta permitió que más gente de otros países, además de Europa, inmigrara.
- Después de la victoria comunista en Vietnam, miles de vietnamitas inmigraron a EE.UU.
- Muchos hindúes inmigraron buscando mejores oportunidades económicas.
- Problemas políticos y económicos causaron que muchos sudamericanos vinieran a EE.UU.

I. Repasar el Vocabulario

Une cada palabra o palabras de la izquierda con la definición correcta.

1. balseros   **a.** inmigrantes que llegan a Estados Unidos en balsas

2. refugiados   **b.** una persona forzada a abandonar su país

II. Entender el Capítulo

1. ¿Por qué comenzaron a llegar a EE.UU. muchos vietnamitas en los años 1970?

2. ¿Qué razones trajeron a gran número de hindúes a Estados Unidos?

3. ¿Qué hechos en Sudamérica hicieron que miles de personas inmigraran a Estados Unidos?

4. ¿En qué partes de Estados Unidos se establecieron la mayoría de los inmigrantes sudamericanos?

III. Desarrollo de Habilidades: Leer una Línea de Tiempo

Estudia la línea de tiempo de la página 279 y escribe las respuestas a las siguientes preguntas:

1. ¿Cuántos vietnamitas vivían en Estados Unidos en 1990?

2. En la línea del tiempo, ¿cuál fue el último país sudamericano que tuvo problemas políticos?

IV. Escribir Acerca de la Historia

1. **¿Qué hubieras hecho?** Si hubieras sido un pescador americano vietnamita y te hubieran amenazado, ¿cómo hubieras reaccionado? Explica.

2. Imagina que eres un reportero para el periódico de tu escuela. Vas a entrevistar a Jaime Escalante. Escribe una lista de preguntas que te gustaría hacerle.

V. Trabajar Juntos

Del Pasado al Presente Con un grupo, discutan las razones que la gente tiene para inmigrar a EE.UU. ¿Qué razones tenían los primeros colonos? ¿Qué razones tienen los inmigrantes actuales? Enumeren las razones y pongan una paloma junto a las que sean iguales.

EE.UU. AFRONTA RETOS.

(1990 - PRESENTE)

¿Qué están haciendo los americanos con respecto a algunos de sus grandes problemas?

Voluntarios de Hábitat para la Humanidad viajan a ciudades y a zonas rurales para construir y reparar casas para los pobres.

Buscando los Términos Clave

- Agencia de Protección Ambiental
- Hábitat para la Humanidad • SIDA

Buscando las Palabras Clave

- **contaminación:** residuos que vuelven insalubres el aire, el agua y la tierra
- **lluvia ácida:** lluvia dañina causada por residuos de las fábricas en el aire
- **reciclar:** usar de nuevo

- **línea de pobreza:** ingreso por debajo del cual la gente es considerada pobre por el gobierno de EE.UU.
- **adicto:** una persona que depende de las drogas

Uno de los problemas más graves que enfrenta EE.UU. es la **contaminación**. La contaminación es creada por los residuos de ciertos productos. Estos residuos hacen insalubres el aire, el agua y la tierra. El aire está contaminado por el humo de los automóviles y de las fábricas. Arroyos, ríos y lagos están contaminados por residuos que las fábricas descargan en ellos. Peces y otras formas de vida marina mueren por ello. Las playas se cierran al público debido a que el agua no es apta para nadar.

La contaminación también puede venir del cielo. La **lluvia ácida** contiene pequeñas cantidades de ácido. Es causada por los residuos que las fábricas lanzan al aire. Cuando llueve, el ácido cae al suelo con la lluvia. Cuando la lluvia ácida cae en las grandes aguas, puede matar los peces. También puede destruir los árboles.

1 Los Americanos Tratan de Mejorar su Medio Ambiente.

¿Qué están haciendo los americanos para reducir la contaminación del aire, el agua y la tierra?

Hasta 1970, la mayoría de los americanos no estaba consciente de la manera en que la contaminación estaba afectando su medio ambiente. En ese año, la gente en el mundo entero celebró por primera vez el "Día de la Tierra". En todo Estados Unidos se escuchó acerca de los problemas del medio ambiente. Los americanos empezaron a preocuparse. Exigieron que el gobierno tomara medidas.

En julio de 1970, el presidente Nixon creó la **Agencia de Protección del Medio Ambiente** (**EPA** por sus siglas en inglés). El trabajo de la agencia es promover nuevas leyes. La ley de aire limpio de 1970 limitó la cantidad de gases contaminantes emitidos por los automóviles. La ley de agua limpia de 1972 estableció estándares altos para el agua potable.

La preocupación por el medio ambiente ha seguido en la década de 1990. En 1993, el presidente Clinton firmó una ley que limita el uso de ciertos productos químicos en la industria. En el mismo año, la mayoría de los fabricantes de autos en EE.UU. estableció como objetivo crear autos que rindan 80 millas (128 Km) por galón de combustible. Ese tipo de automóvil disminuiría aún más la cantidad de humo y la emisión de contaminantes.

Reciclar   Una manera en que los americanos pueden ayudar al medio ambiente es **reciclar**. Reciclar es usar de nuevo. Los programas de reciclaje recogen latas, botellas, periódicos y otros objetos. Luego éstos son procesados de manera que puedan ser usados de nuevo. El reciclaje disminuye la cantidad de basura. El reciclaje también protege valiosos recursos naturales.

1. ¿Qué daño causa la lluvia ácida?
2. ¿Cuál es el objetivo de la EPA?

2 La Pobreza y Falta de Vivienda Continúan Siendo Problemas.

¿Qué se ha hecho para ayudar a los pobres y a los desamparados en EE.UU.?

Karen Benari tiembla en una mañana de frío invierno. Ella y su madre tratan de despertar a sus dos hermanos. Están durmiendo en cajas de cartón bajo un puente. Más tarde, la familia de Karen irá a un asilo para personas sin hogar. Ahí, esperarán su turno para recibir su única comida caliente del día.

Hace dos años, el padre de Karen perdió su trabajo. Cuando la familia no pudo pagar su alquiler, se mudaron a un apartamento más barato. Después el

Leer una Gráfica Los científicos están investigando soluciones para un gran número de problemas ambientales. ¿Cuáles son algunas de las medidas tomadas para manejar los desechos tóxicos?

El medio ambiente mundial

Tema	Preocupación	Acción
Desforestación Destrucción de los bosques	Las selvas tropicales en Brasil y otros países alrededor del ecuador están siendo cortadas todos los días para cultivos. La madera se utiliza como combustible y para fabricar productos. **En Riesgo:** Aire limpio, condiciones climáticas normales, salud pública.	En las selvas los combustibles y los aparatos para quemar combustibles reducen la necesidad de utilizar a los árboles como energéticos. Las personas han creado nuevas industrias que no utilizan las tierras de las selvas para agricultura.
Efecto invernadero Calentamiento gradual de la atmósfera del planeta	Todas las naciones queman combustibles. El uso del combustible ha crecido desde la Revolución Industrial de finales del siglo XVIII. Los combustibles emiten grandes cantidades de dióxido de carbono al quemarse. Algunos científicos dicen que esto incrementa las temperaturas globales. **En Riesgo:** Aire limpio, condiciones climáticas normales, salud pública.	Los científicos investigan la gravedad del problema. Se están inventando maneras de bajar las emisiones de dióxido de carbono e incrementar la eficiencia de los combustibles.
Agujero en la capa de ozono Rompimiento en el escudo natural del planeta	Químicos dañinos amenazan la capacidad del ozono de bloquear los rayos nocivos del sol. Estos químicos son utilizados en latas de aerosol, y como elementos de enfriamiento en aire acondicionado y refrigeradores. **En Riesgo:** Condiciones climáticas normales, salud pública.	Estados Unidos y otras 22 naciones han firmado un tratado acordando disminuir el uso de estos químicos nocivos. Una prohibición total está programada para el año 2000.
Desechos tóxicos Basura venenosa	Algunos desechos de la producción industrial, la producción de armas y las plantas nucleares, se infiltran al suelo, acueductos subterráneos, lagos y ríos. **En Riesgo:** Suelo saludable, agua potable, poblaciones de animales silvestres, salud pública.	Grupos del "superfondo" han dado cientos de millones de dólares para limpiar los peores basureros tóxicos. Los científicos están investigando y desarrollando maneras seguras de eliminar desechos.

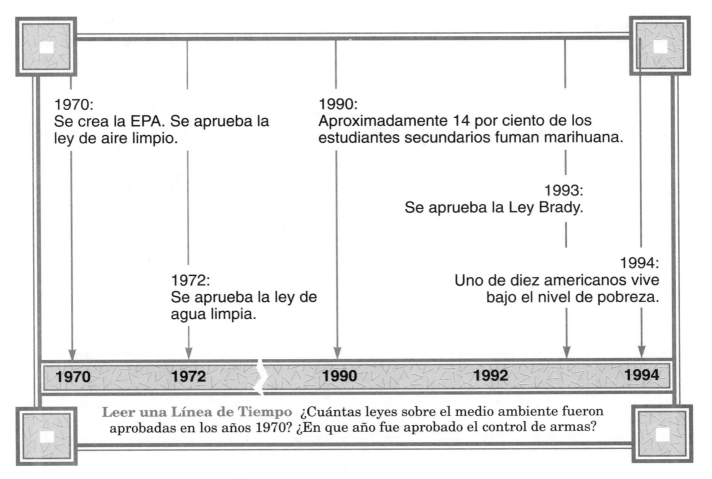

1970:
Se crea la EPA. Se aprueba la ley de aire limpio.

1990:
Aproximadamente 14 por ciento de los estudiantes secundarios fuman marihuana.

1993:
Se aprueba la Ley Brady.

1972:
Se aprueba la ley de agua limpia.

1994:
Uno de diez americanos vive bajo el nivel de pobreza.

| 1970 | 1972 | 1990 | 1992 | 1994 |

Leer una Línea de Tiempo ¿Cuántas leyes sobre el medio ambiente fueron aprobadas en los años 1970? ¿En que año fue aprobado el control de armas?

dinero se les terminó. La familia se vio forzada a mudarse a la calle. Durante el invierno, duermen en un asilo para personas sin hogar. Pero tan pronto como empieza a hacer calor, se mudan al exterior. Karen tiene pocas esperanzas de que su familia vuelva a ser estable.

Estados Unidos es el país más rico del mundo. Sin embargo, aproximadamente uno de cada diez americanos vive en la pobreza. Muchos americanos piensan que la pobreza es el mayor problema del país.

El gobierno de EE.UU. investiga cuántos americanos son pobres. Saca un promedio de la cantidad mínima que una persona debe ganar para poder sobrevivir. A esta cantidad se le llama la **línea de pobreza**. En 1994, aproximadamente el 10 por ciento de los americanos estaban viviendo bajo la línea de pobreza. Esto significa que un gran número de americanos no tiene suficiente dinero para mantener a su familia. Los expertos dicen que este número probablemente aumentará.

Algunos americanos tienen más probabilidad de ser pobres que otros. Las mujeres y los niños son los más afectados. Uno de cada cinco niños en Estados Unidos vive por debajo de la línea de pobreza. La gente de color tiene más probabilidad de afrontar la pobreza. Aproximadamente un tercio de los pobres son americanos africanos. Muchos otros son latinos y asiáticos. Sin embargo, la mayoría de la gente pobre es blanca.

La crisis de la falta de vivienda
Entre los más pobres de los pobres, hay miles de americanos sin casa. Las personas sin vivienda se pueden encontrar en todas las ciudades de Estados Unidos. Muchas de las personas sin vivienda son

familias con hijos pequeños. Aproximadamente una quinta parte de las personas sin vivienda tienen trabajo de medio tiempo o de tiempo completo. Una de las causas de la falta de vivienda es la falta de viviendas de bajo costo en Estados Unidos. Otras causas son el desempleo, las enfermedades mentales y el abuso de drogas.

Ayudar a los desamparados   Hay muchos programas para ayudar a la gente sin vivienda. En algunas ciudades, los departamentos vacíos se ofrecen a familias por poco dinero o hasta gratis. Estas familias acuerdan reparar los edificios para hacerlos habitables.

Esfuerzos contra la pobreza   La gente pobre también necesita aprender nuevas habilidades para encontrar trabajo. La educación da a los estudiantes las habilidades necesarias para competir en un mundo cambiante. Pero sólo siete de cada diez estudiantes americanos se gradúan de la escuela secundaria. Muchos de los que llegan a graduarse no tienen capacidad suficiente de lectura y escritura. A estos estudiantes les es difícil encontrar trabajo en el mundo de los negocios.

1. ¿Qué es la línea de pobreza?
2. Menciona dos causas por las cuales existen personas sin vivienda.

3 Los Americanos Luchan Contra las Drogas y el Crimen.

¿Cómo están tratando los americanos de reducir el crimen y el uso de drogas?

En las ciudades, los americanos están construyendo islas de esperanza.

Alquilan un terreno baldío y lo limpian. Después construyen una casa y hacen un jardín alrededor. En las comunidades puertorriqueñas, a estos proyectos se les llaman *casitas*. Actualmente, las *casitas* muestran esperanza.

También muestran orgullo de la tradición puertorriqueña. Los músicos tocan plenas, un tipo de musica. La letra de una plena alerta a los jóvenes acerca del crack.
"Ten cuidado con el crack,
No deberías de fumarlo.
Esta lamentable atrofia [desperdicio],
Si no estás al pendiente,
Te explotará (crack)".

Drogas   El uso de drogas se ha convertido en una de las preocupaciones más importantes desde los años 1980. Una encuesta demostró que 75 millones de americanos de 12 años o más han utilizado drogas ilegales por lo menos una vez. El dos por ciento admitió haber usado cocaína.

Una persona que utiliza drogas se puede convertir en **adicto**. Un adicto es una persona que depende de las drogas. Una persona adicta a menudo tiene cambios de comportamiento. Los adictos hacen cosas que normalmente no harían. Corren riesgos que otra persona no correría.

El abuso de las drogas afecta todos los aspectos de la vida. Los trabajadores que utilizan drogas tienen más accidentes en el trabajo. También tienen problemas para realizar un buen trabajo. Las familias se ven afectadas por el abuso de drogas. Los padres que utilizan drogas tienden a descuidar más a sus hijos. Las drogas también pueden llevar a un abuso físico. El abuso de drogas le cuesta a EE.UU. más de 58,000 millones de dólares anuales en pérdida de trabajo, atención de la salud y muerte.

Gente en todo el país ha protestado por el uso de drogas en sus comunidades. En Nueva York se llevó a cabo una velada contra las drogas. ¿Que otras medidas han sido tomadas para prevenir el uso de las drogas?

SIDA Otro problema serio causado en parte por las drogas es la propagación del **SIDA**. SIDA significa Síndrome de Inmuno Deficiencia Adquirida. Es causado por un virus mortal. La enfermedad daña la capacidad del cuerpo para defenderse de las enfermedades. El virus puede entrar en el cuerpo de varias formas. Una forma es a través del contacto sexual con alguien que está infectado. Otra forma es compartir agujas al drogarse. Actualmente, no hay cura para el SIDA. Tampoco hay medicina para evitarlo.

Crimen El crimen está directamente conectado con las drogas. En tres de las ciudades más grandes de EE.UU., más de siete de cada diez hombres arrestados estaban bajo influencia de las drogas. Casi la mitad de las mujeres arrestadas también estaban bajo influencia de las drogas. Los expertos calculan que el 80 por ciento de los crímenes están relacionados con las drogas.

Pandillas rivales de traficantes de drogas se disparan en las calles. Muchos de los que mueren son personas inocentes. Muchos adictos son jóvenes que utilizan armas para robar.

Las estadísticas de delincuencia juvenil son alarmantes. Entre 1982 y 1991, el número de jóvenes arrestados por asesinato se incrementó un 93 por ciento. Muchas de las víctimas eran también jóvenes. En sólo un año, a principios de la década de 1990, 5,300 niños y jóvenes fueron asesinados con armas de fuego en Estados Unidos. El asesinato es actualmente la tercera causa de muerte en niños de primaria y secundaria.

Control de armas Cada vez más americanos quieren detener los asesinatos. El problema es que no se ponen de acuerdo en cómo hacerlo. Algunos sugieren estrictas leyes para el control de armas. Otros patrullan sus barrios contra el crimen.

En los últimos años, la campaña contra las armas se ha reforzado. En noviembre de 1993, el presidente Clinton firmó una ley por la que se requiere una espera de cinco días para poder comprar un arma. Cada vez más estados están prohibiendo la compra de armas automáticas y semiautomáticas.

Prevenir el crimen y el abuso de drogas El control de las armas ha sido sólo una medida sugerida para erradicar el crimen. Las comunidades de Estados Unidos están trabajando para limpiar sus barrios. En Denver, Colorado, se han organizado grupos para patrullar barrios. En Providence, Rhode Island, un grupo llama a la policía por teléfono celular para informar de la venta de drogas.

Otra forma de prevenir el crimen es luchar contra el abuso de drogas. El gobierno de EE.UU. está gastando más dinero en programas antidroga. Cada vez se utiliza más dinero para centros de rehabilitación. Los programas de educación acerca de drogas se han establecido en muchas escuelas. Estos programas enseñan a los jóvenes el peligro de las drogas.

1. Menciona tres consecuencias del abuso de drogas.
2. ¿Cómo está conectado el crimen con las drogas?

CAPÍTULO 34
IDEAS CLAVE

- La contaminación del aire, el agua y la tierra, es un gran problema que afronta EE.UU. El gobierno de EE.UU. ha tomado medidas para proteger el ambiente.
- Millones de americanos viven bajo la línea de pobreza. El gobierno y los esfuerzos privados tratan de mejorar la vida de esas personas.
- El abuso de drogas y el crimen son problemas crecientes. Los americanos han iniciado programas para luchar contra estas amenazas.

I. Repasar el Vocabulario

Une cada palabra o palabras de la izquierda con la definición correcta.

1. adicto

2. reciclar

3. línea de pobreza

4. contaminación

a. una persona que depende de las drogas

b. residuos de productos que contaminan al aire, el agua o la tierra

c. el ingreso por debajo del cual la gente es considerada pobre por el gobierno de EE.UU.

d. usar de nuevo

II. Entender el Capítulo

1. ¿Cómo daña la contaminación el aire y el agua?

2. ¿En qué forma ayuda el reciclaje a proteger el medio ambiente?

3. ¿De qué manera daña a nuestra sociedad el uso de las drogas?

4. ¿Cuál es una de las maneras en que los americanos han tratado de prevenir el crimen?

III. Desarrollo de Habilidades: Resumen

Escribe un párrafo de tres oraciones que resuma cada uno de los puntos mencionados abajo.

1. Acciones del gobierno para mejorar el medio ambiente

2. Quiénes son los pobres en Estados Unidos

3. Aumento en el abuso de las drogas y el crimen en Estados Unidos

IV. Escribir Acerca de la Historia

1. **¿Qué hubieras hecho?** ¿Si un amigo ofreciera venderte drogas, lo delatarías? Explica tu respuesta.

2. Elabora un cartel estimulando a la gente a reciclar. Asegúrate de explicar en qué modo ayudaría el reciclaje al medio ambiente.

V. Trabajar Juntos

Del Pasado al Presente La contaminación ha sido un problema desde la Revolución Industrial. Con un grupo, discutan problemas en el medio ambiente hace cien años. Compárenlos con los problemas de hoy en día. Escriban un párrafo resumiendo sus hallazgos.

La Ciencia Cambia la Forma de Vida de los Americanos. (1990-presente)

¿Qué cambios ha traído la ciencia a las vidas de los americanos en los últimos años?

En esta línea de ensamble, los robots llevan a cabo mucho del trabajo de la construcción de automóviles. Los robots son usados para trabajos que antes hacía el hombre.

Buscando los Términos Clave

- red de trabajo • carretera de información

Buscando las Palabras Clave

- **automatización:** el uso de máquinas para hacer trabajos que antes eran hechos por seres humanos
- **modem:** un aparato que manda información entre computadoras por vía telefónica
- **láser:** un rayo luminoso de alto poder que puede ser usado en la cirugía
- **transplante de órgano:** operación en la cual un órgano del cuerpo, como el corazón, es extirpado de un cadáver y colocado en una persona viva
- **satélite:** objeto que gira alrededor de la Tierra u otro cuerpo en el espacio

En 1946 los científicos mostraron un asombroso invento. Era una de las primeras computadoras en el mundo. La computadora de 1946 se llamó ENIAC. Esta era un monstruo de máquina. Abarcaba 2000 pies cuadrados y pesaba 50 toneladas, pero su memoria sólo podía almacenar 20 palabras.

Las computadoras de hoy en día hacen a ENIAC tan vieja como un dinosaurio. Un pequeño *microchip* de computadora puede almacenar 800,000 palabras en su memoria. Es aproxi-madamente un millón de veces más poderoso que el ENIAC.

Las computadoras hacen dos cosas diferentes. Primero, calculan números y segundo, toman cierto tipo de decisiones.

El "cerebro" de una computadora moderna es el *microchip*. Hoy en día los *chips* o microfichas son pequeñísimos. Los *chips* pueden ser de menos de un cuarto de pulgada de largo. Esto permite a las computadoras ser más pequeñas y más poderosas.

Leer una Gráfica ¿Cómo se incrementó el porcentaje de uso de computadoras en escuelas entre 1981 y 1989?

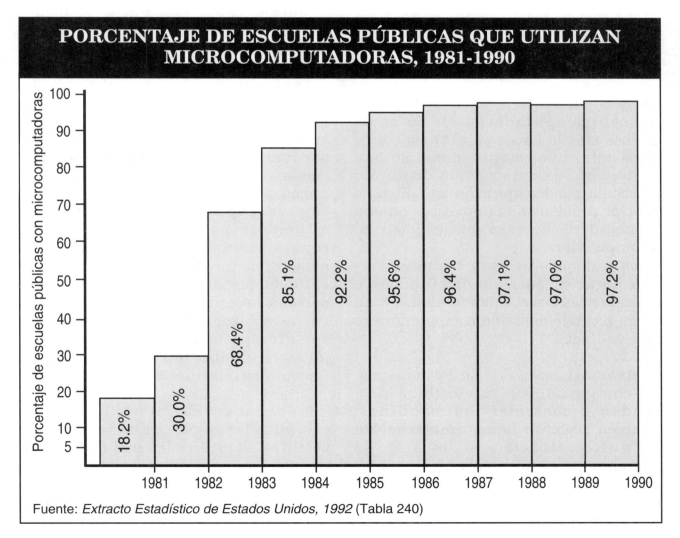

PORCENTAJE DE ESCUELAS PÚBLICAS QUE UTILIZAN MICROCOMPUTADORAS, 1981-1990

Fuente: *Extracto Estadístico de Estados Unidos, 1992* (Tabla 240)

En una muestra electrónica, un vendedor explica a un cliente cómo usar lentes oscuros para ver imágenes en una televisión de pantalla grande.

1 Las Computadoras Crean una Revolución.

¿Qué cambios han hecho las computadoras en nuestras vidas?

Hoy en día muchos americanos trabajan con computadoras en su casa. Muchos más lo hacen en el trabajo o en la escuela. Las computadoras se han vuelto parte de nuestra vida diaria. En la escuela puedes aprender un idioma o resolver problemas matemáticos en una computadora. En casa puedes jugar en la computadora.

Los trabajadores usan computadoras para librar cheques, diseñar edificios o mantener horarios. Cuando llamas a un amigo por teléfono, una computadora te pone en línea.

Automatización En la industria, las computadoras tienen otro uso. Ayudan a controlar las máquinas. También aceleran la **automatización**. La automatización es el uso de máquinas para hacer trabajos que antes eran hechos por seres humanos. Permite a las compañías producir más bienes o proveer más servicios.

Muchas personas están preocupadas de que la automatización hará que muchos americanos se queden sin trabajo. Las gigantescas máquinas robot ahora realizan gran parte del ensamblado de los automóviles.

Muchos industriales están de acuerdo en que muchos trabajos de fábrica se perderán por la automatización. Sin embargo, argumentan que la automatización creará nuevos trabajos. Los negocios se expandirían. Los trabajos altamente pagados para gerentes, reparadores de máquinas y programadores de computadoras aumentarían. Para obtener uno de estos trabajos, una persona necesita una buena educación. Por esta razón, muchos líderes empresariales piensan que las personas jóvenes deberían estar mejor preparadas que nunca.

La carretera de información Las computadoras se han hecho más potentes. Pero el poder real de las computadoras estriba en su trabajo en conjunto. A las computadoras unidas entre sí se les llama una **red de trabajo**. Una red de trabajo puede estar conectada a

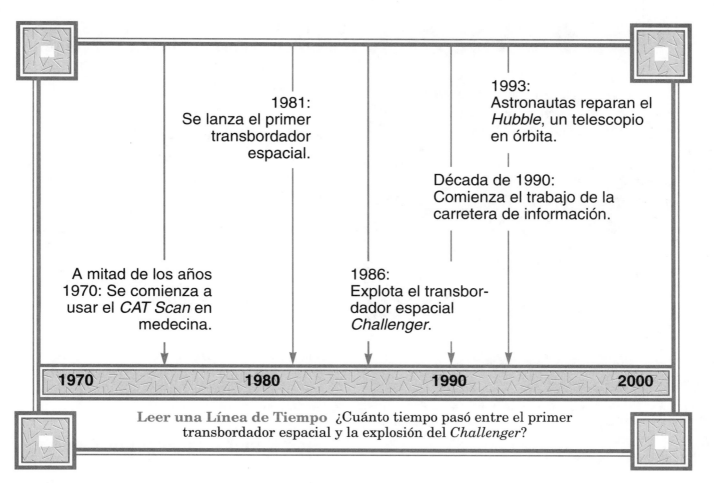

1981:
Se lanza el primer transbordador espacial.

1993:
Astronautas reparan el *Hubble*, un telescopio en órbita.

Década de 1990:
Comienza el trabajo de la carretera de información.

A mitad de los años 1970: Se comienza a usar el *CAT Scan* en medecina.

1986:
Explota el transbordador espacial *Challenger*.

| 1970 | 1980 | 1990 | 2000 |

Leer una Línea de Tiempo ¿Cuánto tiempo pasó entre el primer transbordador espacial y la explosión del *Challenger*?

través de **modems**. Un modem es un aparato que manda información entre computadoras a través de las líneas telefónicas.

Los científicos están trabajando para crear una red de trabajo mundial. Quien tiene una computadora podría llamar y unirse con otra persona con una computadora. Las computadoras también están conectadas a teléfonos, televisores y sistemas de video. A este proyecto se le ha puesto el nombre de **carretera de información**.

Utilizando la carretera de información, podríamos escoger 500 canales de televisión. Podremos pedir comida de los supermercados y que nos sea cargada en nuestra cuenta. Podríamos pedir películas en la televisión simplemente digitando ciertos números en la computadora.

1. ¿Cómo han cambiado las computadoras desde que fueron inventadas?
2. ¿Qué es una red de trabajo?

2 Los Avances en la Medicina Salvan Vidas.

¿Cómo ha mejorado la ciencia médica la calidad de vida?

Los avances en la medicina han ayudado a los americanos a vivir más. En 1900 el promedio de vida de los americanos era de 50 años. Hoy en día ha aumentado a 75 años. La medicina puede ahora curar o prevenir muchas enfermedades que mataban a las personas en 1900.

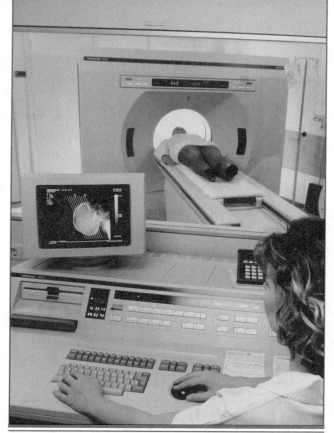

Un *CAT Scan* es un tipo de rayos X que permite a los doctores ver dentro del cuerpo del paciente sin cirugía.

Nuevos instrumentos Las nuevas máquinas ayudan a los médicos a identificar la enfermedad. Un *CAT Scan* es un tipo de rayos X. Una computadora permite a los médicos ver una foto más clara que con los rayos X. Otra herramientra es la fibra óptica. Esta eonsiste de cables tan finos que se pueden pasar a través de las venas de una persona. Una diminuta cámara en la fibra tome fotos del cuerpo. Los médiicos pueden ver cláramente dónde está el problema.

Los nuevos instrumentos también ayudan a los médicos a tratar la enfermedad. El **láser** es un poderoso rayo de luz. Puede cortar el acero más fuerte. Los láseres pueden ser usados para algunos tipos de cirugía. El rayo láser puede entrar al cuerpo y destruir el tejido enfermo. Al mismo tiempo, no daña al tejido sano. Los láseres pueden también cerrar heridas. Pueden limpiar las arterias bloqueadas. Los láseres son usados para operar ojos humanos.

Nuevos tratamientos. Durante los últimos diez años muchas vidas han sido salvadas con **transplantes de órganos**. Cuando un órgano como el corazón, pulmón o hígado falla, el paciente morirá. Sin embargo, algunas veces nuevos órganos pueden reemplazar a los órganos enfermos.

Las nuevas investigaciones han ayudado también a salvar vidas. La dieta y el ejercicio han mostrado ser muy importantes. Los científicos han descubierto que una dieta saludable puede ayudar a prolongar una vida. Recomiendan que los americanos coman verduras frescas y fruta.

¿Qué sigue? En el futuro los médicos podrán tratar problemas que no pueden ser solucionados hoy en día. Los científicos están trabajando en partes mecánicas del cuerpo como los ojos artificiales. También tratan de encontrar una vacuna contra el cáncer. Los descubrimientos médicos continuarán ayudando a los americanos a vivir más, y de una forma más saludable.

1. ¿Qué es lo que hace un *CAT Scan*?
2. Nombra tres nuevos avances en la medicina.

3 La Exploración Espacial Tiene Propósitos Elevados.

¿Qué ha logrado Estados Unidos con los viajes al espacio?

¿Humanos en la luna?　En la historia esto parecía imposible. Sin embargo, en julio de 1969 miles de millones de personas alrededor del mundo lo vieron or televisión. El astronauta americano Neil Armstrong caminó sobre la Luna. Hoy el viaje espacial se ha vuelto tan común que la gente apenas le presta atención.

Programa de transbordador espacial　En 1981, los científicos americanos mandaron un transbordador espacial en vuelo. Era la primera nave que podía ser usada por segunda vez. Este transbordador espacial podía permanecer en el espacio por una semana o más. Luego, regresaba a Tierra. La misma nave podía estar lista para regresar al espacio en un mes.

Por casi cinco años, los transbordadores espaciales tuvieron misiones exitosas. Pero, en enero de 1986, la nave espacial *Challenger* explotó. Los siete miembros de la tripulación murieron. Los científicos trabajaron durante 32 meses para hacer el próximo transbordador espacial seguro. Hoy en día el transbordador espacial continúa siendo una parte clave del programa espacial de EE.UU.

Otras naves espaciales　El gobierno también puso **satélites** en el espacio. Un satélite es un objeto que circula alrededor de la Tierra u otro cuerpo en el espacio. Algunos satélites dan información acerca del clima. Los satélites del clima han salvado cientos de vidas porque la gente ha podido prepararse para las tormentas. Los científicos usan satélites para estudiar la contaminación. Algunos satélites ayudan a encontrar fuego en los bosques.

El debate del espacio　El programa espacial de EE.UU. ha hecho grandes descubrimientos acerca de nuestro planeta y nuestro universo. También ha creado invenciones útiles. Los sartenes de teflón y las pinturas de látex son hechas con materiales inventados para el programa espacial. Muchos adelantos se han hecho en medicina, computadoras y comunicación.

Sin embargo, muchas personas se preguntan el precio de estos descubrimien-

El *Hubble* es un telescopio gigante en el espacio que estudia el universo. Otras naves espaciales mandan informes de temperatura, información de negocios y transmisiones de televisión.

tos. El gobierno de EE.UU. gasta aproximadamente 7,500 millones de dólares al año en el programa espacial. Algunos americanos argumentan que este dinero debería ser gastado en otros programas. Piensan que los problemas como la pobreza y la falta de vivienda deberían resolverse primero.

Otros americanos apoyan tenazmente al programa espacial. Creen que esto los llevará a mayores descubrimientos. Esto podría salvar millones de dólares o hasta millones de vidas.

Hacia el futuro   Aunque sigue el debate, el programa espacial de EE.UU. también continúa. En el siglo XXI, los científicos esperan mandar astronautas que viajará miles de millones de millas. Explorarán áreas que nosotros desconocemos actualmente. Apenas hemos comenzado a explorar el vasto espacio.

1. ¿En qué forma fue mejor el transbordador espacial a las naves anteriores?
2. Enumera tres usos de los satélites.

CAPÍTULO 35
IDEAS CLAVE

- Las computadoras han acelerado la forma en que la gente resuelve los problemas. También han traído consigo muchos nuevos empleos.
- La ciencia médica ha desarrollado nuevos instrumentos y tratamientos. Los americanos están viviendo más tiempo que antes.
- El programa espacial de EE.UU. ha hecho descubrimientos sorprendentes acerca de nuestro planeta. También ha estimulado nuevas invenciones.

I. Repasar el Vocabulario

Une cada palabra o palabras de la izquierda con la definición correcta.

1. satélite
2. láser
3. automatización
4. computadora

a. un poderoso rayo de luz que puede ser usado para hacer cirugía
b. un objeto que circula alrededor de la Tierra u otro cuerpo en el espacio
c. el uso de máquinas que hacen trabajos que antes hacía el hombre
d. una máquina para almacenar y usar información

II. Entender el Capítulo

1. ¿Cómo han servido las computadoras para reducir puestos de trabajo, así como para crear otros?
2. ¿Cómo han cambiado las vidas de los americanos los adelantos médicos?
3. ¿Qué beneficios ha traído el programa espacial de EE.UU.?
4. ¿Por qué es objeto de debate el programa espacial de EE.UU.?

III. Desarrollo de Habilidades: Entender Gráficas

Lee la gráfica de la página 295 y contesta las siguientes preguntas.

1. ¿Qué porcentaje de escuelas públicas tenían microcomputadoras en 1981?
2. ¿Cómo cambió este porcentaje entre 1989 y 1990?
3. ¿En qué año ocurrió el aumento más significativo de este porcentaje?

IV. Escribir Acerca de la Historia

1. **¿Qué hubieras hecho?** Imagina que eres dueño de una compañía que piensa automatizarse. Tus trabajadores están en contra del uso de computadoras. ¿Qué harás? Escribe una carta de dos párrafos contestando a tus trabajadores.
2. Imagínate que eres un científico que hace pruebas a bordo del transbordador espacial. Escribe tus impresiones en una sección de diario.

V. Trabajar Juntos

Del Pasado al Presente La nueva tecnología con frecuencia presenta nuevos problemas o retos. Con un grupo discutan los temas que traen los adelantos en tecnología señalados en este capítulo. Escriban un párrafo explicando uno de estos temas y den su opinión acerca de una posible solución.

LOS AMERICANOS ENFRENTAN EL SIGLO XXI. (1990-PRESENTE)

¿Qué cambios pueden esperar los americanos al entrar al nuevo siglo?

La diversidad cultural de EE.UU. reta a los americanos para apreciar y respetar a todas las personas.

Buscando los Términos Clave

- crisol • mosaico

Buscando las Palabras Clave

- **diversidad:** una amplia gama de diferencias
- **jubilación**: el tiempo en que una persona deja de trabajar para mantenerse
- **incapacidades:** afecciones físicas o mentales. Incluyen la ceguera, la sordera o los problemas musculares

SUGERENCIA DE ESTUDIO

Copia las ideas clave de la página 308. Debajo de cada idea, escribe las hechos del capítulo del cual proviene.

Imagina que puedes viajar en el tiempo hacia el año 1900. Encontrarías las ciudades muy diferentes de lo que son hoy. Por supuesto, no habría señal de ninguna de las invenciones de este siglo. No habían sido inventadas todavía.

Probablemente te sorprendería la gente de las ciudades americanas. Habría poca de la **diversidad** de hoy en día. Diversidad significa una amplia gama de diferencias. La gente provendría del oeste y norte de Europa. Si caminaras por las calles de las ciudades americanas verías poca gente que no es blanca. A menos que vivieras en el sur, verías pocos americanos africanos. Verías pocos asiáticos, siempre y cuando no vivieras en San Francisco o Seattle. Verías pocos latinos si no vivieras en el sudoeste de EE.UU.

1 EE.UU. Tiene Más Diversidad Que Cualquier Otra Nación.

¿Cómo han cambiado los americanos desde 1900?

El censo de 1900 identificó a nueve de cada diez americanos como blancos. La gente de color era sólo una de diez. Noventa años después, EE.UU. es diferente. La parte blanca ha bajado al 71 por ciento. Los americanos africanos son ahora el 12 por ciento. Los latinos son el 9 por ciento. Los asiáticos son el 3 por ciento.

La gran inmigración Mucho del cambio fue debido a la inmigración. Estados Unidos había visto dos grandes olas de inmigración en el siglo XX. Una fue en los primeros veinte años, de 1900 a 1920. Grandes cantidades de personas llegaron a EE.UU. Luego, por 50 años, bajó la tasa de inmigración.

La inmigración subió otra vez a finales de la década de 1970. Como los primeros inmigrantes, muchos nuevos inmigrantes llegaron aquí para escapar de la pobreza.

Sin embargo, había grandes diferencias entre las dos olas de inmigrantes. Los inmigrantes a principios de siglo eran principalmente del sur y este de Europa. La mayoría de los nuevos inmigrantes llegó de Asia, América Latina y el Caribe. Más de la mitad eran latinoamericanos y del Caribe. Aproximadamente la mitad de los latinoamericanos eran de México.

No obstante, el grupo de major crecimiento no era el mexicano. Era la gente de Asia. El número de americanos asiáticos se duplicó en los años 1980. Cientos de miles huían de las guerras del sudeste de Asia. Otros muchos llegaron de las Filipinas y de la India. Con frecuencia llegaban aquí por mejores oportunidades económicas.

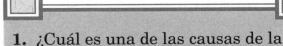

1. ¿Cuál es una de las causas de la gran diversidad en EE.UU.?
2. ¿Cuál es el grupo de crecimiento más rápido en Estados Unidos?

2 Hablan Nuevas Voces.

¿Cómo luchan los ancianos e incapacitados por sus derechos?

A fines del siglo XX, los americanos están cambiando en muchas formas. La población de EE.UU. está creciendo, pero lentamente. Generalmente, los americanos se casan a una edad mayor. También están teniendo menos hijos.

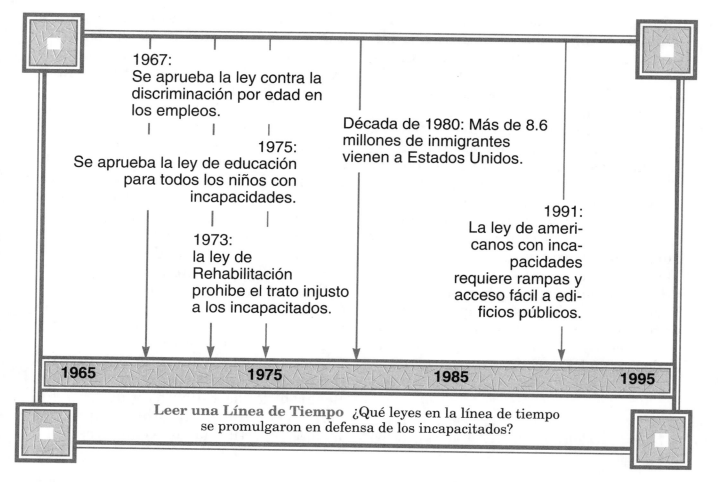

1967:
Se aprueba la ley contra la discriminación por edad en los empleos.

1975:
Se aprueba la ley de educación para todos los niños con incapacidades.

1973:
la ley de Rehabilitación prohibe el trato injusto a los incapacitados.

Década de 1980: Más de 8.6 millones de inmigrantes vienen a Estados Unidos.

1991:
La ley de americanos con incapacidades requiere rampas y acceso fácil a edificios públicos.

| 1965 | 1975 | 1985 | 1995 |

Leer una Línea de Tiempo ¿Qué leyes en la línea de tiempo se promulgaron en defensa de los incapacitados?

Una nueva fuerza   En 1900, había 2.5 millones de personas en EE.UU. con más de 65 años. En el 2000, habrá casi 35 millones de americanos mayores de 65 años. Actualmente, uno de cada ocho americanos es mayor de 65 años. A principios del próximo siglo, uno de cada cinco estará en ese grupo.

La primera ley de **jubilación** fue aprobada en 1792. Daba una pequeña pensión a los americanos que habían peleado en la Revolución. Desde entonces otras leyes de jubilación se han promulgado. La más importante fue la del seguro social en 1930. El seguro social otorga pensiones a la mayoría de los americanos a la edad de jubilarse.

Mucha gente es feliz al jubilarse, pero otros no quieren dejar de trabajar. El seguro social no les da suficiente dinero para vivir. Además, no todos tienen pensiones establecidas por sus compañías.

Hace casi 30 años, los ancianos se comenzaron a unir para proteger sus derechos. Presionaron al gobierno. Su principal objetivo era el derecho a trabajar al envejecer.

Con una vida más longeva, los ancianos buscan formas de enriquecer sus vidas. Buscan actividades interesantes. Por ejemplo, el Programa de los Abuelos permite a los ancianos ayudar a cuidar niños de familias pobres. Muchos ancianos también desempeñan trabajo voluntario en hospitales y bibliotecas.

Los incapacitados   Otro grupo que ha luchado por sus derechos es el de los **incapacitados**. Las personas con incapacidades tienen afecciones mentales o físicas. Hay 35 millones de incapacitados en EE.UU. Quieren que todos sepan que ellos no son inútiles. Aproximadamente cinco millones de incapacitados trabajan.

Estas personas no piden mucho. Sólo quieren la oportunidad de vivir normalmente, cuando sea posible. Esto significa obtener un trabajo decente o ser capaz de ir al cine.

Muchas de estas personas han luchado por sus derechos. Obtuvieron nuevos derechos en varias leyes promulgadas en los años 1970. Una ley de 1973 prohíbe el trato injusto a los incapacitados en los programas de gobierno. Una ley de 1977 estableció que todos los estudiantes incapacitados tienen derecho a una educación gratis.

La ley de americanos con incapacidades de 1991 exige a los propietarios de lugares públicos una forma fácil para entrar al lugar. Por ejemplo, los dueños de restaurantes tienen que construir rampas para sillas de ruedas. Estas rampas deben estar en las entradas.

Las personas con incapacidades tienen talento para contribuir a la sociedad. Sólo necesitan la oportunidad para expresar estos talentos.

3 ¿Es EE.UU. un Crisol de Razas o un Mosaico?
Si los americanos tienen antecedentes tan diferentes, ¿qué los une?

Se esperaba que los inmigrantes que llegaron a EE.UU. a fines de 1800 y principios de 1900 se adaptaran. Los americanos esperaban que los inmigrantes cambiaran sus culturas para encajar en la gran "cultura americana". En esa época, la gente pensaba que Estados Unidos era un gran **crisol** de razas. Este término se tomó de la industria. En una fábrica, se calientan en un crisol diferentes metales a una alta temperatura. Con ese calor, todos los metales se mezclan.

Leer una Gráfica ¿Cuál grupo tiene la menor población total? ¿Cuál grupo tiene menos hombres?

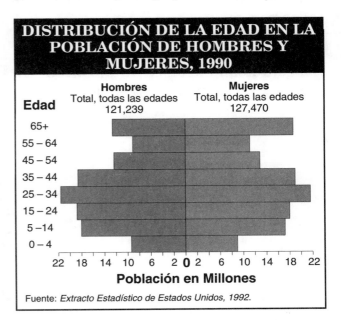

Fuente: *Extracto Estadístico de Estados Unidos, 1992.*

---

1. ¿Cómo está cambiando el promedio de edad en la población de EE.UU.?
2. ¿Qué promulgó la Ley de Americanos con Incapacidades de 1991?

Las personas incapacitadas han superado muchos estereotipos en la sociedad americana. Los americanos ya se han dado cuenta que los incapacitados no son inútiles.

En el crisol americano se pensaba que pasaría lo mismo. Personas de diferentes tierras y culturas se unían. Se creía que perderían sus formas "extranjeras". Se volverían "americanos".

No ha funcionado así. Actualmente podemos ver que todos los americanos no se han "fundido" en una única cultura. Los americanos han mantenido parte de su cultura original. También han aceptado segmentos de cultura de todas partes.

La gente ha descartado la idea antigua del crisol. Tienen una nueva imagen. Esa imagen es un **mosaico**. Un mosaico es un tipo de trabajo artístico.

Es un cuadro o dibujo hecho con muchos pedazos pequeños de vidrio o piedra. Cada una de los pedazos puede ser hermoso. Pero todos juntos forman una obra artística.

De la misma manera, EE.UU. está formado por muchos pequeños pedazos. Estos "pedazos" son nuestros pueblos y culturas. Al juntarlos, todos estos pedazos crean algo más grande, algo hermoso. Es la cultura de EE.UU. de hoy en día.

Puedes ver pedazos del mosaico en cualquier gran ciudad de EE.UU. Camina por una calle y verás restaurantes y tiendas que representan a muchos grupos étnicos. Las personas de un barrio suelen hablar el idioma de su tierra natal. Su vestido suele representar su tierra natal. Ellos están orgullosos de sus diferencias, pero también se sienten orgullosos de ser americanos.

Fuerza en la diversidad   Cuando EE.UU. llegó a ser una nueva nación en 1776, ya era muy diversa. Muchos americanos tenían sus raíces en Africa occidental, Europa septentrional y occidental. Otros americanos, los americanos nativos, practicaban muchas culturas diferentes. Durante los años 1800, muchos latinos se convirtieron en ciudadanos de EE.UU. al expandirse nuestro país. De 1820 a 1990, casi 59 millones de personas emigraron a EE.UU. Esas personas venían de todas partes del mundo.

La mezcla de todas esas personas es una parte importante de la historia de EE.UU. En muchas ocasiones, no se mezclaron felizmente. Hemos visto muchos ejemplos de conflictos mortales

Leer un Mapa ¿Qué estados comparten una frontera con México? ¿Qué país está a 90 millas al sur de la Florida? ¿Cúal es la distancia entre Los Angeles y Washington, D.C.?

ESTADOS UNIDOS EN LA ACTUALIDAD

entre americanos. También hemos visto ejemplos de injusticia. Hemos visto que los americanos algunas veces se discriminaban entre sí. En efecto, la discriminación existe actualmente. Sin embargo, la diversidad también ha hecho grande a EE.UU.

En otras partes del mundo la diversidad no es una fuerza. Muchas naciones se dividen por odio entre personas de diferentes grupos étnicos. En contraste, la mezcla de culturas es una de las grandes historias dentro de la historia americana. EE.UU. es la nación más diversa en la Tierra. Con todos los conflictos, nosotros somos más fuertes porque somos diversos.

1. Elabora un ejemplo de diversidad en EE.UU.
2. ¿Cuál es la diferencia entre un "crisol" y un "mosaico"?

CAPÍTULO 36
IDEAS CLAVE

- EE.UU. es la nación más diversa en el mundo porque los antecedentes culturales de su gente son muy diferentes.
- Los ancianos se han organizado para proteger sus derechos. Las personas con incapacidades también han empezado a luchar por un trato justo.
- Mucha gente cree que la idea del mosaico describe mejor a EE.UU. Las diferencias de cada persona se suman para lograr una nación totalmente unida.

I. Repasar el Vocabulario

Une cada palabra o palabras de la izquierda con la definición correcta.

1. diversidad
2. crisol
3. mosaico
4. incapacidades

a. una obra de arte o algo hecho de pedazos más pequeños
b. una amplia gama de diferencias
c. afecciones físicas o mentales
d. la idea de que los inmigrantes perderían su cultura y se volverían "americanos"

II. Entender el Capítulo

1. ¿Cómo se ha vuelto más diversa la población de EE.UU.?
2. ¿Cómo es diferente la inmigración de hoy a la de principios del siglo XX?
3. ¿Qué derechos de los americanos incapacitados se han convertido en ley?
4. ¿Cómo es EE.UU. ahora más un mosaico que un crisol?

III. Desarrollo de Habilidades: Leer una Línea de Tiempo

Estudia la línea de tiempo de la página 304. Luego contesta las siguientes preguntas:

1. ¿Cuánto tiempo después de la ley de rehabilitación se aprobó la ley de americanos con incapacidades?
2. ¿Cuántos años separaron las últimas dos grandes olas de inmigración a EE.UU?
3. ¿Qué hecho singular muestra mejoras para los americanos ancianos?

IV. Escribir Acerca de la Historia

1. Escribe una pequeña historia acerca de un viajero del tiempo que viene de 1900. Incluye una discusión de cómo la población de EE.UU. ha cambiado.
2. **¿Qué hubieras hecho?** Imagina que estás incapacitado y quieres ir a un buen restaurante, pero la única forma para llegar es a través de una rampa en la cocina. ¿Qué harás? Explica tu respuesta.

V. Trabajar Juntos

Del Pasado al Presente Con un grupo, discutan cómo ha cambiado el papel de los ancianos desde 1900. Escriban un párrafo acerca de cómo ese papel podría cambiar en el futuro.

acción afirmativa: política para corregir la discriminación y aumentar las oportunidades para ciertos grupos (p. 192)

adicto: una persona que depende de las drogas (p. 290)

agricultura: la ciencia de cultivar la tierra (p. 28)

aislacionismo: política de mantenerse fuera de los asuntos mundiales (p. 127)

alianza: grupo de países que actúan juntos (p. 82)

amnistía: perdón que se da a quienes cometieron delitos (p. 174)

antisemitismo: odio al pueblo judío (p. 127)

aparcero: una persona que trabaja un pedazo de tierra de otra persona, a cambio de una porción de la cosecha (p. 24)

arancel: impuesto de importación (p. 94)

asamblea: grupo que hace leyes (p. 200)

asesinato: homicidio planificado (p. 161)

auge: período de gran prosperidad (p. 152)

autobiografía: historia de la propia vida escrita por uno mismo (p. 105)

automatización: el uso de máquinas para hacer trabajos que antes eran hechos por seres humanos (p.296)

autonomismo: autogobierno (p. 228)

balseros: inmigrantes que llegan a Estados Unidos en balsas (p. 279)

barrio: parte de la ciudad donde vive gran cantidad de latinos (p. 33)

bilingüe: en dos idiomas (p. 215)

bloqueo: impedir a alguien entrar o salir (p. 146)

boat lift: operación para rescatar refugiados por mar (p. 221)

bodega: palabra en español que significa prequeña tienda de abarrotes (p. 33)

boicot: rehusarse a comprar, vender, o utilizar bienes de ciertas compañías, personas o países (p. 157)

bolsa de valores: un centro donde se venden y compran acciones de empresas (p.109)

bracero: trabajador mexicano contratado (p. 138)

brecha generacional: diferencias entre padres e hijos (p. 181)

campo de internación: campamento de prisioneros (p. 139)

canal: vía acuática cavada por el hombre para conectar dos cuerpos de agua (p. 73)

capitalismo: sistema económico en el cual las personas son dueñas de la mayoría de los negocios y la tierra (p. 144)

caucus: grupo que trabaja en conjunto para conseguir objetivos políticos en Común (p. 199)

charla hogareña: una charla por radio que daba el presidente Roosevelt a la nación (p. 118)

chicana o chicano: americano de ascendencia mexicana (p. 214)

cola del pan: fila donde las personas aguardan para recibir comida (p. 111)

colonialismo: apoderarse de otros países para hacerlos colonias (p. 57)

commonwealth (Estado Libre Asociado): estado con un gobierno propio y fuertes lazos políticos y económicos con otra nación (p. 228)

compromiso: acuerdo que otorga a cada parte algo de lo que quiere (p. 62)

comunismo: sistema económico en el cual el gobierno controla la mayoría de los negocios y la tierra (p. 144)

conscripción: servicio militar obligatorio (p. 131)

conscripto: persona que cumple el servicio militar (p. 84)

conservación: preservación de los recursos naturales (p. 50)

conservadurismo: teoría política que favorece la menor actividad gubernamental (p. 262)

contaminación: residuos que vuelven insalubres el aire, el agua y la tierra (p. 287)

contragolpe: respuesta negativa a algo que está aconteciendo (p.164)

control de precios: fijación de ciertos precios por parte del gobierno (p. 135)

cortina de hierro: frontera entre la Europa no-comunista y la comunista después de la Segunda Guerra Mundial (p. 144)

cuota: un límite (p. 93)

déficit comercial: cuando un país gasta más en comprar bienes y servicios de otros países que lo que gana vendiéndole a esos países (p. 275)

déficit presupuestario: deuda creada cuando el gobierno gasta más dinero del que recibe (p. 263)

depresión: fuerte baja en la economía (p.109)

diplomacia: arte de las relaciones entre países (p. 76)

discriminar: tratar a una persona o grupo injustamente (p. 11)

diversidad: una amplia gama de diferencias (p.303)

economía de libre mercado: una economía que tiene poco control del gobierno (p. 270)

elección primaria: elección que permite a los votantes escoger candidatos de su partido (p. 50)

embargo: orden que prohíbe el comercio con otra nación (p. 224)

empresario: persona que administra un negocio (p. 196)

exiliado político: persona que abandona un país por razones políticas (p. 220)

fascismo: sistema de gobierno regido por un dictador que utiliza a los militares y al racismo para mantenerse en el poder (p. 127)

feminismo: movimiento para obtener igualdad en los derechos políticos, económicos y sociales de las mujeres (p. 204)

guerra fría: conflicto después de la Segunda Guerra Mundial entre la Unión Soviética y EE.UU. (p. 144)

guerra submarina: utilizar submarinos para hundir barcos que traen provisiones al enemigo (p. 83)

gueto: sección de las ciudades europeas donde se obligaba a vivir a los judíos (p. 17)

halcón: alguien que apoya la guerra (p. 170)

hippies: jóvenes que en los años 1960 se rebelaron contra la sociedad (p. 181)

huelga: rehusarse a trabajar hasta lograr ciertas demandas (p. 40)

imperialismo: la construcción de imperios (p. 60)

imperialismo cultural: reemplazar la cultura de una colonia con aquella del país dominador (p. 70)

incapacidades: afecciones físicas o mentales. Incluyen la ceguera, la sordera o los problemas musculares (p.305)

industrial: que pertenece a la industria (p. 18)

inflación: alza rápida de precios que reduce el valor del dinero (p. 152)

inquilinato: edificio dividido en pequeños apartamentos (p. 13)

intensificación: incremento lento pero constante en el nivel dla guerra (p. 169)

jubilación: el tiempo en que una persona deja de trabajar para mantenerse (p. 304)

juicio de residencia: instruir cargos contra un oficial de gobierno (p. 164)

láser: un rayo luminoso de alto poder que puede ser usado en la cirugía (p. 298)

lector: persona contrada por los torcedores de puros para leerles mientras trabajaban (p. 34)

liberación: obtener la libertad (p. 206)

linchamiento: asesinato realizado por una muchedumbre (p. 26)

línea de pobreza: ingreso por debajo del cual la gente es considerada pobre por el gobierno de EE.UU. (p. 289)

lista negra: lista de personas u organizaciones sospechosas (p. 155)

lluvia ácida: lluvia dañina causada por residuos de las fábricas en el aire (p. 287)

mezquita: templo islámico (p. 257)

modem: un aparato que manda información entre computadoras por vía telefónica (p. 297)

monopolio: control completo de toda una industria (p. 9)

naturalizar: convertir a un nativo de un país en ciudadano de otro país (p. 244)

neutral: no tomar partido en una disputa (p. 127)

neutralidad: no tomar parte en una guerra (p. 83)

paloma: alguien que se opone a la guerra (p. 170)

persecución: hostigar a la gente por su religión, su raza o sus rideas políticas (p. 17)

personas desplazadas: gente que por la guerra se vio obligado a abandonar su tierra natal (p. 253)

prejuicio: opinión injusta acerca de una persona sin saber mucho de él o ella (p. 20)

programas sociales: programas del gobierno que ayudan a grupos de personas necesitadas (p. 262)

prohibir: declarar ilegal algo (p. 98)

proporción: parte en relación al total (p. 245)

protectorado: país débil que se encuentra bajo el control de un país fuerte (p. 65)

racionar: limitar la cautidad de productos a usar o adquirir (p. 135)

recesión: una fuerte baja en los negocios (p. 264)

reciclar: usar de nuevo (p. 287)

reconocer: estar de acuerdo en que un sindicato puede representar a los trabajadores en una compañía (p. 213)

recorrido de la libertad: viaje en autobús para probar los derechos de los americanos africanos (p. 186)

refugiado: persona que se ve obligada a huir de su país (p. 278)

rehén: persona a la que se mantiene presa hasta que se acceda a ciertas demandas (p. 166)

renacimiento: volver a nacer (p. 104)

repatriación: una persona enviar a de regreso a su país (p. 113)

reservorio: lugar donde se conserva agua pota (p. 12)

satélite: objeto que gira alrededor de la Tierra u otro cuerpo en el espacio (p. 299)

segregación: separación de un grupo de otros, por ley (p. 24)

seguro de desempleo: un sistema bajo el cual el gobierno hace pagos a las   personas que pierden sus empleos (p.122)

seguro social: política gubernamental que provee pensiones a personas jubiladas (p. 122)

sentada: protesta en la cual la gente se sienta y se rehúsa a irse de un lugar (p. 186)

sindicato: grupo de trabajadores organizado para proteger sus derechos y mejorar las condiciones de trabajo (p. 40)

soborno: pago ilegal a un funcionario (p. 49)

suburbio: zona residencial en las afueras de una ciudad (p. 96)

sufragio: el derecho a votar (p. 52)

sweatshop: fábrica donde docenas de trabajadores fabrican ropa u otros productos (p. 11)

táctica: forma de alcanzar un objetivo (p. 186)

terminación: llevar algo a su, conclusión (p. 237)

tirano: gobernante cruel (p. 166)

trabajador migratorio: una persona que recoge cosechas en diferentes lugares (p. 212) o, trabajador de campo que viaja para encontrar trabajo (p. 78)

transplante de órgano: operación en la cual un órgano del cuerpo, como el corazón, es extirpado de un cadáver y colocado en una persona viva (p.298)

trust: un grupo de varias empresas manejadas por un solo grupo de directores (p. 50)

urbano: relacionado con la ciudad (p. 18)

veterano: persona que ha servido en las fuerzas armadas (p. 152)

victima: alguien que ha sido herido o resltó muerto (p. 101)

zona de libre comercio: un lugar donde no hay impuestos al comercio entre países (p. 275)

Índice